Reichs-Rechtsanwaltsordnung

mit den einschlägigen Vorschriften

nach dem Stand vom 1. Dezember 1936

Textausgabe mit Einleitung, Verweisungen und Sachverzeichnis

Herausgegeben

von

Dr. Rudolf Pohle

Landgerichtsrat im Reichsjustizministerium

2. neubearbeitete Auflage

1937

München, Berlin und Leipzig

J. Schweitzer Verlag (Arthur Sellier)

Druck von Dr. F. P. Datterer & Cie., Freising-München

Inhaltsverzeichnis

Abkürzungsverzeichnis

a. F. = alte Fassung (der Rechtsanwaltsordnung).
ArbGG. = Arbeitsgerichtsgesetz (RGBl. 1934 I S. 319; 1935 I S. 386, 844).
AV. = Allgemeine Verfügung.
Bek. = Bekanntmachung.
BNSDJ. = Bund Nationalsozialistischer Deutscher Juristen (jetzt NSRB.).
DJZ. = Deutsche Juristenzeitung.
Dt. Just. = Deutsche Justiz, Amtliches Blatt der deutschen Rechtspflege, R. v. Deckers Verlag, Berlin W. 9.
Dt. Recht = Deutsches Recht, Zentralorgan des Nationalsozialistischen Rechtswahrerbundes.
FGG. = Gesetz über die Angelegenheiten der freiwilligen Gerichtsbarkeit.
GBO. = Grundbuchordnung (RGBl. 1935 I S. 1073).
GVG. = Gerichtsverfassungsgesetz.
JW. = Juristische Wochenschrift, Organ der Reichsfachgruppe Rechtsanwälte des NSRB.
MdRRAK. = Mitteilungen der Reichs-Rechtsanwaltskammer.
NSRB. = Nationalsozialistischer Rechtswahrerbund.
Präs. = Präsident.
RAbgO. = Reichsabgabenordnung (RGBl. 1931 I S. 161).
RAnwK. = Rechtsanwaltskammer.
RAnwO. = Rechtsanwaltsordnung vom 1. Juli 1878 mit Änderungen bis zum 12. Dezember 1935.
RArbBl. = Reichsarbeitsblatt.
Rechtsberatungsmißbrauchges. = Gesetz zur Verhütung von Mißbräuchen auf dem Gebiete der Rechtsberatung (RGBl. 1935 I S. 1478).
RGBl. = Reichsgesetzblatt.
RJM. = Reichsminister der Justiz.
RRAnwK. = Reichs-Rechtsanwaltskammer.
RRAnwO. = Reichs-Rechtsanwaltsordnung.
RVerwBl. = Reichsverwaltungsblatt.
StGB. = Strafgesetzbuch.
StPO. = Strafprozeßordnung.
ZPO. = Zivilprozeßordnung (RGBl. 1933 I S. 821; 1934 I S. 1070).

Einleitung.

I. Die Rechtsanwaltsordnung vom 1. Juli 1878.

Als nach der Reichsgründung im Jahre 1871 auf Grund der Bismarckschen Reichsverfassung die Reichsjustizgesetze geschaffen wurden, erwies es sich als eine — freilich nur zögernd erkannte — Notwendigkeit, auch das Anwaltsrecht wenigstens in seinen Grundzügen einheitlich zu regeln. Das gesetzgeberische Ergebnis bildete die mit den Reichsjustizgesetzen am 1. Oktober 1879 in Kraft getretene Rechtsanwaltsordnung vom 1. Juli 1878 (RGBl. S. 177). In ihrem 1. Abschnitt regelte sie die Zulassung zur Rechtsanwaltschaft. Der Zugang zur Anwaltschaft war grundsätzlich frei für jeden, der seine Rechtskenntnisse durch Bestehen der vorgeschriebenen Prüfungen nachwies. Nur in den §§ 5, 6 a. F. war eine eng begrenzte Zahl von Versagungsgründen vorgesehen. Entsprechend waren die Möglichkeiten einer Entfernung aus der Anwaltschaft beschränkt. Abgesehen von dem Ausschluß wegen erheblicher Verstöße gegen Standespflichten im ehrengerichtlichen Verfahren und wegen schwerer Straftaten durch Gerichtsurteil konnte sie nur wegen gerichtlicher Verfügungsbeschränkungen (z. B. Konkurs, Entmündigung; § 22 a. F.) und in einigen weniger bedeutsamen, im § 21 a. F. kasuistisch aufgezählten Fällen erfolgen. Die Zulassung erfolgte bei einem bestimmten Gericht (sog. Lokalisierung; § 8 Abs. 1 a. F.). Die Wahl des Gerichts stand dem Bewerber frei. Den staatsrechtlichen Verhältnissen des Bismarckreiches entsprechend bildeten nur die Grenzen der Bundesstaaten eine

u. U. unübersteigbare Schranke: Ein Anspruch auf Zulassung bestand nur bei den Gerichten des Bundesstaates, in dem die Richterprüfung abgelegt war (§§ 4, 2 a. F.). Die Zahl der Zulassungen wegen mangelnden Bedürfnisses nach weiteren Niederlassungen zu versagen, war ausdrücklich verboten (§ 13 a. F.). Eine gleichzeitige Zulassung bei mehreren Gerichten, insbes. beim Amts- und beim übergeordneten Landgericht, war im wesentlichen in das Ermessen der Landesjustizverwaltungen gestellt und wurde in den meisten Bundesstaaten nur ausnahmsweise gestattet (sog. Simultanzulassung; §§ 9 bis 12 a. F.).

Im 2. Abschnitt des Gesetzes waren die Rechte und Pflichten der Rechtsanwälte geregelt. Zur Berufstätigkeit des Rechtsanwalts gehörte sowohl die Beratung als die Vertretung in Rechtssachen. Die früher auch verschiedentlich in Deutschland und heute noch in anderen Ländern bestehende Trennung zwischen Advokatur und Prokuratur war damit beseitigt. Über den Umfang der Beratungs- und Vertretungsbefugnis besagte die RAnwO., von im wesentlichen gegenstandslosen Verweisungen auf die Verfahrensgesetze (§ 26 a. F.) abgesehen, nichts. Auch die Frage, wieweit eine Anwaltsvertretung notwendig war (Anwaltszwang), war in den einzelnen Verfahrensgesetzen geregelt. Als Pflicht des Anwalts bezeichnete es § 28 a. F., „seine Berufstätigkeit gewissenhaft auszuüben und durch sein Verhalten in Ausübung des Berufs sowie außerhalb desselben sich der Achtung würdig zu zeigen, die sein Beruf erfordert."

Der 3. Abschnitt ordnete den beruflichen Zusammenschluß der Anwaltschaft. Er sah die Bildung örtlicher — regelmäßig den Bezirk eines Oberlandesgerichts umfassender (§ 41 a. F.) — Anwaltskammern vor, an dessen Spitze ein von der Kammer (der Gesamtheit der Anwälte des Bezirks) gewählter Vorstand stand (§§ 42f. a. F.). Dem Vorstand war eine gewisse Aufsicht über das standesgemäße Verhalten der Kammermitglieder insofern übertragen, als er ihnen bei leichteren Verfehlungen Rügen oder Mißbilligungen erteilen konnte (§ 49 Abs. 2 a. F.). Ferner lagen ihm die Vermittlung von Streitigkeiten der Kammermitglieder untereinander oder mit ihren Auftraggebern, die Erstattung gewisser Gutachten für die Landesjustizverwaltung und die Gerichte sowie die Verwaltung des Kammervermögens ob (§ 49 Abs. 1 a. F.). Die Kammer selbst hatte die Geschäftsordnung für sich und den Vorstand festzustellen, die erforderlichen Mittel zu bewilligen, die zu deren Aufbringung nötigen Mitgliedsbeiträge festzusetzen und die vom Vorstand zu legende Rechnung zu prüfen (§ 48).

Der 4. Abschnitt regelte das ehrengerichtliche Verfahren zur Bestrafung von Rechtsanwälten, die ihre Pflichten verletzt hatten. Die Ehrengerichtsbarkeit lag im ersten Rechtszug bei den Kammervorständen (§ 67 a. F.), im zweiten Rechtszug bei dem beim Reichsgericht gebildeten Ehrengerichtshof, dessen Beisitzer je zur Hälfte Mitglieder des Reichsgerichts und der Anwaltskammer beim Reichsgericht waren, während den Vorsitz der Präsident des Reichsgerichts führte (§ 90 a. F.). Anklagebehörde waren die Staatsanwaltschaften bei den Oberlandesgerichten, vor dem Ehrengerichtshof die Reichsanwaltschaft. Als Strafen waren Warnung, Verweis, Geldstrafen und Ausschließung von der Rechtsanwaltschaft vorgesehen (§ 63 a. F.).

Im 5. Abschnitt waren Sondervorschriften über die Rechtsanwaltschaft bei dem Reichsgericht gegeben. Über die Zulassung, auf die hier kein Anspruch bestand, entschied das Präsidium des Reichsgerichts (§ 99 a. F.). Der Reichsgerichtsanwalt durfte weder bei anderen Gerichten zugelassen werden, noch vor ihnen auftreten (§ 100 a. F.). Andererseits durfte er als Prozeßbevollmächtigter die ihm zustehende Vertretung vor dem Reichsgericht nicht einem bei dem Reichsgericht nicht zugelassenen Rechtsanwalt übertragen (§ 101 a. F.). Die beim Reichsgericht zugelassenen Rechtsanwälte bildeten schließlich eine besondere Anwaltskammer.

Der 6. Abschnitt enthielt die erforderlichen Schluß- und Übergangsbestimmungen.

II. Die Änderungen bis zum Umschwung.

Schon bis zum Umschwung war die Rechtsanwaltsordnung wiederholt geändert worden. Abgesehen von einigen auf die Zeit des Krieges, der Rheinlandbesetzung und der Geldentwertung zugeschnittenen Vorschriften von vorübergehender Bedeutung handelt es sich hierbei um folgende Bestimmungen:

das Gesetz, betr. Änderungen der Rechtsanwaltsordnung, v. 22. Mai 1910 (RGBl. S. 772),

die Verordnung, betr. die Zulassung von Rechtskundigen im Vorbereitungsdienste zur Stellvertretung von Rechtsanwälten, v. 1. Juni 1920 (RGBl. S. 1108),

das Gesetz über die Zulassung der Frauen zu den Ämtern und Berufen der Rechtspflege v. 11. Juli 1922 (RGBl. I S. 573),

das Gesetz zur Änderung der Rechtsanwaltsordnung v. 9. Juli 1923 (RGBl. I S. 647),

die Verordnung über Vermögensstrafen und Bußen v. 6. Februar 1924 (RGBl. I S. 44),

die Zweite Verordnung zur Durchführung des Münzgesetzes v. 12. Dezember 1924 (RGBl. I S. 775),

das Gesetz über die Änderung der Rechtsanwaltsordnung v. 7. März 1927 (RGBl. I S. 71),
das Gesetz über die Änderung der Rechtsanwaltsordnung v. 29. Juni 1927 (RGBl. I S. 133),
das Gesetz zur Änderung der Bezeichnungen „Gerichtsschreiberei", „Gerichtsschreiber" und „Gerichtsdiener" v. 9. Juli 1927 (RGBl. I S. 175) und
die Verordnung über die Abänderung des Wortlauts verschiedener Gesetze und Verordnungen aus Anlaß des Fortfalls der Bezeichnungen „Gerichtsschreiberei" und „Gerichtsschreiber" v. 30. November 1927 (RGBl. I S. 334).

Besonders hingewiesen sei hier nur auf die Vorschriften des Gesetzes vom 7. März 1927, das — allerdings mit einer Übergangszeit bis zum 31. Dezember 1935 — dem Amtsgerichtsanwalt einen Anspruch auf Zulassung beim übergeordneten Landgericht und bei der für den Amtsgerichtsbezirk zuständigen Kammer für Handelssachen gab, wenn nicht das Präsidium des Oberlandesgerichts im Interesse der Rechtspflege Widerspruch erhob. Eine wesentliche Ergänzung der Rechtsanwaltsordnung brachte schließlich die Dritte NotVO. v. 6. Oktober 1931 (RGBl. I S. 537/564) durch die Ermächtigung der Kammervorstände, mit Genehmigung der Landesjustizverwaltung Sonderbeiträge zur Unterstützung notleidender Kammermitglieder, früherer Kammermitglieder und deren Hinterbliebenen zu erheben.

III. Die Änderungen im Neuen Reich bis zum Dezember 1935.

Die Rechtsanwaltsordnung — 1879 zweifellos als reichsrechtliche Regelung eines wichtigen Rechtsgebietes ein

Gewinn — konnte als echtes Kind ihrer Zeit, die in der Anwaltschaft vielfach nur ein Gewerbe sah, dem jeder nachgehen konnte, wenn er sich hinreichende Fachkenntnisse erworben hatte, den neuen Anforderungen nicht genügen. Ferner hatte die allgemeine Vertrauenskrise in der Justiz nicht zuletzt auch die Anwaltschaft betroffen, und der Gedanke liegt nahe, daß dies jedenfalls mitverursacht war durch die gesetzliche Regelung des freien Zugangs zur Anwaltschaft, der erhebliche Mängel in der Zusammensetzung und eine gefährliche Übersetzung der Anwaltschaft zur Folge hatte. So setzten bald nach dem Umschwung Neuerungen ein, die bis zum Dezember 1935 zunächst stufenweise vorgetrieben wurden, weil es sich meist um Sofortmaßnahmen handelte, die kein Zuwarten bis zu einer grundlegenden Änderung der RAnwO. gestatteten. An Vorschriften dieses Zeitabschnitts, die teils die RAnwO. förmlich änderten, teils als Sondergesetze das Anwaltsrecht wesentlich beeinflußten, sind zu erwähnen:

die Verordnung des Reichspräsidenten über Maßnahmen auf dem Gebiete der Finanzen, der Wirtschaft und der Rechtspflege v. 18. März 1933 (RGBl. I S. 109/119)[1],

das Gesetz über die Zulassung zur Rechtsanwaltschaft v. 7. April 1933 nebst DurchführungsVO. v. 20. Juli und 1. Oktober 1933 (unten S. 117 f.)[2],

das Gesetz zur Änderung einiger Vorschriften der Rechts-

[1] Zu den Vorschriften dieser VO. über das Vertretungsverbot vgl. Art. 76 Nrn. 7, 8, 19 des Entwurfs eines Einführungsges. zum Allg. Deutschen Strafgesetzbuch und zum Strafvollzugsgesetz nebst Begründung, Reichstagsdrucksache 1928 Nr. 2070 und Fischer, Neuestes Deutsches Anwaltsrecht, JW. 1933 S. 1049.

[2] Vgl. hierzu Fischer a. a. O.; Grimm, DJZ. 1933 S. 651.

anwaltsordnung, der Zivilprozeßordnung und des Arbeitsgerichtsgesetzes v. 20. Juli 1933 (RGBl. I S. 522)[3]),

die drei Gesetze über die Vorstände der Anwaltskammern v. 6. Januar 1934, 30. März und 28. September 1935 (RGBl. 1934 I S. 21; 1935 I S. 469, 1183),

das Erste Gesetz zur Überleitung der Rechtspflege auf das Reich v. 16. Februar 1934 (RGBl. I S. 91),

das Gesetz zur Änderung der Vorschriften über die Ehrengerichtsbarkeit der Rechtsanwaltschaft v. 28. März 1934 (RGBl. I S. 252)[4]),

das Zweite Gesetz zur Überleitung der Rechtspflege auf das Reich v. 5. Dezember 1934 (RGBl. I S. 1212),

das (Erste) Gesetz zur Änderung der Rechtsanwaltsordnung v. 20. Dezember 1934 (RGBl. I S. 1258)[5]),

das Gesetz zur Ergänzung der Rechtsanwaltsordnung v. 20. Juni 1935 (unten S. 120)[6]).

Wichtig waren zunächst die Vorschriften, die eine andere **Zusammensetzung der Anwaltschaft** unter Betonung der Gesichtspunkte der Rasse sowie der persönlichen Zuverlässigkeit und Eignung erstrebten. Das Zulassungsgesetz vom 7. April 1933 gab zunächst die Möglichkeit, bei Per-

---

[3]) S. hierzu W. **Krauß**, JW. 1933 S. 1745.

[4]) Vgl. hierzu die **Amtl. Begründung** Dt. Justiz 1934 S. 437.

[5]) Vgl. hierzu die **Amtliche Erläuterung** Dt. Justiz 1935 S. 6; **Jonas**, RVerwBl. 1935 S. 105; **Raecke**, JW. 1934 S. 3233.

[6]) Alle seit dem 30. Januar 1933 ergangenen Bestimmungen sind ferner bei **Pfundtner-Neubert**, Das neue Deutsche Reichsrecht, Berlin 1933/36, behandelt. Die RAnwO. haben **Neubert** (Berlin 1935) nach dem Stand vom 1. April 1935 und **Noack** (Leipzig 1934) nach dem Stand vom 1. Mai 1934 erläutert.

sonen nicht arischer Abstammung die Zulassung zu versagen und, soweit sie nicht Frontkämpfer oder Altanwälte (d. h. vor dem 1. August 1914 zugelassen) waren, bereits erteilte Zulassungen zurückzunehmen. Gleichzeitig entfernte es Rechtsanwälte, die sich in kommunistischem Sinne betätigt hatten, aus der Anwaltschaft. Das Gesetz vom 20. Juli 1933 sperrte u. a. den Zugang Beamten, die wegen Erreichens der Altersgrenze in den Ruhestand versetzt waren, und gab den Justizverwaltungen die Befugnis, die Zulassung Beamten zu versagen, die wegen Dienstunfähigkeit oder auf Grund des Berufsbeamtengesetzes wegen mangelnder nationaler Zuverlässigkeit entlassen waren. Eine weitere Erweiterung der Versagungsgründe brachte das Gesetz vom 20. Dezember 1934, das zum erstenmal den Gedanken der persönlichen Zuverlässigkeit in allgemeinerer Form klar herausstellte. Die Zulassung war danach zu versagen, wenn die Persönlichkeit des Antragstellers nach seinem bisherigen Verhalten keine Gewähr für zuverlässige Berufsausübung und gewissenhafte Erfüllung der anwaltlichen Standespflichten bot oder wenn mit Rücksicht auf seine Verhältnisse und die Art seiner Wirtschaftsführung durch seine Zulassung die Belange der Rechtsuchenden gefährdet worden wären (§ 5 Nrn. 4, 5 a. F.). Ferner gestattete es die Versagung der Zulassung, wenn der Antragsteller das 55. Lebensjahr vollendet hatte (§ 6 Nr. 6 a. F.). Der Bedürfnisfrage wurde in diesem Gesetz ebenfalls zum ersten Male dadurch in engen Grenzen Rechnung getragen, daß die Zulassung bei einem Großstadtgericht oder in gewissen Notgebieten einem nicht Bezirkseingesessenen versagt werden konnte, wenn dort die Zahl der zugelassenen Rechtsanwälte unverhältnismäßig groß war (§ 13 a. F.).

Beide Gesetze des Jahres 1934 änderten entsprechend die Vorschriften über die Zurücknahme der Zulassung (§ 21a a. F.).

Für die Berufsausübung des Anwalts brachte die neue Zeit zunächst nur eine auf den ersten Blick unscheinbare Änderung. Der durch das Gesetz vom 20. Dezember 1934 der RAnwO. eingefügte § 31 Abs. 2 a. F. verbot dem Anwalt weitgehend die Tätigkeit als Prozeßbevollmächtigter für einen Auftraggeber, zu dem er in einem ständigen Dienst- oder ähnlichen ständigen Geschäftsverhältnis stand. Durch diese Neuerung war nicht nur die viel erörterte Syndikusfrage im wesentlichen gelöst, sondern zugleich an einer bedeutsamen Stelle der Grundsatz gezeigt, nach dem der Rechtsanwalt anerkanntermaßen seinen Beruf ausüben soll: als Diener am Recht, der als solcher unabhängig von Weisungen, nur seinem Gewissen verantwortlich seinen Beruf auszuüben hat.

Der Gang der Gesetzgebung bietet aber nur ein unvollständiges Bild von der Entwicklung der anwaltlichen Berufstätigkeit. Die RRAnwK. hat sich nicht auf ihren engen gesetzlichen Aufgabenkreis beschränkt. Sie hat auch von sich aus dazu beigetragen, die innere Umstellung der Anwaltschaft tatkräftig zu fördern. An dieser Stelle sei nur auf die von ihr aufgestellten Richtlinien für die Ausübung des Anwaltsberufs verwiesen, die ein klares Bekenntnis zu einer neuen Grundeinstellung ablegen. Sie ordnen den Anwalt an der ihm gebührenden Stelle in die Volksgemeinschaft im allgemeinen und in die Rechtspflege im besonderen ein und stellen die näheren Leitsätze auf, nach denen er im einzelnen seinen Beruf auszuüben hat. Wohl seinen sichtbarsten Ausdruck hat der neue Geist in der vom Reichsrechtsamt der NSDAP großzügig eingerichteten NS-

Rechtsbetreuung des deutschen Volkes durch die im BNSDJ. (jetzt: NSRB.) zusammengeschlossenen Rechtsanwälte gefunden. Gleichzeitig wurde das Tätigkeitsfeld der Anwaltschaft um ein wesentliches Stück erweitert durch Einführung des Anwaltszwanges vor dem Reichs- und den Landesarbeitsgerichten und die Beseitigung des uneingeschränkten Ausschlusses von den Arbeitsgerichten sowie durch das Verbot der Zurückweisung von Rechtsanwälten vor den Schiedsgerichten.

Auf organisatorischem Gebiet gab zunächst die NotVO. vom 18. März 1933 den örtlichen Anwaltskammern in der neu errichteten Reichs-Rechtsanwaltskammer einen das gesamte Reich umfassenden Zusammenschluß. Der Aufgabenbereich dieser neuen reichsrechtlichen Körperschaft war vorläufig begrenzt: Neben der allgemeinen „Förderung der Interessen der Anwaltschaft" lag ihr im wesentlichen die Herstellung einer ständigen Verbindung zwischen den örtlichen Kammervorständen ob, deren Zuständigkeiten unberührt blieben (§ 61a a. F.). Die Gründung war noch ein Ergebnis der vergangenen Zeit. Die Satzung wurde vom Vorstand der Vereinigung der Kammervorstände und dem Deutschen Anwaltsverein beschlossen. Immerhin war schon die Tatsache ihrer Errichtung zweifellos ein Fortschritt. Das Gesetz vom 28. März 1934 übertrug dann die Ehrengerichtsbarkeit im zweiten Rechtszug vom Reichsgericht auf die Reichs-Rechtsanwaltskammer, der nunmehr der Ehrengerichtshof angegliedert wurde, und das Gesetz vom 20. Dezember 1934 verlieh ihr die Befugnis, die Erhebung von Sonderbeiträgen zur Unterstützung notleidender Rechtsanwälte, früherer Rechtsanwälte usw. durch die Anwaltskammern anzuordnen (§ 61a Abs. 5 a. F.).

Für das ehrengerichtliche Verfahren wurde durch die

NotVO. vom 18. März 1933 die Möglichkeit eines Vertretungsverbots bis zur endgültigen Sachentscheidung geschaffen, wenn mit Ausschließung aus der Rechtsanwaltschaft zu rechnen war (§§ 91a bis 91e a. F.).

Schließlich gaben die Rechtspflegeüberleitungsgesetze im Anschluß an den begonnenen Neuaufbau des Reichs und die Übernahme der gesamten Justizverwaltung auf das Reich der Anwaltschaft die lang ersehnte Freizügigkeit über die Grenzen der einzelnen Länder hinaus und gewährleisteten auch eine gleichmäßige Handhabung der Verwaltungsaufgaben in Anwaltsangelegenheiten durch Vereinigung aller Befugnisse auf diesem Gebiet in der Hand des Reichsministers der Justiz.

In der Bewegung sind die deutschen Anwälte in der Reichsfachgruppe Rechtsanwälte im NSRB. (früher BNSDJ.) zusammengeschlossen. Der NSRB. ist ein der NSDAP. angeschlossener Verband (Ges. vom 1. Dezember 1933, RGBl. I S. 1016, und DurchfVO. vom 29. März 1935, RGBl. I S. 502) in der äußeren Form eines eingetragenen Vereins. Auf die Durchführung der NS.-Rechtsbetreuung durch die Reichsfachgruppe Rechtsanwälte ist oben bereits hingewiesen.

IV. Das neue Anwaltsrecht.

Den entscheidenden Schritt in der Neugestaltung des Anwaltsrechts ging erst das 2. Änderungsges. vom 13. Dezember 1935 (RGBl. I S. 1470). Es regelte die Zulassung zur Rechtsanwaltschaft nach neuen Grundsätzen, baute die Laufbahn für den Anwaltsberuf aus und stellte den beruflichen Zusammenschluß der deutschen Rechtsanwälte in der neuen Reichs-Rechtsanwaltskammer auf eine festere Grundlage. Äußerlich wurde dies durch gänzliche Neufassung des 1. und 3. sowie des die Übergangsvorschriften für die neue Regelung aufnehmenden 6. Abschnitts der RAnwO. bisheriger Fassung bewirkt. Die Änderungen der sonstigen Vorschriften treten demgegenüber an Bedeutung zurück. Auf Grund des Art. VII des Gesetzes gab dann der RJM. den neuen Wortlaut der RAnwO. unter Berichtigung verschiedener Unstimmigkeiten als Reichs-Rechtsanwaltsordnung am 21. Februar 1936 (RGBl. I S. 107) bekannt. Die RRAnwO. hält an der bisherigen Abschnittseinteilung fest, beziffert jedoch die Paragraphen neu. Als Vorspruch hat sie die Eingangsworte des 2. Änderungsgesetzes übernommen, soweit sie die Stellung und die Aufgaben des Rechtsanwalts kennzeichnen. Die auf den gegenwärtigen Anlaß der Zulassungsbegrenzung hinweisenden Eingangsworte haben in die Einleitung der Textbekanntmachung Eingang gefunden[7]).

Durch den Vorspruch der neuen RAnwO. wird nunmehr auch im Gesetz der Anwaltsberuf in seinem inneren Gehalt und in seiner Bedeutung für die Volksgemeinschaft im allgemeinen und die Rechtspflege im besonderen entsprechend den bereits in den Richtlinien der RRAnwK. dargelegten Grundsätzen umrissen. Die knappen, aber klaren Worte bedürfen keiner Erläuterung. Nur eine Auswirkung dieser Grundeinstellung zum Anwaltsberuf ist die Neufassung des Anwaltseides, der ein Gelöbnis der

---

[7]) Zur neuen RRAnwO. liegt das Erläuterungsbuch von Vollmer (Berlin 1936) vor. Zum 2. Änderungsges. vgl. Noack, Das neue Berufsrecht der Anwaltschaft, Leipzig 1936, sowie die Abhandlungen von Claren, DJZ. 1936 Sp. 107, Freisler, Dt. Just. 1935 S. 1790, von der Goltz, Dt. Just. 1935 S. 1827, Jonas, Reichsverwaltungsbl. 1935 S. 1029, Vollmer, Dt. Just. 1935 S. 1820.

Treue zum Führer enthält (§ 19), und die entsprechende Änderung der grundlegenden Vorschrift über die Pflichten des Rechtsanwalts (§ 31). Der Vorspruch erkennt ferner den Rechtsanwalt grundsätzlich als den berufenen, unabhängigen Vertreter und Berater in allen Rechtsangelegenheiten an. Die unbeschränkte Ermächtigung zur Rechtsberatung hat gleichzeitig ihren Ausdruck dadurch gefunden, daß der Rechtsanwalt von dem sonst hiefür bestehenden Erlaubniszwang auf allen Gebieten im Art. 1 § 3 Nr. 3 des Rechtsberatungsmißbrauchges. und im § 107a Abs. 3 Nr. 3 RAbgO. (s. unten S. 188, 206) ausgenommen wird. Die Frage der Vertretung ist jeweils in den besonderen Vorschriften der einzelnen Verfahrensgesetze für die verschiedenen Sachgebiete geregelt. Die RRAnwO. mußte sich hier darauf beschränken, nur den Grundsatz im Vorspruch festzulegen. Mit Rücksicht auf die Bedeutung dieser Vorschriften für die Anwaltschaft sei nachstehend auf die wichtigsten verwiesen:

A. Streitige und freiwillige Gerichtsbarkeit.

Für bürgerliche Rechtsstreitigkeiten bestimmt § 79 ZPO. (RGBl. 1933 I S. 821):

> § 79. Insoweit eine Vertretung durch Anwälte nicht geboten ist, können die Parteien den Rechtsstreit selbst oder durch jede prozeßfähige Person als Bevollmächtigter führen.

S. hierzu jedoch wegen des Anwaltszwanges vor den Kollegialgerichten § 78 ZPO., unten § 33 Anm. 1 RRAnwO. abgedruckt, und wegen der Zurückweisung geschäftsmäßiger Rechtsvertreter mit Ausnahme der Rechtsanwälte und des zugelassenen Prozeßagenten § 157 ZPO., unten S. 64 abgedruckt.

Wegen der entsprechenden Anwendung dieser Vorschriften im Konkurs-, Vergleichs- und Schuldenregelungsverfahren vgl. § 72 KO., § 115 VglO. (RGBl. 1935 I S. 321) und § 48 Abs. 2 Schuldenregelungsges. (RGBl. 1933 I S. 331).

Für das schiedsrichterliche Verfahren bestimmt § 1034 Abs. 1 Satz 2 ZPO. (RGBl. 1933 I S. 821):

Rechtsanwälte dürfen als Prozeßbevollmächtigte nicht zurückgewiesen werden; entgegenstehende Vereinbarungen sind unwirksam.

Wegen der Zulassung vor den Schiedsgerichten des Reichsnährstandes für die landwirtschaftliche Marktregelung vgl. § 21 der VO. vom 26. Februar 1935 (RGBl. I S. 293).

Für das arbeitsgerichtliche Verfahren bestimmt § 11 des Arbeitsgerichtsgesetzes in der Fassung des Gesetzes vom 20. März 1935 (RGBl. I S. 386):

Prozeßvertretung.

§ 11.

(1) Vor den Arbeitsgerichten sind als Prozeßbevollmächtigte oder Beistände zugelassen Leiter und Angestellte der von der Deutschen Arbeitsfront getrennt nach Unternehmern und Beschäftigten einzurichtenden Rechtsberatungsstellen, soweit diese Personen — abgesehen von Rechtsanwälten — nicht neben derartigen Vertretungen die Besorgung fremder Rechtsangelegenheiten vor Gericht geschäftsmäßig betreiben, sowie Rechtsanwälte, die im Einzelfalle von der Deutschen Arbeitsfront zur Vertretung einer Partei ermächtigt sind. Kommt die Prozeßvertretung einer Partei durch die Rechtsberatungsstellen der Deutschen Arbeitsfront nicht in Betracht, so kann der Vorsitzende des Arbeitsgerichts einen Rechtsanwalt oder eine andere geeignete Person als Prozeßbevollmächtigten oder Beistand zulassen; der Reichsarbeitsminister kann im Einvernehmen mit dem Reichsminister der Justiz bindende Richtlinien für die Zulassung erlassen. Im übrigen sind Personen, die die Besorgung fremder Rechtsangelegenheiten vor Gericht geschäftsmäßig betreiben, als Prozeßbevollmächtigte oder Beistände ausgeschlossen.

(2) Vor den Landesarbeitsgerichten und dem Reichsarbeitsgericht müssen sich die Parteien durch Rechtsanwälte als Prozeßbevollmächtigte vertreten lassen; zur Vertretung berechtigt ist jeder bei einem deutschen Gericht zugelassene Anwalt.

(3) Der Reichsarbeitsminister kann im Einvernehmen mit dem Reichswirtschaftsminister und dem Reichsminister der Justiz durch Verordnung andere Stellen (Vereinigungen, Körperschaften) den im Abs. 1 bezeichneten Rechtsberatungsstellen der Deutschen Arbeitsfront für die Prozeßvertretung ihrer Mitglieder gleichstellen.

Die Richtlinien zu § 11 Abs. 1 ArbGG. sind am 13. Juni 1935 ergangen (RArbBl. S. 203 = Dt. Just. S. 918); vgl. auch ihre amtliche Erläuterung ebenda.

Für das Verfahren vor den Anerbenbehörden bestimmt die Erste DurchfVO. zum Reichserbhofges. vom 19. Oktober 1933 (RGBl. I S. 719):

§ 14.

Prozeßvertretung

(1) Die Beteiligten können vor den Anerbenbehörden mit Beiständen erscheinen. Sie können sich, soweit nicht das persönliche Erscheinen angeordnet wird, auch durch Bevollmächtigte vertreten lassen. Das Gericht kann die Vorlage einer öffentlich beglaubigten Vollmacht verlangen.

(2) Personen, die nicht arischer Abstammung im Sinne des § 1a des Reichsbeamtengesetzes sind oder die, ohne Rechtsanwalt zu sein, das Verhandeln vor Gericht geschäftsmäßig betreiben, sind vor den Anerbenbehörden als Beistände oder Prozeßbevollmächtigte ausgeschlossen. Werden von diesen Personen schriftliche Eingaben eingereicht, so soll der Vorsitzende oder das Gericht sie zurückweisen; das gleiche gilt für Eingaben, die von einem anderen eingereicht, aber von diesen Personen angefertigt sind. Im übrigen finden die Vorschriften des § 157 Abs. 1 Satz 2, Abs. 2 der Zivilprozeßordnung in der Fassung des Gesetzes vom 20. Juli 1933 (Reichsgesetzbl. I S. 522) entsprechende Anwendung.

(3) Vorbehaltlich des Abs. 2 ist zur Vertretung vor den Anerbenbehörden jeder bei einem deutschen Gericht zugelassene Rechtsanwalt berechtigt.

Wegen des Begriffs der nicht arischen Abstammung im Sinne des § 1a des Reichsbeamtenges. (RGBl. 1933 I S. 433/434) vgl. die Richtlinien vom 8. August 1933 (RGBl. I S. 575).

Für Angelegenheiten der freiwilligen Gerichtsbarkeit

vgl. § 13 FGG., für Aufwertungssachen § 73 Aufwertungsges., für das Verfahren vor den Erbgesundheitsgerichten Art. 4 der VO. vom 25. Februar 1935 (RGBl. I S. 283 — wegen der Anwendbarkeit dieser Vorschrift in Ehegesundheitssachen s. § 17 der VO. vom 29. November 1935, RGBl. I S. 1419), wegen des Verfahrens vor den Fideikommißsenaten und dem obersten Fideikommißgericht §§ 3 Abs. 1, 11, 28 der VO. vom 24. August 1935 (RGBl. I S. 1103).

Für das Verfahren in Patentsachen bestimmt das Patentanwaltsgesetz v. 28. September 1933 (RGBl. I S. 669) § 9 Abs. 1:

Auf Grund der Eintragung in die Liste ist der Patentanwalt befugt, in Sachen, die zum Geschäftskreis des Reichspatentamts gehören, andere für eigene Rechnung vor dem Reichspatentamt berufsmäßig zu vertreten. Dieselbe Befugnis steht außer den Patentanwälten nur den bei einem deutschen Gericht zugelassenen Rechtsanwälten zu.

S. hierzu jedoch auch die Übergangsvorschriften der §§ 56, 59, 61 das. zugunsten von Personen, die bereits seit dem 1. April 1931 das Vertretungsgeschäft vor dem Reichspatentamt für eigene Rechnung berufsmäßig betrieben hatten.

B. Strafsachen, Dienststrafsachen und ehrengerichtliche Verfahren.

Für Strafsachen bestimmt § 138 StPO.:

§ 138. Zu Verteidigern können die bei einem deutschen Gerichte zugelassenen Rechtsanwälte sowie die Rechtslehrer an deutschen Hochschulen gewählt werden.

Andere Personen können nur mit Genehmigung des Gerichts und, wenn der Fall einer notwendigen Verteidigung vorliegt und der Gewählte nicht zu den Personen gehört, welche zu Verteidigern bestellt werden dürfen, nur in Gemeinschaft mit einer solchen als Wahlverteidiger zugelassen werden.

Für die vom Volksgerichtshof abzuurteilenden Hochverrats- und Landesverratssachen bestimmt das Gesetz zur Änderung von Vorschriften des Strafrechts und des Strafverfahrens vom 24. April 1934 (RGBl. I S. 341), Art. IV § 3:

Die Wahl des Verteidigers bedarf der Genehmigung durch den Vorsitzenden des Gerichts. Die Genehmigung kann zurückgezogen werden; wird sie in der Hauptverhandlung zurückgezogen, so ist § 145 der Strafprozeßordnung entsprechend anzuwenden.

Im übrigen vgl. für Strafsachen § 139 (Vertretung des Anwalts durch Gerichtsreferendare, abgedruckt unten S. 65), § 140 (Fälle der notwendigen Verteidigung), § 345 Abs. 2 (Revisionsantrag und -begründung), §§ 378, 387, 397 StPO. (Privatklage und Nebenklage), § 29 JGG. (notwendige Verteidigung in Jugendgerichtssachen) sowie unten Anm. 1, 2 zu § 28 RRAnwO.

Wegen der Militärstrafsachen s. § 291 MStGO. (RGBl. 1936 I S. 755), wegen der Strafverfahren vor dem Seemannsamt § 6 der VO. vom 13. März 1903 (RGBl. S. 42).

Wegen Dienststrafverfahren nach dem Reichsbeamtengeſ. s. § 102 das., wegen Dienststrafverfahren gegen Beamte des Reichsnährstandes § 1 der VO. vom 8. Juni 1935 (RGBl. I S. 747).

Wegen der Verfahren vor den anwaltlichen Ehrengerichten vgl. § 68 RRAnwO. in Verbindung mit § 138 StPO. (oben S. 22), wegen der Ehrengerichte für Patentanwälte § 42 PatentanwGes. (RGBl. 1933 I S. 669), wegen der ärztlichen Berufsgerichte § 66 ReichsärzteO. (RGBl. 1935 I S. 1433), wegen der Berufsgerichte der Apothekerschaft § 59 BerufsgerichtsO. (MdRRAK. 1936 S. 117; JW. 1936 S. 2126), wegen der sozialen Ehrengerichte §§ 40, 48 Abs. 2 ArbeitsOrdngGes. (RGBl. 1934 I S. 45; wegen der Bestellung eines Verteidigers durch das Gericht s. § 18 der Dritten DurchfVO., RGBl. 1934 I S. 255) sowie § 20 des Ges. zur Ordnung der Arbeit in öffentl. Verwaltungen und Betrieben (RGBl. 1934 I S. 220) mit § 138 StPO., wegen der Ehrengerichte des Handwerks vgl. § 83 der VO. vom 15. Juni 1934 (RGBl. I S. 493) mit § 138 StPO., wegen der Berufsgerichte der Presse VerfahrensO. vom 18. Januar 1934 (RGBl. I S. 40) § 8 mit § 138 StPO., wegen der Jägerehrengerichte § 7 Abs. 2 EhrengerichtsO. vom 27. März 1935, wegen der Ehrengerichte der Börsen § 14 Börsengeſ. (RGBl. 1908 S. 215).

C. Verwaltungsgerichte, Verwaltungsbehörden usw.

S. ferner wegen der Zulassung vor die Beschlußstelle in Rechtsangelegenheiten der evangelischen Kirche § 3

Abs. 1 der VO. vom 3. Juli 1935 (RGBl. I S. 851), vor dem Reichswirtschaftsgericht § 26 der VO. vom 21. Mai 1920 (RGBl. S. 1167), vor dem Kartellgericht § 1 der VO. vom 2. November 1923 (RGBl. I S. 1071) vor dem Reichsbahngericht §§ 12, 7 Abs. 4 der Geschäftsordnung vom 24. November 1930 (RGBl. II S. 1280), vor den Prisengerichten §§ 27, 33, 39, 42, 44 PrisengerichtsO. (RGBl. 1914, 301), vor den Seeämtern und dem Oberseeamt §§ 22, 30 des Ges. betr. die Untersuchung von Seeunfällen (RGBl. 77, 549), in den Verfahren vor dem Reichsaufsichtsamt für Privatversicherung § 24 der VO. vom 23. Dezember 1901 (RGBl. S. 498). Wegen der Zulassung vor Versicherungsträgern und Versicherungsbehörden der Sozialversicherung s. VO. vom 9. September 1935 (RGBl. I S. 1143), wegen der Arbeitslosenversicherung VO. vom 31. Dezember 1935 II (RGBl. 1936 I S. 2), wegen der Versorgungsbehörden § 48 Versorgungsges. (RGBl. 1934 I S. 1113) und § 83 Wehrmachtversorgungsges. (RGBl. 1935 I S. 21).

Wegen der Zulassung in Steuersachen s. § 107 RAbgO. (abgedruckt unten S. 203) und Anm. 1 das.

Zur Einführung in das neue Recht sei im folgenden kurz auf die wesentlichsten Änderungen in den einzelnen Abschnitten der RRAnwO. eingegangen.

1. Abschnitt: Der Rechtsanwalt.

Zunächst sind die Vorschriften über den Zugang zur Rechtsanwaltschaft grundlegend geändert. Der immer noch im wesentlichen geltende Grundsatz des freien Zugangs ist durch den Grundsatz der Auslese ersetzt. Grundlage der Auslese bildet ein Ausbildungsgang, der eine zuverlässige Beurteilung des Bewerbers nach seiner persönlichen und sachlichen Eignung gestattet. Die Ausbildung bietet ferner dem Bewerber Gelegenheit, sich in die besonderen Berufsaufgaben des Rechtsanwalts einzuarbeiten. Es ist wiederholt vom Standpunkt der Rechtsuchenden wie der Anwaltschaft und letzten Endes auch des jungen Rechtsanwalts selbst als Mißstand bezeichnet worden, daß dem jungen Assessor sogleich nach der großen Staatsprüfung die Zulassung als Rechtsanwalt offen stand und er dadurch unvermutet vor Aufgaben gestellt werden konnte, denen er — auf sich selbst gestellt und ohne ausreichende praktische Erfahrung — nicht recht gewachsen war. Die Laufbahn für das Amt des Richters und Staatsanwalts war inzwischen durch die VO. vom 29. März 1935 (RGBl. I S. 487) dahin geregelt worden, daß sich an die zweite Staatsprüfung ein Probedienst von einem Jahr und sodann ein Anwärterdienst in der Justizverwaltung bis zur endgültigen Übernahme anschlossen. Die Laufbahn für den Beruf des Rechtsanwalts wird jetzt durch Einführung eines entsprechenden Probe- und Anwärterdienstes dem angeglichen. Neu ist ferner, daß die Zahl der Zulassungen sich nunmehr nach den Bedürfnissen der Rechtspflege richten wird. Die Einleitung der Textbekanntmachung (unten S. 46/47) sagt die Gründe: Der Zustrom zur Anwaltschaft hatte in den letzten Jahren einen Umfang angenommen, der eine ernste Gefahr bildete. Er bedrohte die Lebensfähigkeit der Anwaltschaft, deren Erhaltung ein dringendes Erfordernis für die Rechtspflege ist. Auch für den Bewerber selbst konnte die Zulassung unter diesen Umständen letzten Endes nur eine Enttäuschung bedeuten. Die Gründe, die zu dieser Entwicklung geführt haben, sind so oft geschildert und durch zahlenmäßige Nachweisungen belegt[8]), daß hier auf eine Wiederholung verzichtet werden kann. Alle diese Neuerungen sind durch den neu gefaßten 1. Abschnitt der RAnwO. eingeführt, der nunmehr in die beiden Unter-

[8]) Vgl. Vollmer, Dt. Just. 1935 S. 1693, sowie die oben S. 18 Anm. 7 Angeführten.

abschnitte „Der Probe- und Anwärterdienst" und „Die Zulassung" gegliedert ist.

A. Der Probe- und Anwärterdienst.

Vor der Zulassung als Rechtsanwalt hat der Assessor nunmehr grundsätzlich einen **Probedienst** von regelmäßig einem Jahr und anschließend einen **Anwärterdienst** von regelmäßig drei Jahren zu leisten (§§ 2, 5, 10). Ausgenommen sind nur Bewerber, die ein öffentliches Amt bekleidet haben (§ 17) sowie — wenn dies der RJM. im Einvernehmen mit dem Reichsführer des BNSDJ nach gutachtlicher Äußerung des Präsidenten der RRAnwK. zur Vermeidung unbilliger Härten gestattet — Altassessoren, d. h. Bewerber, die vor dem 1. April 1935 die Befähigung zum Richteramt erlangt haben (§ 110 Abs. 2). Die — widerrufliche — Übernahme in den Probedienst und die Überweisung in den Anwärterdienst verfügt der RJM., ebenso wie er über eine ausnahmsweise Abkürzung oder Verlängerung des Probedienstes oder Verlängerung des Anwärterdienstes entscheidet (§§ 4, 5, 9, 10). Der Assessor wird im Probedienst vorwiegend, im Anwärterdienst ausschließlich mit anwaltlichen Geschäften befaßt und hierzu einem Rechtsanwalt zur Beschäftigung überweisen. Er kann — im Gegensatz zum Gerichtsreferendar, bei dem dies nicht mehr zulässig ist — zum Stellvertreter eines Rechtsanwalts bestellt werden. Er ist dann grundsätzlich in demselben Umfang wie ein Rechtsanwalt zum Auftreten vor Gerichten und sonstigen Behörden befugt (§ 29 Abs. 1). Im übrigen stehen diese Befugnisse nur dem Anwaltsassessor zu (§ 13). Der Assessor im Probedienst muß jedoch auch vom Amtsgericht zur mündlichen Verhandlung zugelassen werden (§ 29 Abs. 3). Verschwiegenheitspflicht und Zeugnisverweigerungsrecht bestehen bei beiden wie bei einem Rechtsanwalt (§§ 8 Abs. 2, 12 Abs. 2). Ihre Bezüge sind die gleichen wie bei einem Assessor im staatlichen Probe- oder Anwärterdienst. Sie werden von dem Rechtsanwalt, an den die Zuweisung erfolgt ist, auf Grund einer mit diesem zu treffenden Vereinbarung gezahlt. Es steht nichts im Wege, sich hierbei auf einen höheren Satz zu einigen. Die Zahlung des staatlichen Satzes gewährleistet die Reichs-Rechtsanwaltskammer (§ 3). Die Leitung des Probedienstes liegt in der Hand des Oberlandesgerichtspräsidenten, der den Assessor bei seinem Antritt durch Handschlag in Pflicht nimmt, ihn dem vom Präsidenten der Rechtsanwaltskammer vorgeschlagenen Rechtsanwalt überweist und auch ein Aufsichtsrecht insofern über ihn ausübt, als er ihn zur Erfüllung seiner Pflichten anhalten kann (§ 7). Im Anwärterdienst stehen dem Präsidenten der Rechtsanwaltskammer die entsprechenden Befugnisse zu (§§ 11, 12). Der Anwaltsassessor untersteht bereits wie ein Rechtsanwalt der anwaltlichen Ehrengerichtsbarkeit und dem Rügerecht des Präsidenten der Rechtsanwaltskammer.

B. Die Zulassung als Rechtsanwalt.

Regelmäßig zum Ende des dritten Anwärterjahres kann sich der Anwaltsassessor um die Zulassung als Rechtsanwalt bewerben (§ 14). Die Zulassung erfolgt bei einem bestimmten Gericht (§ 15 Abs. 1). Die frühere Aufzählung der Gründe, aus denen die Zulassung versagt werden konnte oder mußte (§§ 5, 6 a. F.), sind ebenso wie der früher bestehende Rechtsanspruch auf die Zulassung beseitigt. Die Entscheidung trifft der RJM. nach Anhörung des Präsidenten der RRAnwK. im Einvernehmen mit dem

Reichsführer des NSRB. (§ 16). Hierbei wird einmal der Gesichtspunkt der persönlichen und sachlichen Eignung ausschlaggebend sein. Die Bewährung des Assessors im Probe- und Anwärterdienst wird hier leicht ein zutreffendes Urteil gestatten. Meist werden allerdings in dieser Richtung hervorgetretene Mängel schon während des Probedienstes ein Ausscheiden aus der Laufbahn durch Widerruf der Übernahme in den Probedienst, Nichtzulassung zum Anwärterdienst oder dgl. veranlaßt haben. Wesentlich ist ferner die Frage des Bedürfnisses: Es sollen bei keinem Gericht mehr Rechtsanwälte zugelassen werden, als einer geordneten Rechtspflege dienlich ist (§ 15 Abs. 2). Auch insoweit wird die maßgebliche Entscheidung regelmäßig nicht erst bei der Zulassung als Rechtsanwalt, sondern schon bei der Übernahme in den Probedienst getroffen. Es wird von vornherein nur soviel Bewerbern der Zugang zur Anwaltslaufbahn eröffnet werden, als voraussichtlich später in die Anwaltschaft übernommen werden können.

2. Abschnitt: Rechte und Pflichten der Rechtsanwälte.

Im 2. Abschnitt der RRAnwO. sind die grundlegenden Vorschriften über die Pflichten der Rechtsanwälte (§§ 28, 31 a. F.) ihrer Bedeutung entsprechend vorangestellt. Auf die Neufassung des § 31 (§ 28 a. F.) ist bereits hingewiesen. Der § 26 a. F., der eine im wesentlichen gegenstandslose Verweisung auf die Vorschriften der Verfahrensgrundgesetze über die Vertretungsbefugnis des Rechtsanwalts vor Gericht enthielt, ist beseitigt, zumal jetzt das grundsätzliche zu dieser Frage für einen weiteren Rahmen der Vorspruch sagt.

Neu eingefügt sind die §§ 39 Abs. 2, 41 Abs. 2. Sie stellen

klar, daß der armen Partei ein besonderer Anwalt zur Wahrnehmung des Beweistermins vor einem ersuchten (auswärtigen) Richter und zur Vermittlung des Verkehrs mit dem Prozeßbevollmächtigten bei einem vom Wohnsitz der Partei entfernten Gericht beigeordnet werden kann. Nach der bisherigen Fassung dieser Vorschriften war dies zweifelhaft. Die Rechtsprechung hat diese Möglichkeit für die auswärtige Beweisaufnahme schon seit längerer Zeit, für die Bestellung eines Verkehrsanwalts erst kürzlich durch eine Entscheidung des Kammergerichts im Grundsatz anerkannt. Die Beiordnung darf jedoch nur erfolgen, wenn besondere Umstände dies erfordern. Das Gericht wird stets zu prüfen haben, ob eine begüterte Partei in der gleichen Lage die erhöhten Kosten für die Beauftragung eines besonderen Anwalts aufwenden würde. Die Fälle werden verhältnismäßig selten sein, da einerseits wichtige Beweise jetzt grundsätzlich vom erkennenden Gericht selbst erhoben werden und andererseits die Parteien in der Mehrzahl, wenn ihr Prozeßbevollmächtigter auswärts wohnt, diesen schriftlich unterrichten können, u. U. mit Hilfe von Freunden oder Angehörigen, falls sie selbst schreibungewandt sein sollten.

3. Abschnitt: Die Reichs-Rechtsanwaltskammer.

Von grundlegender Bedeutung ist der organisatorische Neubau der Anwaltschaft, den das 2. Abänderungsgesetz durch die Neufassung des 3. Abschnitts der RRAnwO. gebracht hat. Die gesamte Anwaltschaft im Reichsgebiet, einschließlich der Rechtsanwaltschaft am Reichsgericht, wird unter Beseitigung der früheren Anwaltskammern in der neuen Reichs-Rechtsanwaltskammer zusammengefaßt. Damit wird nur der letzte Schritt auf dem bereits in der NotVO. vom 18. März 1933 eingeschlagenen Wege getan.

Diese Zusammenfassung ist das Gegenstück zu der vorher durchgeführten Verreichlichung der Justizverwaltung. Sie ermöglicht der Anwaltschaft, alle ihre Kräfte für die gestellten großen Aufgaben geschlossen einzusetzen. Diese Aufgaben bestehen nicht nur in der Wahrnehmung aller Geschäfte, die bisher den Anwaltskammern obgelegen hatten, sondern vor allem in der Mitwirkung bei der Ausbildung des Nachwuchses während des Probe- und Anwärterdienstes sowie in der wirtschaftlichen Sicherstellung des Nachwuchses während dieser Zeit (§§ 47, 51 Abs. 3, 58, 59, 62).

Der Aufbau der RRAnwK. ist nach neuen Grundsätzen durchgeführt. Sämtliche Organe — Präsident, Präsidium und Beirat der RRAnwK., die Präsidenten und Mitglieder der RAnwK., die Richter der Ehrengerichte und des Ehrengerichtshofs (§ 49) werden nicht gewählt, sondern berufen. Der Stellung der Anwaltschaft in der Rechtspflege entsprechend erfolgt die Berufung der wichtigsten Organe durch den RJM. (§§ 50, 51, 55) und wirken in der Ehrengerichtsbarkeit im zweiten Rechtszug Mitglieder des Reichsgerichts als Ehrenrichter mit (§ 93 Abs. 1). Ferner unterstehen die Organe und Einrichtungen der RRAnwK. der Aufsicht des RJM. (§ 46). Die Mitwirkung der Bewegung ist dadurch vorgesehen, daß die Berufungen im Einvernehmen mit dem Reichsführer des BNSDJ. (jetzt NSRB.) erfolgen. Die ausführenden Organe — die Präsidenten der RRAnwK. und der RAnwK. — sind Einzelpersonen, denen innerhalb ihres Aufgabenkreises eine führende Stellung eingeräumt ist. Sie handeln grundsätzlich selbständig, aus eigenem Entschluß und unter eigener Verantwortung (§ 46 Abs. 2 Satz 2, § 54 Abs. 2). Die daneben vorgesehenen Kollegien (Präsidium und Beirat der RRAnwK. sowie die RAnwK.) üben nur eine beratende Tätigkeit aus.

Die Neugliederung hat auch zu einer Zusammenfassung der wirtschaftlichen Kräfte geführt. Die neue RRAnwK. ist in die vermögensrechtliche Rechte und Pflichten der bisherigen RRAnwK. und der Anwaltskammern mit allen ihren Einrichtungen eingetreten (§ 112, Art. 9 der Satzung). Sie allein hat das Recht, Beiträge zur Erfüllung ihrer Aufgaben von ihren Mitgliedern zu erheben (§ 48). In ihrer Finanzgebarung untersteht sie auf Grund des Beiträgegesetzes (unten S. 76) auch der Aufsicht des Reichsministers der Finanzen.

Die Reichs-Rechtsanwaltskammer ist ein Zusammenschluß genossenschaftlicher Art, rechtlich betrachtet eine juristische Person (Körperschaft) des öffentlichen Rechts und als solche rechtsfähig (§ 46). Ihre Tätigkeit sowie die Tätigkeit und Geschäftsführung ihrer Organe wird des näheren durch ihre Satzung (s. unten S. 131) sowie durch Geschäftsordnungen geregelt (§§ 53, 56, 61). Die RRAnwO. selbst bestimmt über die verschiedenen Organe vor allem folgendes:

1. An der Spitze der RRAnwK. steht ihr Präsident. Er wird auf Vorschlag des Präsidiums vom RJM. im Einvernehmen mit dem Reichsführer des NSRB. auf die Dauer von fünf Jahren berufen. Vorläufig werden seine Geschäfte von dem Präsidenten der bisherigen RR.-AnwK. geführt (§ 113). Er vertritt die RRAnwK. gerichtlich und außergerichtlich (§ 50). Er erläßt nach Anhörung des Präsidiums die Geschäftsordnung für sie und auf Vorschlag der Präsidenten der RAnwK. auch die Geschäftsordnungen für die RAnwK. (§§ 53, 56). Nach Anhörung des Beirats kann er mit Zustimmung des RJM. die Satzung der RRAnwK., die vom RJM. erlassen wird (§ 117), gegebenenfalls ändern (§ 61). Bei der Berufung

der übrigen Organe ist er weitgehend eingeschaltet. Die Präsidenten der RAnwK. kann er mit bindenden Weisungen versehen (§ 54 Abs. 2). Im Rahmen seiner gesetzlichen Befugnisse sind ihm Zwangsmittel gegenüber Rechtsanwälten und Anwaltsassessoren eingeräumt (§ 60). Seine Mitwirkung bei der Zulassung als Rechtsanwalt und bei der Zurücknahme einer Zulassung ist oben (S. 27 f.) bereits hervorgehoben. Im übrigen sei hier nur auf die §§ 50, 62, 93, 107 verwiesen. Die gesetzlichen Vorschriften ergeben ohnedies nur ein unvollständiges Bild. Sie sind nur einzelne Äußerungen des Grundgedankens, nach dem der Präsident der Führer der RRAnwK. ist, dem im Zweifel alle ihre Befugnisse zur alleinigen Wahrnehmung übertragen sind, soweit nicht ein anderes Organ mit der Ausübung betraut oder ein Mitwirkungsrecht einer anderen Stelle ausdrücklich vorgesehen ist.

2. Neben dem Präsidenten steht als beratendes Organ das Präsidium, bestehend aus je fünf auf Vorschlag des Präsidenten vom RJM. im Einvernehmen mit dem Reichsführer des NSRB. auf die Dauer von fünf Jahren zu Mitgliedern oder deren Vertretern ernannten Rechtsanwälten. Eines der Mitglieder wird bei der Ernennung zum ständigen Vertreter des Präsidenten bestimmt. Bis zur ersten Berufung auf Grund der neuen Vorschriften werden seine Befugnisse durch das Präsidium der bisherigen RRAnwK. wahrgenommen (§ 113). Das Präsidium hat auf Anfordern eines Organs der Gesetzgebung, einer obersten Reichsbehörde, eines obersten Gerichts oder des Ehrengerichtshofs Gutachten aus dem Gebiet des Anwaltsrechts und des Anwaltswesens zu erstatten. Vor Erlaß der Geschäftsordnung für die RRAnwK. ist es nach der ausdrücklichen Vorschrift des § 53 zu hören. Im übrigen

steht sein Rat dem Präsidenten für Fragen der laufenden Geschäftsführung zur Verfügung.

3. Der **Beirat** ist ebenfalls ein beratendes Organ. Er besteht aus dem um die Präsidenten der Rechtsanwaltskammern oder ihre Vertreter erweiterten Präsidium (§ 52 Abs. 1). Seine beratende Tätigkeit erstreckt sich auf alle Fragen von allgemeiner Bedeutung. Ausdrücklich vorgeschrieben ist seine Anhörung für die Aufstellung des Haushaltsplanes und der Festsetzung der Beiträge, vor der jährlichen Rechnungslegung und vor Satzungsänderungen (§§ 52 Abs. 3, 61). Durch seine Zusammensetzung stellt er eine ständige Verbindung des Präsidenten als Führers mit der Anwaltschaft in den verschiedenen Bezirken als seiner Gefolgschaft her.

4. Die **Rechtsanwaltskammern** haben mit den bisherigen Anwaltskammern nur den Namen gemein. Sie sind nicht mehr selbständige, rechtsfähige Körperschaften, sondern gewissermaßen die örtlichen Dienststellen des Präsidenten der RRAnwK. Sie werden grundsätzlich für den Bezirk eines Oberlandesgerichts gebildet. Auf Anordnung des RJM. können jedoch im Bedarfsfalle für einen Oberlandesgerichtsbezirk zwei Kammern gebildet werden (§ 54 Abs. 3). Daß die Zahl der Anwälte eines Bezirks 1000 übersteigt, ist nicht mehr — wie nach § 41a a. F. — notwendige Voraussetzung. Da nach der Übergangsvorschrift des § 113 die Vorstände der bisherigen Anwaltskammern und deren Vorsitzende bis zur ersten Berufung die Geschäfte der RAnwK. und ihrer Präsidenten wahrzunehmen haben, bleibt es vorläufig bei Anordnungen, die auf Grund der bisherigen Vorschriften die Bildung zweier Kammern in größeren Oberlandesgerichtsbezirken vorsahen (z. B. im Kammergerichtsbezirk die Anwaltskammern Berlin und

Potsdam). Die Aufgaben sind zwischen der RAnwK. und ihrem Präsidenten ähnlich wie zwischen dem Präsidium und dem Präsidenten der RRAnwK. verteilt: Der Präsident ist die leitende, die Rechtsanwaltskammer die beratende Stelle.

Die Präsidenten der Rechtsanwaltskammern werden auf Vorschlag des Präsidenten der RRAnwK. vom RJM. im Einvernehmen mit dem Reichsführer des NSRB. auf die Dauer von fünf Jahren berufen (§ 55 Abs. 1). Ihre Vertretung regelt sich nach der Geschäftsordnung. Bis zur ersten Berufung auf Grund der neuen Vorschriften werden ihre Geschäfte von den Vorsitzenden der bisherigen Kammervorstände wahrgenommen (§ 113). Sie haben für ihren Bezirk die Aufgaben der RRAnwK. wahrzunehmen — auf Grund eigener Entschließung und unter eigener Verantwortung, jedoch gebunden an etwaige Weisungen des Präsidenten der RRAnwK. (§ 54 Abs. 2). Vor allem haben sie bei der Ausbildung der Assessoren im Probe- und Anwärterdienst mitzuwirken. Sie schlagen den Rechtsanwalt vor, dem der Assessor im Probedienst durch den Präsidenten des Oberlandesgerichts zur Beschäftigung überwiesen wird (§ 7). Sie verpflichten den Anwaltsassessor nach der Übernahme in den Anwärterdienst durch Handschlag (§ 11 Abs. 1), überweisen ihn einem Rechtsanwalt zur Beschäftigung (§ 12 Abs. 1) und üben die Aufsicht über ihn aus (§ 11 Abs. 2). Nach der Zulassung nehmen sie dem Rechtsanwalt den Anwaltseid ab (§ 19). Sie können diesem die Genehmigung erteilen, Zweigstellen einzurichten und außerhalb der Kanzlei Sprechtage abzuhalten (§ 20 Abs. 2). Die Geschäftsordnung der RAnwK. schlagen sie dem Präsidenten der RRAnwK. vor (§ 58). Auf Antrag vermitteln sie

Streitigkeiten zwischen Rechtsanwälten untereinander oder zwischen diesen und ihren Auftraggebern (§ 58). Ferner erstatten sie Gutachten, die ein Gericht ihres Bezirks in Streitigkeiten zwischen einem Rechtsanwalt und seinem Auftraggeber erfordert (§ 59). Im Rahmen ihrer gesetzlichen Befugnisse können sie Rechtsanwälte und Anwaltsassessoren vorladen, Aufschlüsse von ihnen verlangen und dergl. und zur Erzwingung dieser Anordnungen nach schriftlicher Androhung Geldstrafen bis zum Gesamtbetrage von 300 RM. festsetzen (§ 60). Schließlich können sie Rechtsanwälten und Anwaltsassessoren ihres Bezirks bei leichteren Pflichtverletzungen eine Rüge erteilen oder eine Mißbilligung aussprechen, Rechtsanwälten jedoch erst nach gutachtlicher Äußerung eines aus mindestens drei Mitgliedern der Rechtsanwaltskammer gebildeten ständigen Ausschusses. Wegen ihrer Stellung im ehrengerichtlichen Verfahren s. § 71. Sie sind kraft Gesetzes Mitglieder des Beirats der RRAnwK.

Die Mitglieder der Rechtsanwaltskammern werden vom Präsidenten der RRAnwK. auf die Dauer von vier Jahren aus den Rechtsanwälten des Bezirks berufen. Die Berufung bedarf der Bestätigung durch den RJM. Die Mitgliederzahl ist nicht gesetzlich festgelegt, wird also erst durch die Geschäftsordnung oder die Zahl der erfolgenden Berufungen bestimmt. Die Vertretung der Mitglieder ist in der Geschäftsordnung zu regeln (§ 56). Alle zwei Jahre wechselt die Hälfte, bei ungerader Zahl zum erstenmal die größere Zahl der Kammermitglieder (§ 55 Abs. 2). Alle zwei Jahre haben daher Ernennungen zu erfolgen. Bis zur ersten Berufung auf Grund der neuen Vorschriften führen ihre Geschäfte die Mitglieder der bisherigen Kammervorstände (§ 113). Bei der ersten Berufung bestimmt das RJM. die

Tätigkeitsdauer der Kammermitglieder, also insbes., wer zu der nach zwei Jahren ausscheidenden Hälfte gehört (§§ 55, 115). Der Umfang der beratenden Tätigkeit der Kammer ist nicht näher bestimmt. Der Präsident kann sie daher sowohl bei Einzelfragen als auch dann zu Rate ziehen, wenn es sich etwa für ihn darum handelt, im Beirat der RRAnwK. zu Fragen von allgemeiner Bedeutung Stellung zu nehmen.

Wegen des ständigen Rügeausschusses s. § 57.

4. Abschnitt: Ehrengerichtliches Verfahren.

Die Ehrengerichtsbarkeit ist durch das 2. Änderungsges. im Verhältnis zu den anderen Gebieten der RAnwO. am wenigsten berührt, da es sich hier mit Rücksicht auf die bevorstehende Erneuerung des Strafverfahrensrechts doch nur um vorläufige Änderungen hätte handeln können.

Die Neuerungen bringen einmal die durch die Unterstellung der Anwaltsassessoren unter die Ehrengerichtsbarkeit erforderlichen Ergänzungen (§§ 64 bis 67, 72, 104). Weitere Änderungen tragen den organisatorischen Neuerungen im Aufbau der RRAnwK. Rechnung (§§ 70, 71, 85, 93, 95, 97, 98, 102f.). Der § 70 erklärt den Ehrengerichtshof zur Entscheidung im ersten und letzten Rechtszug in Verfahren gegen die Präsidenten der RRAnwK. und der RAnwK. sowie gegen Mitglieder des Präsidiums der RRAnwK. für zuständig. Ferner wird der Beschwerdeweg gegen Entscheidungen der Ehrengerichte vom Oberlandesgericht an den Ehrengerichtshof verlegt (§ 92). Mehrfache bei der Textbekanntmachung vorgenommene Änderungen passen die Vorschriften der RRAnwO. an Umgestaltungen an, die das Strafprozeßrecht in den letzten

Jahren erfahren hat, und beseitigen Unklarheiten in der Fassung einiger Bestimmungen.

5. Abschnitt: Rechtsanwaltschaft beim Reichsgericht.

Die Zulassung als Rechtsanwalt beim Reichsgericht hat die neue RRAnwO. dem RJM. im Einvernehmen mit dem Reichsführer des NSRB. übertragen. Vor der Zulassung sind die Präsidenten des Reichsgerichts und der RRAnwK. zu hören. Für die Bestellung eines Stellvertreters gilt das gleiche. Neu ist ferner, daß die Zulassung hier — ebenso wie nach § 125 Abs. 2 GVG. die Ernennung zum Reichsgerichtsrat — die Vollendung des 35. Lebensjahres voraussetzt (§ 107).

6. Abschn.: Schluß- und Übergangsbestimmungen.

Die früheren Vorschriften des 6. Abschnitts hat die neue RRAnwO. als gegenstandslos nicht übernommen. Die neuen Bestimmungen enthalten die erforderliche Übergangsregelung zu den Neuerungen des 2. Änderungsgesetzes. Sie sind oben S. 26, 31 bis 36 bereits kurz behandelt.

V. Die sonstigen die Anwaltschaft berührenden Gesetze vom 13. Dezember 1935.

Gleichzeitig mit dem 2. Änderungsges. zur RAnwO. sind am 13. Dezember 1935 drei weitere Gesetze verabschiedet und eine Verordnung erlassen worden, die — wenn sie auch überwiegend unter allgemeinen Gesichtspunkten betrachtet werden müssen — gerade die Anwaltschaft besonders berühren und deshalb hier kurz behandelt seien.

1. An erster Stelle sind hier das Gesetz zur Verhütung von Mißbräuchen auf dem Gebiete der Rechts-

beratung und die AusführungsVO. dazu[9]) zu nennen (RGBl. 1935 I S. 1478, 1481; unten S. 187f. abgedruckt. Über die Grundgedanken des Gesetzes sagt die Begründung (Reichssteuerbl. 1935 S. 1528) folgendes:

„Im Laufe der Jahre hat es sich immer mehr als Mißstand erwiesen, daß die Besorgung fremder Rechtsangelegenheiten, einschließlich der Rechtsberatung, weitgehend in die Hand von Personen geraten ist, die keine hinreichende Gewähr für die gerade hier unentbehrliche Sachkunde und Zuverlässigkeit bieten. Während die Rechtsanwälte, Verwaltungsrechtsräte, Patentanwälte, Prozeßagenten, Wirtschaftsprüfer u. a. in mehr oder weniger weitem Umfange einer gesetzlichen Ordnung und staatlichen Aufsicht unterstehen, ist im übrigen die berufliche Betätigung auf dem Gebiete der Besorgung fremder Rechtsangelegenheiten, sowohl was Zugang zum Berufe wie auch Art und Umfang der Berufsausübung anlangt, frei. Eine gewisse Einschränkung sieht § 35 der Gewerbeordnung nur insofern vor, als er die Untersagung der Berufsausübung bei Unzuverlässigkeit des Gewerbetreibenden gestattet. Diese Regelung hat sich in mehrfacher Hinsicht als unzulänglich erwiesen: sie trifft nur die gewerbliche — nicht auch die sonstige geschäftsmäßige — Betätigung, sie stellt nur auf die Frage der Zuverlässigkeit und nicht auch auf die der fachlichen Eignung ab, sie schließt ferner jede Möglichkeit vorbeugenden Eingreifens aus, und endlich leidet das Verfahren, so wie es gegenwärtig geregelt ist, an einer seinen praktischen Wert erheblich beeinträchtigenden Schwerfälligkeit.

Sowohl zum Schutze der Rechtsuchenden, auf die das

[9]) Vgl. hierzu das Erläuterungsbuch von Jonas, Berlin 1936 (mit Nachtrag), sowie Noack, Das neue Berufsrecht der Anwaltschaft, Leipzig 1936.

Winkelkonsulententum von jeher vielfach eine bedenklich starke Anziehungskraft ausgeübt hat, wie auch im Interesse der Behörden und sonstigen Dienststellen, deren Arbeit häufig durch die Tätigkeit nicht hinreichend sachkundiger Vertreter wesentlich erschwert wird, erscheint es dringend geboten, die geschäftsmäßige Betätigung auf dem Gebiete der Besorgung fremder Rechtsangelegenheiten unter staatlichen Konzessionszwang zu stellen. Nur so ist es möglich, sachlich ungeeignete und nicht hinreichend zuverlässige Elemente von dem Berufe fernzuhalten und die Zahl der dem Berufe Angehörenden in den den sachlichen Bedürfnissen entsprechenden Grenzen zu halten. In letzterer Hinsicht darf vor allem auch die wirtschaftliche Lage der Anwaltschaft nicht außer acht gelassen werden: wenn der Staat im Wege besonderer langjähriger Ausbildung auf einem bestimmten Gebiet einen besonderen Berufsstand schafft, wenn er diesen durch berufs- und standesrechtliche Regeln, Gebührenordnungen usw. in der Berufsausübung weitgehenden Bindungen unterwirft, so muß er ihm auch ein ausreichendes Arbeitsfeld sichern und ihn gegen den Wettbewerb anderer schützen, die gleichartigen Beschränkungen nicht unterworfen sind.

Das Gesetz zur Verhütung von Mißbräuchen auf dem Gebiete der Rechtsberatung ersetzt das Untersagungsverfahren durch den wirksameren Erlaubniszwang.

Artikel 1 regelt zunächst die Rechtsbesorgung im allgemeinen, d. h. auf allen Gebieten mit Ausnahme der Steuer-, Monopol-, Warenverkehrs- und Devisensachen sowie sonstiger von der Reichsfinanzverwaltung betreuter Angelegenheiten (§ 4).

§ 1 umgrenzt im Abs. 1 den sachlichen Geltungsbereich der Regelung. Die Grenzen sind absichtlich weit gesteckt, um Umgehungsversuchen vorzubeugen. Deshalb sind auch die Einziehung fremder oder zum Zwecke der Einziehung abgetretener Forderungen sowie die nebenberufliche und die unentgeltliche Rechtsberatung ausdrücklich erwähnt.

Abs. 2 faßt die in den Ausführungsverordnungen näher zu bestimmenden Voraussetzungen für die Erteilung der Erlaubnis kurz zusammen. Die Erteilung wird von Zuverlässigkeit, persönlicher Eignung, Sachkunde und dem Vorliegen eines Bedürfnisses abhängig gemacht.

§ 2 trifft Vorsorge, daß die wissenschaftliche Gutachtertätigkeit — z. B. der Hochschullehrer — durch den Erlaubniszwang nicht beengt wird. Es entspricht dies der Regelung, wie sie bereits § 9 Abs. 2 des Patentanwaltsgesetzes vom 28. September 1933 (RGBl. I S. 669) für Patentsachen getroffen hatte. Ebenso stellt er die schiedsrichterliche Tätigkeit von dem Erlaubniszwang frei.

§ 3 enthält eine Reihe von Ausnahmen, die keiner näheren Begründung bedürfen. Es handelt sich dabei um diejenigen Personen oder Stellen, die kraft ihres Amtes oder ihres Berufes allgemein (§ 3 Nrn. 1 bis 3) oder auf gewissen Gebieten (Nrn. 4 bis 7 das.) zur Rechtsbesorgung berufen sind.

§ 4 enthält die Abgrenzung gegenüber dem im Artikel 2 zu regelnden Gebiet der Rechtsberatung in Steuersachen u. dgl. und gegenüber der Rechtsbesorgung in Warenverkehrs- und Devisensachen, für die der Erlaß besonderer Vorschriften im Verordnungswege vorbehalten bleibt. Er stellt dabei klar, daß einerseits die Erlaubnis nach Artikel 1 § 1 nicht zur Hilfeleistung in diesen Steuersachen usw. und andererseits die allgemeine Zulassung als Steuerberater oder als Helfer in Steuersachen nicht zur Rechtsberatung auf dem im Art. 1 geregelten Gebiet ermächtigt.

§ 5 sieht eine weitere, sachlich begrenzte Ausnahme für gewisse Personengruppen vor, die im Rahmen der Ausübung ihres auf wirtschaftlichem Gebiet liegenden Berufs mehr oder weniger häufig in die Lage kommen, sich auch mit rechtlichen Angelegenheiten anderer zu befassen. Es sind dies Gewerbetreibende (z. B. Makler, Spediteure; Nr. 1 das.), öffentlich bestellte Wirtschaftsprüfer und vereidigte Bücherrevisoren (Nr. 2 das.) sowie Vermögensverwalter, Hausverwalter u. dgl. (Nr. 3 das.). Sie sollen vom Erlaubniszwang jedoch nur insoweit befreit sein, als die Rechtsbesorgung in unmittelbarem Zusammenhang mit Geschäften ihrer eigentlichen Berufstätigkeit steht.

§ 6 dient im wesentlichen nur der Klarstellung. Daß ein Angestellter, der Rechtsangelegenheiten seines Dienstherrn (z. B. als Syndikus oder Justitiar) erledigt, nicht dem Erlaubniszwang unterstellt werden kann (Nr. 1 das.), bedarf keiner Begründung. Ebensowenig kann von dem Angestellten einer vom Erlaubniszwang befreiten oder mit der Erlaubnis versehenen Person oder Stelle (Nr. 2) eine besondere Erlaubnis gefordert werden, soweit der Angestellte nicht etwa die Grenzen seines Anstellungsverhältnisses überschreitet. Abs. 2 beugt einem Mißbrauch des Anstellungsverhältnisses vor.

Schließlich bietet § 7 noch eine Ausnahme für gewisse berufsständische Vereinigungen oder Stellen (z. B. Hausbesitzer- oder Mietervereine, ferner auch ärztliche Verrechnungsstellen). Um einerseits Mißbräuchen durch Scheingründungen vorzubeugen, andererseits bei Mängeln der Rechtsbesorgung einschreiten oder auch einem Wegfall des Bedürfnisses für derartige Betätigungen auf rechtlichem Gebiet Rechnung tragen zu können, hält Satz 2 das. die Möglichkeit der Untersagung offen, die sowohl für eine einzelne wie für gewisse Gruppen von Vereinigungen ausgesprochen werden kann.

§ 8 stellt die geschäftsmäßige Rechtsbesorgung ohne die nach den vorstehenden Bestimmungen erforderliche Erlaubnis sowie Verstöße gegen ein nach § 7 erlassenes Verbot unter Strafe.

Artikel 2 regelt die Rechtsbesorgung auf dem Gebiet der Steuer- und Monopolsachen sowie sonstiger Angelegenheiten, die in den Geschäftsbereich der Reichsfinanzverwaltung fallen — mit Ausnahme der Devisensachen —, indem auch hier entsprechend der im Artikel 1 getroffenen Regelung der Erlaubniszwang eingeführt wird.

§ 1 regelt zunächst die Hilfeleistung in Steuersachen im Anwendungsbereich der Reichsabgabenordnung. Während die Nr. 2 die bisher diese Frage behandelnde Vorschrift des § 200 RAbgO. beseitigt, fügt die Nr. 1 die neuen Bestimmungen als § 107a RAbgO. ein.

§ 2 dehnt die für den Geltungsbereich der Reichsabgabenordnung in dem neuen § 107a getroffene Regelung auf die Hilfeleistung in sonstigen (insbesondere Landes- und Kirchen-) Steuersachen, in Monopolsachen und in sonstigen von Behörden der Reichsfinanzverwaltung verwalteten Angelegenheiten — mit Ausnahme der Devisensachen — aus.

Artikel 3 paßt die Fassung des § 35 Abs. 3 der Gewerbeordnung, aus dessen Anwendungsgebiet die geschäftsmäßige Rechtsbesorgung nunmehr ausscheidet, dem neuen Rechtszustande an.

Artikel 4 schließt Ansprüche auf Ersatz von Schäden, die etwa unter dem Enteignungsgesichtspunkt aus der Durchführung des Gesetzes und seiner Ausführungsverordnungen geltend gemacht werden könnten, aus.

Artikel 5 enthält die Ermächtigung zum Erlaß von Ausführungsvorschriften. Der Erlaß der Vorschriften über die Hilfe in Warenverkehrs- und Devisensachen ist dem Reichswirtschaftsminister vorbehalten.

Artikel 6 bestimmt den Zeitpunkt des Inkrafttretens. Abs. 2 das. sieht im Interesse einer reibungslosen Überführung der Verhältnisse in den neuen Rechtszustand vor, daß die bisher geschäftsmäßig mit der Rechtsbesorgung, Steuerberatung usw. befaßten Personen diese Tätigkeit nach Maßgabe der bisherigen Vorschriften noch bis zum 30. Juni 1936 fortsetzen können."

Die Erste AusführungsVO. zum Rechtsberatungsmißbrauchsges. enthält die näheren Vorschriften über die Erteilung der Erlaubnis nach Artikel 1 § 1 des Gesetzes.

Die §§ 1 bis 3 behandeln den Umfang der Erlaubnis. Die Voraussetzungen (Alter, Abstammung, Zuverlässigkeit, Bedürfnis) sind in den §§ 4 bis 9 geregelt. § 9 Abs. 2 schreibt vor, daß bei den die Rechtsberatung bereits ausübenden Personen wegen mangelnden Bedürfnisses nur ausnahmsweise die Erlaubnis versagt werden soll. Die §§ 11 und 12 regeln das Verfahren bei der Erlaubniserteilung. Die Entscheidung soll dem Land- (Amts-)gerichtspräsidenten zustehen. Die Zusammenarbeit mit den Behörden der inneren Verwaltung ist durch § 11 Abs. 3 sichergestellt. Daß im übrigen die über die Erlaubnis befindenden Stellen der Justizverwaltung alle sonstigen ihnen zur Verfügung stehenden Quellen ausnutzen, insbesondere mit den Präsidenten der Rechtsanwaltskammern und den Stellen des NSRB. in Verbindung treten werden, ist selbstverständlich. Die §§ 13 bis 16 treffen über das Erlöschen und den Widerruf der Erlaubnis Bestimmung.

§ 17 regelt endlich die Untersagung der Rechtsbesorgung nach § 7 des Gesetzes.

Die weiteren zur Ausführung des Rechtsberatungsmißbrauchges. und des § 107a RAbgO. erlassenen Verordnungen sind unten S. 194f., 209f., 211f. abgedruckt.

2. Das Gesetz über die Zuständigkeit der Amtsgerichte in vermögensrechtlichen Streitigkeiten (RGBl. 1935 I S. 1469) setzt gleichzeitig mit Wirkung vom 1. April 1936 die bisherige Wertgrenze von 1000 RM. auf 500 RM. herab. Dadurch wird für die Abgrenzung zwischen amts- und landgerichtlicher Zuständigkeit ein Zustand wiederhergestellt, der unter Ersparnisgesichtspunkten durch die Notverordnung vom 6. Oktober 1931 (RGBl. I S. 537/563) vorübergehend beseitigt war. Für die Anwaltschaft wirkt sich diese Änderung dahin aus, daß einmal das Gebiet des Anwaltszwanges (§ 78 ZPO.) erweitert und ferner für die Landgerichtsanwälte ein gewisser Ausgleich gegen den sich aus der endgültigen Durchführung der Simultanzulassung ergebenden Zustrom von Amtsgerichtsanwälten an die Landgerichte geboten wird.

3. Durch diese Erweiterung des Anwaltszwanges wird gleichzeitig der Justizhaushalt durch eine Vermehrung des Aufwandes für die Beiordnung von Armenanwälten belastet. Das Weitere Gesetz über die Erstattung von Rechtsanwaltsgebühren in Armensachen (RGBl. 1935 I S. 1469) senkt die Gebühren, die bisher dem Armenanwalt aus der Staatskasse zu erstatten waren, um 5 v. H. gegenüber dem bisher nach der NotVO. vom 6. Oktober 1931 (RGBl. I S. 565) 6. Teil Kap. I § 17 geltenden Satz. Für Ehesachen wird an Stelle der vollen Gebühr ein fester Betrag von 24 RM. (bisher 25 RM.),

für einstweilige Verfügungen in Ehesachen als Höchstbetrag einer Gebühr der Betrag von 24 RM. (bisher 25 RM.) festgesetzt. Durch diese mäßige Senkung trägt auch die Anwaltschaft nach ihren Kräften dazu bei, den im übrigen der Allgemeinheit zur Last fallenden Mehraufwand für die Senkung der amtsgerichtlichen Zuständigkeitsgrenze mitzutragen.

A. Reichs-Rechtsanwaltsordnung[1])

Der Rechtsanwalt ist der berufene, unabhängige Vertreter und Berater in allen Rechtsangelegenheiten. Sein Beruf ist kein Gewerbe, sondern Dienst am Recht.

Die Rechtsanwaltsordnung vom 1. Juli 1878 (RGBl. S. 177; 1910 S. 772; 1920 S. 1108; 1922 I S. 573; 1923 I S. 647; 1924 I S. 44; 1927 I S. 71, 133, 175, 334; 1933 I S. 119, 522; 1934 I S. 91, 252, 1258; 1935 I S. 1470) ist durch Bekanntmachung vom 21. Februar 1936 (RGBl. I S. 107) neu gefaßt, der folgende Eingangsworte vorangestellt sind:

Die Rechtsanwaltschaft so zu erhalten, daß sie ihre hohe Aufgabe erfüllen kann, erachtet die Reichsregierung für ihre ernste Pflicht. Sie sieht in dem jedes Bedürfnis übersteigenden Zustrom zur Anwaltschaft eine schwere Gefahr für den

---

[1]) Seit dem 30. Januar 1933 vorgenommene Neufassungen oder sonstige Änderungen sind durch **Sperrdruck** hervorgehoben. Auf alle Abweichungen gegenüber der Fassung der alten RAnwO. vom 1. Juli 1878 ist in den Anmerkungen unter Angabe der einschlägigen Gesetzesvorschriften hingewiesen; soweit es sich um Änderungen durch das 2. Änderungsges. vom 13. Dezember 1935 oder durch die Bek. vom 21. Februar 1936 handelt, ist dies zusammenfassend in den Anm. zu den Abschnittsüberschriften geschehen. Zur Erleichterung der Übersicht sind die Paragraphen der RRAnwO. mit Überschriften versehen; auch ist neben den neuen Paragraphenziffern in kursiv die entsprechende Vorschrift der bisherigen RAnwO. bezeichnet oder hervorgehoben, ob es sich um eine neue Vorschrift handelt.

Berufsstand und darüber hinaus für die gesamte Rechtspflege. Um dieser Gefahr zu begegnen und den Nachwuchs vor unausbleiblichen Enttäuschungen zu bewahren, hat die Reichsregierung das zweite Gesetz zur Änderung der Rechtsanwaltsordnung vom 13. Dezember 1935 (RGBl. I S. 1470) beschlossen. Auf Grund der Ermächtigung im Art. VII dieses Gesetzes[2]) wird nachstehend der Wortlaut der Rechtsanwaltsordnung in ihrer nunmehr geltenden Fassung als Reichs-Rechtsanwaltsordnung bekanntgemacht.

---

[2]) Die Vorschrift lautet:

Artikel VII

(1) Der Reichsminister der Justiz wird ermächtigt, den Wortlaut der Rechtsanwaltsordnung im Reichsgesetzblatt neu bekanntzumachen und dabei etwaige Unstimmigkeiten des Gesetzestextes zu beseitigen.

(2) Er wird ferner ermächtigt, die zur Durchführung und Ergänzung dieses Gesetzes erforderlichen Anordnungen im Verordnungswege zu erlassen.

Erster Abschnitt[1]
Der Rechtsanwalt
§ 1. *(§ 1.)*
Allgemeine Zulassungsvoraussetzung (große Staatsprüfung)

Als Rechtsanwalt kann nur zugelassen werden, wer durch Ablegung der großen Staatsprüfung[2] die Fähigkeit zum Richteramt erlangt hat[3].

1. Die Fassung des 1. Abschnitts beruht auf Art. I des 2. Änderungsges. vom 13. Dezember 1935 (RGBl. I S. 1470). Ferner sind in den §§ 1, 18 Abs. 2, 19 Abs. 1, 20 Abs. 4, 22 Nrn. 4 und 5, 23 Abs. 2, 27 Abs. 1, 29 Abs. 3 bei der Bekanntmachung der neuen Fassung Unstimmigkeiten des Wortlauts berichtigt und die §§ 24 ff. neu geordnet und beziffert.

2. Wegen der großen Staatsprüfung und der ihr vorangehenden Ausbildung vgl. die Justizausbildungsordnung vom 22. Juli 1934 und ihre drei Durchführungsverordnungen vom 13. September, 8. Oktober und 1. November 1934 (RGBl. I S. 727, 831, 915, 1104), die VO. über den Ausbau des Reichs-Justizprüfungsamtes vom 27. Februar 1935 (RGBl. I S. 342) sowie die VO. über den weiteren Ausbau des Gemeinschaftslagers Hanns Kerrl vom 9. März 1935 (RGBl. I S. 359) und die VO. über die Ausbildung der Gerichtsreferendare in der Verwaltung vom 13. April 1935 (RGBl. I S. 545).

Soweit diese Vorschriften die Beschäftigung der Gerichtsreferendare bei Rechtsanwälten betreffen, sind sie unten S. 125 f. abgedruckt.

3. Wegen der Zulassung der Frauen zu den Ämtern und Berufen der Rechtspflege vgl. das Gesetz vom 11. Juli 1922 (RGBl. I S. 573) Art. I Abs. 1:

> Die Fähigkeit zum Richteramte kann auch von Frauen erworben werden.

A. Der Probe- und Anwärterdienst

§ 2. *(neu.)*

Erfordernis des Probe- und Anwärterdienstes.

Ein Assessor, der seine Zulassung als Rechtsanwalt erstrebt, hat sich zur besonderen Ausbildung für den Beruf des Rechtsanwalts dem anwaltlichen Probe- und Anwärterdienst zu unterziehen.

§ 3. *(neu.)*

Bezüge im Probe- und Anwärterdienst.

Der Assessor erhält die gleichen Bezüge wie ein Assessor im staatlichen Probe- und Anwärterdienst[1]. Diese Bezüge gebühren ihm für die Dauer des Probe- und Anwärterdienstes. Grundsätzlich sind diese Bezüge dem Assessor auf Grund einer Vereinbarung mit dem Rechtsanwalt zu zahlen, dem er überwiesen ist. Soweit der Rechtsanwalt diese Bezüge nicht zahlen kann, gewährleistet die Reichs-Rechtsanwaltskammer die Zahlung.

1. Zur Höhe dieser Bezüge vgl. die folgenden Bestimmungen der Durchführungsvorschriften zur Verordnung über die Laufbahn für das Amt des Richters und des Staatsanwalts vom 26. Juni 1935 (RGBl. I S. 812):

§ 8.

Der Assessor, der zum Probedienst einberufen worden ist, wird unmittelbarer Reichsbeamter und erhält vom Tage des Dienstantritts an während der Dauer des Probedienstes laufende Bezüge in Höhe der Diäten eines außerplanmäßigen Reichsbeamten, der bei regelmäßiger Dienstlaufbahn die erste planmäßige Anstellung in der Besoldungsgruppe *A 2 c* findet.

§ 10.

(1) Der Assessor wird mit der Übernahme als Anwärter (§ 4 der Verordnung) außerplanmäßiger unmittelbarer Reichsbeamter und erhält Bezüge nach den Reichsvorschriften.

(2) Bei der Festsetzung seines Diätendienstalters ist die Zeit des Probedienstes nach Nr. 82 der Reichsbesoldungsvorschriften ohne Abzug anzurechnen.

Die frühere Besoldungsgruppe A 2 c hat durch § 1 des 24. Besoldungsänderungsges. vom 13. Dezember 1935 (Ergänzungsplan A Nr. VI, RGBl. I S. 1489/92) die Bezeichnung A 2 c, 2. Abteilung (abgekürzt A 2 c 2) erhalten. — S. ferner unten S. 135, 185.

§ 4. *(neu.)*

Anwaltlicher Probedienst.

a. Übernahme.

(1) Über den Antrag auf Übernahme in den anwaltlichen Probedienst entscheidet der Reichsminister der Justiz.

(2) Die Übernahme ist widerruflich.

§ 5. *(neu.)*

b. Dauer.

(1) Der anwaltliche Probedienst dauert ein Jahr. Er kann auf Antrag ausnahmsweise bis zur Dauer eines weiteren Jahres verlängert werden.

(2) Ist der Assessor nach seiner Persönlichkeit und seiner Befähigung für den Beruf des Rechtsanwalts vorzugsweise geeignet, so kann der Probedienst ausnahmsweise abgekürzt oder ganz erlassen werden.

(3) Die Entscheidung trifft der Reichsminister der Justiz.

§ 6. *(neu.)*

c. Beschäftigung mit anwaltlichen und richterlichen Aufgaben.

Während des anwaltlichen Probedienstes ist der Assessor vorwiegend mit den Geschäften eines Rechtsanwalts, nach Möglichkeit kürzere Zeit auch mit richterlichen Aufgaben zu befassen.

§ 7. *(neu.)*

d. Leitung. Verpflichtung. Überweisung an einen Rechtsanwalt.

Die Leitung des anwaltlichen Probedienstes obliegt dem Präsidenten des Oberlandesgerichts, dessen Bezirk der Assessor zum Probedienst überwiesen ist. Der Oberlandesgerichtspräsident nimmt den Assessor bei Antritt des Probedienstes durch Handschlag in Pflicht und überweist ihn einem vom Präsidenten der Rechtsanwaltskammer vorgeschlagenen Rechtsanwalt zur Beschäftigung. Er ist befugt, den Assessor zur Erfüllung seiner Pflichten anzuhalten.

§ 8. *(neu.)*

e. Unterweisung und Pflichten während der Beschäftigung bei einem Rechtsanwalt.

(1) Der Rechtsanwalt hat den Assessor mit den Aufgaben des Anwaltsberufs vertraut zu machen und ihn angemessen zu beschäftigen.

(2) Der Assessor ist gehalten, die ihm aufgetragenen Berufsarbeiten gewissenhaft

zu erledigen. Er ist in dem gleichen Umfange wie der Rechtsanwalt zur Verschwiegenheit verpflichtet und zur Verweigerung der Aussage berechtigt[1].

1. Wegen des Zeugnisverweigerungsrechtes vgl. § 383 Nr. 5 ZPO., § 53 Nr. 3 StPO., wegen der Strafbarkeit einer Verletzung der Schweigepflicht § 300 StGB.

§ 9. *(neu.)*

f. Beendigung. Überweisung in den Anwärterdienst.

Der Reichsminister der Justiz entscheidet, ob der Assessor nach Abschluß des anwaltlichen Probedienstes als Anwärter für den Beruf des Rechtsanwalts der Reichs-Rechtsanwaltskammer zu überweisen ist.

§ 10. *(neu.)*

Anwärterdienst.

a. Dauer. Bezeichnung „Anwaltsassessor".

(1) Der Assessor wird in den Anwärterdienst regelmäßig auf drei Jahre überwiesen. Der Reichsminister der Justiz kann die Anwärterzeit auf Antrag verlängern.

(2) Der Assessor führt während des Anwärterdienstes die Bezeichnung „Anwaltsassessor".

§ 11. *(neu.)*

b. Verpflichtung. Aufsicht. Unterstellung unter die Ehrengerichtsbarkeit.

(1) Der Präsident der Rechtsanwaltskammer nimmt den Anwaltsassessor bei Antritt des Anwärterdienstes durch Handschlag in Pflicht.

(2) Von diesem Zeitpunkt ab untersteht der Anwaltsassessor der Ehrengerichtsbarkeit der Reichs-Rechtsanwaltskammer und der Aufsicht des Präsidenten der Rechtsanwaltskammer. Der Präsident der Rechtsanwaltskammer hat ihn darauf bei der Verpflichtung hinzuweisen.

§ 12. *(neu.)*

c. Überweisung an einen Rechtsanwalt. Beschäftigung und Pflichten des Anwaltsassessors.

(1) Der Präsident der Rechtsanwaltskammer überweist den Anwaltsassessor einem Rechtsanwalt zur Leistung des Anwärterdienstes.

(2) Der Rechtsanwalt hat dem Anwaltsassessor anwaltliche Geschäfte aus allen Rechtsgebieten zur Bearbeitung zu übertragen. Der Anwaltsassessor hat die ihm übertragenen Geschäfte nach den Weisungen des Rechtsanwalts gewissenhaft zu erledigen. Er ist in dem gleichen Umfange wie der Rechtsanwalt zur Verschwiegenheit verpflichtet und zur Verweigerung der Aussage berechtigt[1].

1. S. hierzu oben § 8 Anm. 1 RRAnwO.

§ 13. *(neu.)*

d. Anwaltliche Befugnisse des Anwaltsassessors.

Dem Anwaltsassessor stehen die anwaltlichen Befugnisse[1] des Rechtsanwalts zu, dem er überwiesen ist.

1. S. hierzu Einleitung IV, oben S. 19 f.

§ 14. *(neu.)*

e. Beendigung des Anwärterdienstes. Bewerbung um die Zulassung als Rechtsanwalt.

(1) Der Anwaltsassessor kann sich um seine Zulassung als Rechtsanwalt in der Regel erst zum Ende des dritten Anwärterjahres bewerben. Bei vorzugsweiser Eignung kann er ausnahmsweise schon zu einem früheren Zeitpunkt als Rechtsanwalt zugelassen werden.

(2) Drei Jahre nach dem Ende der Anwärterzeit wird einem Antrage auf Zulassung als Rechtsanwalt in aller Regel nicht mehr stattgegeben.

B. Die Zulassung

§ 15. *(§§ 8 Abs. 1, 13.)*

Zulassungsbereich (Lokalisierung). Begrenzung der Zahl der Zuzulassenden.

(1) Der Rechtsanwalt wird bei einem bestimmten Gericht zugelassen.

(2) Bei einem Gericht sollen nicht mehr Rechtsanwälte zugelassen werden, als einer geordneten Rechtspflege dienlich ist[1].

1. Wegen des Verbots der Zulassung von Personen, die sich in kommunistischem Sinne betätigt haben, s. unten § 3 des Zulassungsges. und § 2 der 1. DurchfVO. dazu (unten S. 118 f.).

§ 16. *(§ 3.)*

Entscheidende Stelle.

Über den Antrag auf Zulassung als Rechtsanwalt entscheidet der Reichsminister der Justiz im Einvernehmen mit dem Reichsführer des Bundes Nationalsozialistischer Deutscher Juristen *[jetzt: NSRB.]*. Vor der Zulassung wird der Präsident der Reichs-Rechtsanwaltskammer gutachtlich gehört.

§ 17. *(neu.)*

Zulassung ohne Probe- und Anwärterdienst.

Bewerber, die ein öffentliches Amt bekleidet haben, unterliegen nicht den Vorschriften über den Probe- und Anwärterdienst.

§ 18. *(§§ 8 Abs. 2, 9 bis 12, 14 bis 15.)*

Zulassung bei mehreren Gerichten (Simultanzulassung).

(1) Der bei einem Amtsgericht zugelassene Rechtsanwalt ist auf seinen Antrag zugleich bei dem Landgericht zuzulassen, in dessen Bezirk das Amtsgericht seinen Sitz hat, sowie bei den Kammern für Handelssachen, die für den Bezirk dieses Amtsgerichts zuständig sind.

(2) Der bei einem Kollegialgericht zugelassene Rechtsanwalt kann auf seinen Antrag zugleich bei einem anderen an dem Orte seines Wohnsitzes befindlichen Kollegialgericht zugelassen werden, wenn die Zulassung der Rechtspflege dienlich ist.

(3) Rechtsanwälte, welche bei einem Landgericht zugelassen sind, können bei dem übergeordneten Oberlandesgericht oder bei einem benachbarten Landgericht zugelassen

werden, wenn die gleichzeitige Zulassung einer geordneten Rechtspflege dienlich ist; die gleichzeitige Zulassung beim benachbarten Landgericht ist widerruflich.

1. Vgl. jedoch wegen der Versagung der weiteren Zulassung bei Rechtsanwälten nicht arischer Abstammung § 2 Satz 2 des Zulassungsges., unten S. 118.

Wegen der kraft Gesetzes eintretenden Zulassung der beim Amts- oder Landgericht Mannheim zugelassenen Rechtsanwälte bei dem Oberlandesgericht Karlsruhe als Rheinschiffahrtsobergericht vgl. die 2. DurchfVO. zum Rheinschiffahrtsgerichtsges. vom 29. November 1935 (RGBl. I S. 1417).

Über die Zulassung von Landgerichtsanwälten im Falle der Aufhebung eines Oberlandesgerichts bei demjenigen Oberlandesgericht, dem das Landgericht ihrer Zulassung nunmehr unterstellt wird, bestimmt das Gesetz über die Zuständigkeit der Gerichte bei Änderungen der Gerichtseinteilung v. 6. Dezember 1933 (RGBl. I S. 1037), § 8 Abs. 2:

> Wird ein Oberlandesgericht aufgehoben, so sind die Landgerichtsanwälte, die zugleich bei diesem Oberlandesgericht zugelassen waren, auf Antrag zugleich bei dem Oberlandesgericht zuzulassen, dem das Landgericht nunmehr unterstellt wird. Die Vorschriften *der §§ 14a, 15 der Rechtsanwaltsordnung und* des § 2 Satz 2 des Gesetzes über die Zulassung zur Rechtsanwaltschaft vom 7. April 1933 (Reichsgesetzbl. I S. 188) bleiben unberührt.

S. ferner wegen der Zulassung des beim Obersten Gerichtshof in Saarlouis (jetzt: Saarlautern) zugelassen gewesenen und der sonst im Saarland zugelassenen Rechtsanwälte bei den saarländischen Senaten des Oberlandesgerichts in Köln § 9 der VO. über die vorläufige Regelung der Gerichtsverfassung im Saarland (unten S. 122).

§ 19. *(§ 17.)*

Anwaltseid.

(1) Der Rechtsanwalt schwört nach seiner ersten Zulassung in der nächsten Sitzung des zuständigen Ehrengerichts vor dem

Präsidenten der Rechtsanwaltskammer folgenden Eid:

„Ich schwöre, dem Führer des Deutschen Reiches und Volkes Adolf Hitler Treue zu halten und die Pflichten eines Deutschen Rechtsanwalts gewissenhaft zu erfüllen, so wahr mir Gott helfe."

(2) Gestattet ein Gesetz den Mitgliedern einer Religionsgesellschaft an Stelle des Eides den Gebrauch anderer Beteuerungsformeln, so kann der Rechtsanwalt, der Mitglied einer solchen Religionsgesellschaft ist, diese Beteuerungsformel sprechen.

(3) Erklärt der Rechtsanwalt, daß er gegen die Eidesleistung in religiöser Form Bedenken habe, so kann er den Eid ohne die Schlußworte leisten.

§ 20. (*§§ 18, 19.*)

Wohnsitz. Kanzlei. Zweigstellen. Sprechtage.

(1) Der Rechtsanwalt muß an dem Ort des Gerichts, bei dem er zugelassen ist, seinen Wohnsitz nehmen und eine Kanzlei einrichten. Inwieweit benachbarte Orte im Sinne dieser Vorschrift als ein Ort anzusehen sind, bestimmt der Reichsminister der Justiz.

(2) Der Rechtsanwalt darf ohne Zustimmung des Präsidenten der Rechtsanwalts-

kammer weder eine Zweigstelle einrichten noch außerhalb der Kanzlei Sprechtage abhalten.

(3) Ist der Rechtsanwalt gleichzeitig bei mehreren Gerichten in verschiedenen Orten zugelassen, so bestimmt der Reichsminister der Justiz, an welchem dieser Orte der Rechtsanwalt seinen Wohnsitz zu nehmen und seine Kanzlei einzurichten hat.

(4) Der Reichsminister der Justiz kann Ausnahmen von den Vorschriften der Absätze 1 und 2 bewilligen; die Bewilligung ist widerruflich. Die Bewilligung sowie die Bestimmung des Wohnsitzes oder des Ortes der Kanzlei nach Absatz 3 können mit Auflagen verbunden werden. Wird auf Grund einer Auflage ein Zustellungsbevollmächtigter bestellt, so kann diesem wie einem Rechtsanwalt gegen Empfangsbekenntnis zugestellt werden (§§ 198, 212a der Zivilprozeßordnung). Kann eine Zustellung an den Zustellungsbevollmächtigten an dem Orte, an dem er bestellt oder zu bestellen war, nicht ausgeführt werden, so kann dem Rechtsanwalt durch Aufgabe zur Post[1] zugestellt werden.

(5) Die Mehrkosten, welche bei der Vertretung einer Partei vor einem Kollegialgericht durch einen bei demselben zugelassenen Rechtsanwalt dadurch entstehen, daß der letztere seine Kanzlei nicht am Orte des

Gerichts hat, ist die Gegenpartei zu erstatten nicht verpflichtet.

1. Vgl. hierzu §§ 175, 192 ZPO.

§ 21. (*§ 20.*)

Rechtsanwaltsliste.

(1) Bei jedem Gericht ist eine Liste der dort zugelassenen Rechtsanwälte zu führen. Die Eintragung erfolgt nach der Zulassung. In der Liste ist der Zeitpunkt der Zulassung, der Wohnsitz und die Kanzlei des Rechtsanwalts zu vermerken.

(2) Mit der Eintragung beginnt die Befugnis des Rechtsanwalts, die Anwaltstätigkeit auszuüben.

(3) Jede Veränderung des Wohnsitzes und der Kanzlei muß der Rechtsanwalt zur Eintragung in die Liste anzeigen.

§ 22. (*§§ 21, 21a Abs. 1*)

Zurücknahme der Zulassung.

a. Fälle, in denen die Zulassung zurückzunehmen ist.

Die Zulassung wird zurückgenommen,

1. wenn die Verhältnisse des Antragstellers und die Art seiner Wirtschaftsführung die Belange der Rechtsuchenden gefährden;
2. wenn der Rechtsanwalt einer Tätigkeit nachgeht, die der Würde des Anwaltsberufs widerspricht;
3. wenn der Rechtsanwalt infolge eines körperlichen Gebrechens oder wegen

Schwäche seiner körperlichen oder geistigen Kräfte zur ordnungsmäßigen Ausübung des Anwaltsberufs dauernd unfähig ist;

4. wenn der Rechtsanwalt nicht binnen drei Monaten seit seiner Zulassung an dem nach § 20 bestimmten Orte seinen Wohnsitz nimmt oder seine Kanzlei einrichtet, oder wenn er es einen Monat lang versäumt hat, die ihm auf Grund des § 20 Abs. 4 gemachten Auflagen zu erfüllen;
5. wenn der Rechtsanwalt seinen Wohnsitz oder seine Kanzlei aufgibt;
6. wenn sich nach der Zulassung ergibt, daß der Rechtsanwalt infolge strafgerichtlichen Urteils die Fähigkeit zur Bekleidung öffentlicher Ämter im Zeitpunkt seiner Zulassung nicht besaß[1].

1. Wegen der Zurücknahme der Zulassung bei Betätigung in kommunistischem Sinne vgl. § 3 des Zulassungsges. und § 2 der 1. DurchfVO. dazu, unten S. 118 f.

§ 23. (*§§ 21a Abs. 2, 5 Nr. 6.*)

b. Weitere Fälle, in denen die Zulassung zurückzunehmen ist.

(1) Die Zulassung wird ferner zurückgenommen, wenn der Rechtsanwalt ein Amt bekleidet oder eine Beschäftigung betreibt, die mit dem Beruf des Rechtsanwalts nicht vereinbar sind.

(2) Bekleidet der Rechtsanwalt, ohne daneben die anwaltliche Berufstätigkeit selbst

auszuüben, ein Gemeindeamt oder hauptamtlich ein Amt in der NSDAP oder einer ihrer Gliederungen oder angeschlossenen Verbände auf Probe, Widerruf oder Kündigung, so ist eine Zurücknahme der Zulassung auf Grund des Absatzes 1 innerhalb der ersten zwei Jahre nach Antritt des Amtes nicht zulässig.

§ 24. *(§ 22.)*

c. Fälle, in denen die Zulassung zurückgenommen werden kann.

Die Zulassung kann zurückgenommen werden, wenn der Rechtsanwalt infolge gerichtlicher Anordnung in der Verfügung über sein Vermögen beschränkt ist.

§ 25. *(§ 23 Abs, 1.)*

d. Entscheidung über die Zurücknahme.

Die Zulassung wird durch den Reichsminister der Justiz nach Anhörung des Präsidenten der Reichs-Rechtsanwaltskammer zurückgenommen.

§ 26. *(§ 21a Abs. 1.)*

e. Verfahren in den Fällen der §§ 22 Nrn. 1 bis 3, 23.

(1) Liegen die Voraussetzungen für die Zurücknahme der Zulassung nach § 22 Ziffern 1 bis 3 oder § 23 vor, so hat der Reichsminister der Justiz dem Rechtsanwalt durch schriftlichen Bescheid zu eröffnen, daß und aus welchen Gründen die

Zulassung zurückgenommen werden müsse. Binnen einer Frist von einem Monat nach dieser Eröffnung kann der Rechtsanwalt durch schriftliche Erklärung gegenüber dem Reichsminister der Justiz beantragen, das Vorliegen der Voraussetzungen für eine Zurücknahme im objektiven ehrengerichtlichen Verfahren nachzuprüfen. Hat der Rechtsanwalt binnen dieser Frist die Nachprüfung nicht beantragt, so wird die Zulassung zurückgenommen.

(2) Im übrigen wird die Zulassung zurückgenommen, sobald das Vorliegen der Voraussetzungen für eine Zurücknahme aus einem der in § 22 Ziffern 1 bis 3 und § 23 angegebenen Gründe im objektiven ehrengerichtlichen Verfahren rechtskräftig festgestellt ist. Im Falle des § 23 darf die Zurücknahme erst erfolgen, wenn der Rechtsanwalt länger als einen Monat nach der Rechtskraft der Entscheidung die beanstandete Beschäftigung fortgesetzt hat.

§ 27. *(§ 23 Abs. 1, 2.)*

f. Verfahren in den Fällen der §§ 22 Nrn. 4 bis 6, 24.

(1) In den Fällen des § 22 Ziffern 4 bis 6 und des § 24 muß der Zurücknahme die Anhörung des Betroffenen vorausgehen.

(2) Ein die Zulassung zurücknehmender Bescheid muß den Grund der Zurücknahme angeben.

§ 28. (*§§ 24, 24a.*)

Löschung in der Anwaltsliste. Weiterführung der Berufsbezeichnung.

(1) Stirbt der Rechtsanwalt oder gibt er die Rechte aus der Zulassung auf oder wird die Zulassung zurückgenommen oder verliert der Rechtsanwalt infolge Urteils die Fähigkeit zur Ausübung des Anwaltsberufs[1], so ist er in der Rechtsanwaltsliste zu löschen.

(2) Frühere Rechtsanwälte dürfen die Berufsbezeichnung „Rechtsanwalt" auch mit einem auf das Erlöschen der Zulassung hinweisenden Zusatz nicht führen[2], es sei denn, daß ihnen die Weiterführung dieser Berufsbezeichnung auf Vorschlag des Präsidenten der Reichs-Rechtsanwaltskammer von dem Reichsminister der Justiz gestattet wird.

1. Vgl. hierzu §§ 31 bis 35 StGB.

2. Wegen der Strafbarkeit unbefugter Titelführung vgl. § 6 des Gesetzes über Titel, Orden und Ehrenzeichen vom 7. April 1933/15. Mai 1934 (RGBl. 1934 I S. 379).

§ 29. (*§ 25.*)

Stellvertretung.

(1) Die Stellvertretung eines an der Ausübung seines Berufs zeitweise verhinderten Rechtsanwalts soll grundsätzlich außer einem Rechtsanwalt nur einem Assessor im Probe- oder Anwärterdienst übertragen

werden; ausnahmsweise kann die Stellvertretung auch anderen Personen übertragen werden, welche die Befähigung zum Richteramt erlangt haben und in ihrer Person die Voraussetzungen für die Berufung in das Reichsbeamtenverhältnis erfüllen.

(2) Wird die Stellvertretung nicht von einem bei demselben Gericht zugelassenen Rechtsanwalt übernommen, so muß die Bestellung des Stellvertreters beim Reichsminister der Justiz nachgesucht werden.

(3) Auf die im Absatz 1 bezeichneten Stellvertreter finden die Vorschriften des § 157 Absätze 1, 2 der Zivilprozeßordnung[1] keine Anwendung. Das gleiche gilt für die im Probedienst befindlichen Assessoren sowie für die einem Rechtsanwalt zur Ausbildung überwiesenen Gerichtsreferendare, wenn sie den Rechtsanwalt in Fällen vertreten, in denen eine Vertretung durch einen Rechtsanwalt nicht geboten ist, oder wenn sie unter Beistand des Rechtsanwalts die Ausführung der Parteirechte übernehmen[2].

1. Diese Vorschrift lautet:

§ 157. Mit Ausnahme der Rechtsanwälte sind Personen, die die Besorgung fremder Rechtsangelegenheiten vor Gericht geschäftsmäßig betreiben, als Bevollmächtigte und Beistände in der mündlichen Verhandlung ausgeschlossen. Sie sind auch dann ausgeschlossen, wenn sie als Partei einen ihnen abgetretenen Anspruch geltend machen und nach der Überzeugung des Gerichts der Anspruch abgetreten ist, um ihren Ausschluß von der mündlichen Verhandlung zu vermeiden.

Das Gericht kann Parteien, Bevollmächtigten und Beiständen, die nicht Rechtsanwälte sind, wenn ihnen die Fähigkeit zum geeigneten Vortrag mangelt, den weiteren Vortrag untersagen. Diese Anordnung ist unanfechtbar.

Die Vorschrift des Abs. 1 findet auf Personen, denen das mündliche Verhandeln vor Gericht durch Anordnung der Justizverwaltung gestattet ist, keine Anwendung. Die Justizverwaltung soll bei ihrer Entschließung sowohl auf die Eignung der Person als auch darauf Rücksicht nehmen, ob im Hinblick auf die Zahl der bei dem Gericht zugelassenen Rechtsanwälte ein Bedürfnis zur Zulassung besteht.

Wegen der Zulassung von Vertretern der Hausbesitzer-, Mietervereine u. dgl. in Mietaufhebungsklagen usw. s. jedoch §§ 12, 27 Abs. 1 des Mieterschutzgesetzes (RGBl. 1928 I S. 25; 1933 I S. 235; 1936 I S. 378).

2. Für Strafsachen bestimmt § 139 StPO.:

Der als Verteidiger gewählte Rechtsanwalt kann mit Zustimmung des Angeklagten die Verteidigung einem Rechtskundigen, welcher die erste Prüfung für den Justizdienst bestanden hat und darin seit mindestens einem Jahr und drei Monaten beschäftigt ist, übertragen.

§ 30. *(Bek. vom 9. März 1916, RGBl. S. 156).*

Wirksamkeit von Rechtshandlungen des Vertreters nach dem Tode des Rechtsanwalts.

Ist ein Rechtsanwalt, für den ein Stellvertreter bestellt ist, gestorben, so sind Rechtshandlungen, die von dem Stellvertreter oder ihm gegenüber vor der Löschung des Rechtsanwalts vorgenommen worden sind, nicht deshalb unwirksam, weil der Rechtsanwalt zur Zeit der Bestellung des Vertreters oder zur Zeit der Vornahme der Rechtshandlung nicht mehr gelebt hat.

Zweiter Abschnitt
Rechte und Pflichten der Rechtsanwälte

§ 31. *(§ 28.)*

Pflichten des Anwalts.

(1) Der Rechtsanwalt hat seinen Beruf getreu seinem Eide gewissenhaft auszuüben.

(2) Er hat sich auch außerhalb seiner Berufstätigkeit des Vertrauens und der Achtung würdig zu erweisen, die sein Beruf als Diener am Recht erfordert[1], [2].

1. Wegen der Pflichten des Rechtsanwalts vgl. vor allem die Richtlinien der Reichs-Rechtsanwaltskammer, unten S. 159f.

2. Die Änderung der §§ 31, 44, 45 sowie die Einfügung der §§ 39 Abs. 2, 41 Abs. 2 ist bei der Textbekanntmachung vom 21. Februar 1936 erfolgt, ebenso die neue Anordnung der Paragraphen. § 26 RAnwO. bisher. Fass. ist durch das 2. Änderungsges. vom 13. Dezember 1935 (RGBl. I S. 1470) beseitigt.

§ 32. *(§ 31.)*

Pflicht zur Ablehnung eines Auftrags.

(1) Der Rechtsanwalt hat seine Berufstätigkeit zu versagen:

1. wenn sie für eine pflichtwidrige Handlung in Anspruch genommen wird;
2. wenn sie von ihm in derselben Rechtssache bereits einer anderen Partei im entgegengesetzten Interesse gewährt ist;
3. wenn er sie in einer streitigen Angelegenheit gewähren soll, an deren Entscheidung er als Richter teilgenommen hat.

(2) In bürgerlichen Streitverfahren einschließlich schiedsrichterlicher Verfahren, in Strafsachen und in verwaltungsgerichtlichen Verfahren hat der Rechtsanwalt ferner seine Berufstätigkeit als Prozeßbevollmächtigter zu versagen, wenn er zu seinem Auftraggeber in einem ständigen Dienst- oder ähnlichen ständigen Geschäftsverhältnis steht[1].

1. § 32 Abs. 2 ist durch Art. 1 Nr. 8 des Gesetzes vom 20. Dezember 1934 (RGBl. I S. 1258) eingefügt.

§ 33. *(§ 27.)*

Anwaltszwang.

(1) Insoweit eine Vertretung durch Anwälte geboten ist[1], kann nur ein bei dem Prozeßgericht zugelassener Rechtsanwalt[2] die Vertretung als Prozeßbevollmächtigter übernehmen.

(2) In der mündlichen Verhandlung, einschließlich der vor dem Prozeßgericht erfolgenden Beweisaufnahme, kann jedoch jeder Rechtsanwalt die Ausführung der Parteirechte und für den Fall, daß der bei dem Prozeßgericht zum Prozeßbevollmächtigten bestellte Rechtsanwalt ihm die Vertretung überträgt, auch diese übernehmen.

1. Über den Umfang des Anwaltszwanges bestimmt für bürgerliche Rechtsstreitigkeiten § 78 ZPO.:

Vor den Landgerichten und vor allen Gerichten höherer Instanz müssen die Parteien sich durch einen bei dem Prozeßgerichte zugelassenen Rechtsanwalt als Bevollmächtigten vertreten lassen (Anwaltsprozeß).

Diese Vorschrift findet auf das Verfahren vor einem beauftragten oder ersuchten Richter sowie auf Prozeßhandlungen, welche vor dem Urkundsbeamten der Geschäftsstelle vorgenommen werden können, keine Anwendung.

Ein bei dem Prozeßgerichte zugelassener Rechtsanwalt kann sich selbst vertreten.

Vgl. jedoch wegen der Abgabe schriftlicher Erklärungen vor dem Beschwerdegericht durch den beim Untergericht zugelassenen Rechtsanwalt § 573 Abs. 2 Satz 1 ZPO.

2. Eine Durchbrechung des Anwaltszwanges für den Fall der Aufhebung eines Gerichts enthält das Gesetz über die Zuständigkeit der Gerichte bei Änderungen der Gerichtseinteilung vom 6. Dezember 1933 (RGBl. I S. 1037) § 8 Abs. 1:

> Geht auf Grund des § 2 oder des § 3 ein Rechtsstreit auf ein anderes Oberlandesgericht oder Landgericht über, so bleiben die zu Prozeßbevollmächtigten bestellten Rechtsanwälte zur Fortführung der Vertretung befugt, wenn sie bei einem anderen Gericht als Rechtsanwälte zugelassen bleiben oder neu zugelassen werden.

Wegen der entsprechenden, bei der Aufhebung des Bayerischen Obersten Landesgerichts bestimmten Ausnahme vgl. § 2 Nr. 3 der VO. über Änderungen des Gerichtswesens in Bayern vom 19. März 1935 (RGBl. I S. 383).

Ferner bestimmt für Patentstreitsachen § 51 Abs. 2, 3, 4 Patentges. (RGBl. 1936 II S. 117):

> (2) Der Reichsminister der Justiz kann die Patentstreitsachen für die Bezirke mehrerer Landgerichte einem von ihnen zuweisen.
>
> (3) Die Parteien können sich vor dem Gericht für Patentstreitsachen auch durch Rechtsanwälte vertreten lassen, die bei dem Landgericht zugelassen sind, vor das die Klage ohne die Regelung nach Abs. 2 gehören würde. Das Entsprechende gilt für die Vertretung vor dem Berufungsgericht.
>
> (4) Die Mehrkosten, die einer Partei dadurch erwachsen, daß sie sich gemäß Abs. 3 durch einen nicht beim Prozeßgericht zugelassenen Rechtsanwalt vertreten läßt, sind nicht zu erstatten.

Die Zuweisung der Patentstreitsachen ist in der VO. vom 10. September 1936 (RGBl. II S. 299) erfolgt.

Für das Berufungsverfahren in Patentsachen beim Reichsgericht bestimmt § 13 Abs. 1 der VO. vom 30. September 1936 (RGBl. II S. 316):

> (1) Die bei einem deutschen Gericht zugelassenen Rechts-

anwälte und die Patentanwälte sind befugt, im Berufungsverfahren in Patentsachen die Vertretung zu übernehmen. Wegen weiterer Ausnahmen (Anwaltszwang, aber keine Beschränkung auf die bei dem zuständigen Gericht zugelassenen Rechtsanwälte) s. § 172 StPO. (Antrag auf gerichtliche Entscheidung gegen die Einstellung eines Strafverfahrens durch die Staatsanwaltschaft), § 390 StPO. (Revisions- und Wiederaufnahmeanträge des Privatklägers); ebenso, bei nur bedingtem Anwaltszwang: § 29 FGG. (weitere Beschwerde in Sachen der freiwilligen Gerichtsbarkeit), § 80 GBO. (RGBl. 1935 I S. 1073; weitere Beschwerde in Grundbuchsachen), § 11 Abs. 2 ArbGG. (abgedruckt oben S. 20).

§ 34. *(§ 29.)*

Entfernung vom Wohnsitz.

Der Rechtsanwalt muß, wenn er sich über eine Woche hinaus von seinem Wohnsitz entfernen will, für seine Stellvertretung sorgen, auch dem Vorsitzenden des Gerichts, bei welchem er zugelassen ist, sowie dem Amtsgericht, in dessen Bezirk er seinen Wohnsitz hat, Anzeige machen und den Stellvertreter benennen.

§ 35. *(§ 30.)*

Anzeige der Ablehnung eines Auftrags.

Der Rechtsanwalt, dessen Berufstätigkeit in Anspruch genommen wird, ist verpflichtet, wenn er den Antrag nicht annimmt, die Ablehnung ohne Verzug zu erklären, widrigenfalls er den durch die Verzögerung erwachsenden Schaden zu ersetzen hat.

§ 36. *(§ 32.)*

Handakten (Zurückbehaltungsrecht — Pflicht zur Aufbewahrung).

(1) Der Rechtsanwalt ist nicht verpflichtet, vor

Empfang seiner Auslagen und Gebühren die Handakten dem Auftraggeber herauszugeben[1].

(2) Die Pflicht zur Aufbewahrung der Handakten erlischt mit Ablauf von fünf Jahren nach Beendigung des Auftrags und schon vor Beendigung dieses Zeitraums, wenn der Auftraggeber, zur Empfangnahme der Handakten aufgefordert, sie nicht binnen sechs Monaten nach erhaltener Aufforderung in Empfang genommen hat[2].

1. Wegen der Aushändigung der Akten, insbes. der Vollstreckungstitel, nach Erhalt der Zahlung vgl. Berliner Anw.-Kammervorstand JW. 1936 S. 167.

2. Wegen der Behandlung von Akten, die für die Familienforschung oder Ortskunde wesentliche Unterlagen enthalten vgl. JW. 1934 S. 2391.

§ 37. *(§ 32a.)*

Verjährung von Ersatzansprüchen des Auftraggebers.

Der Anspruch der Partei auf Schadensersatz aus dem zwischen ihr und dem Rechtsanwalt bestehenden Vertragsverhältnis verjährt in fünf Jahren[1].

1. Die Vorschrift ist durch das Gesetz, betr. Änderungen der Rechtsanwaltsordnung, v. 22. Mai 1910 (RGBl. S. 772) eingefügt.

§ 38. *(§ 33.)*

Beiordnung eines Pflichtanwalts.

a. Notanwalt.

Außer den in der Zivilprozeßordnung bezeichneten Fällen hat das Prozeßgericht, insoweit eine Vertretung durch Anwälte geboten ist, einer Partei auf Antrag einen Rechtsanwalt zur Wahrnehmung ihrer Rechte beizuordnen, wenn die Partei einen zu ihrer

Vertretung geneigten Anwalt nicht findet und die Rechtsverfolgung oder Rechtsverteidigung nicht mutwillig oder aussichtslos erscheint.

§ 39. (§ 34.)

b. Armenanwalt im Parteiprozeß.

(1) Einer Partei, welcher das Armenrecht bewilligt ist, kann auch, insoweit eine Vertretung durch Anwälte nicht geboten ist[1], zur vorläufig unentgeltlichen Wahrnehmung ihrer Rechte von dem Prozeßgericht ein Rechtsanwalt auf Antrag beigeordnet werden.

(2) Die Beiordnung eines besonderen Anwalts zur Wahrnehmung einer auswärtigen Beweisaufnahme oder zur Vermittlung des Verkehrs mit dem Prozeßbevollmächtigten ist nur zulässig, wenn besondere Umstände dies erfordern[2],[3].

1. Vgl. hierzu für bürgerliche Rechtsstreitigkeiten § 78 ZPO., oben Anm. 1 zu § 33 abgedruckt.

2. S. oben § 31 Anm. 2.

3. Wegen der Erstattung von Rechtsanwaltsgebühren aus der Reichskasse in Armensachen vgl. das Gesetz vom 20. Dezember 1928 (RGBl. I S. 411) in Verbindung mit § 7 der Notverordnung vom 1. Dezember 1930 (RGBl. I S. 604), 9. Teil, und mit § 17 der Notverordnung vom 6. Oktober 1931 (RGBl. I S. 565), 6. Teil Kap. I, sowie — vom 1. April 1936 ab — mit dem Gesetz vom 13. Dezember 1935 (RGBl. I S. 1469). Wegen der Einreichung von Erstattungsanträgen s. ferner AV. des RJM. vom 7. Oktober 1935 (Dt. Just. S. 1474).

§ 40. (§ 35.)

c. Beschwerde gegen die Ablehnung einer Beiordnung.

Gegen die Entscheidung, durch welche die Beiordnung eines Rechtsanwalts abgelehnt wird, steht der

Partei die Beschwerde nach Maßgabe der Zivilprozeßordnung zu[1].

1. Vgl. §§ 567 f. ZPO.

§ 41. (§ 36.)

d. Auswahl des Pflichtanwalts.

(1) Der beizuordnende Rechtsanwalt wird durch den Vorsitzenden des Gerichts aus der Zahl der bei diesem zugelassenen Rechtsanwälte ausgewählt. Befinden sich an einem Orte mehrere Amtsgerichte, so kann das Amtsgericht auch einen Rechtsanwalt beiordnen, der bei einem anderen Amtsgericht dieses Ortes zugelassen ist. Sind bei einem Amtsgericht keine Rechtsanwälte zugelassen oder die zugelassenen Rechtsanwälte an der Vertretung behindert, so kann ein Rechtsanwalt beigeordnet werden, der bei einem anderen Gericht desselben Ortes und mangels eines solchen bei einem benachbarten Amtsgericht oder dem übergeordneten Landgericht zugelassen ist[1].

(2) Im Falle des § 39 Abs. 2 wird der Rechtsanwalt auf Ersuchen von dem Amtsgericht beigeordnet, in dessen Bezirk die Beweisaufnahme stattfinden soll oder die Partei wohnt[2].

Gegen die Verfügung steht der Partei und dem Rechtsanwalte die Beschwerde nach Maßgabe der Zivilprozeßordnung zu[3, 4].

1. Die Fassung des § 36 Abs. 1 beruht auf Art. 1 Nr. 9 des Gesetzes vom 20. Dezember 1934 (RGBl. I S. 1258).

2. S. oben § 31 Anm. 2.

3. S. §§ 567 f. ZPO.

4. Vgl. zur Auswahl des Armenanwalts auch die beiden AV. des RJM., unten S. 157, 158.

§ 42. (§ 37.)

Mehrkosten des auswärtigen Armenanwalts.

Die Mehrkosten, welche bei der Vertretung einer armen Partei durch den ihr beigeordneten Rechtsanwalt dadurch entstehen, daß der letztere seinen Wohnsitz nicht am Orte des Gerichts hat, ist die Gegenpartei zu erstatten nicht verpflichtet.

§ 43. (§ 38.)

Vorschuß für den Notanwalt.

Im Falle des § 38 kann der beigeordnete Rechtsanwalt die Übernahme der Vertretung davon abhängig machen, daß ihm ein nach den Vorschriften der Gebührenordnung zu bemessender Vorschuß[1] gezahlt wird.

1. Vgl. hierzu § 84 der Gebührenordnung für Rechtsanwälte i. d. Fassung der Bekanntmachung v. 5. Juli 1927 (RGBl. I S. 162).

§ 44. (§ 39.)

Pflichtverteidiger in Strafsachen.

(1) Für die Verpflichtung des Rechtsanwalts, in Strafsachen die Verteidigung zu führen, sind die Bestimmungen der Strafprozeßordnung maßgebend.

(2) In denjenigen Fällen, in welchen nach § 144 der Strafprozeßordnung[1] die Bestellung des Verteidigers durch den Vorsitzenden des Landgerichts oder den Amtsrichter zu erfolgen hat, stehen den am Sitze

des Gerichts wohnhaften Rechtsanwälten die innerhalb des Bezirks desselben wohnhaften und bei demselben zugelassenen gleich. Auf Reisekosten und Tagegelder für die Reise nach dem Sitze des Gerichts haben dieselben keinen Anspruch.

(3) Ein nach § 18 Abs. 3 bei einem benachbarten Landgericht widerruflich zugelassener Rechtsanwalt kann in Ermangelung von Rechtsanwälten, welche im Bezirke des Gerichts wohnhaft sind, in den Fällen des § 144 der Strafprozeßordnung[1] zum Verteidiger bestellt werden.

1. Die Vorschrift lautet:

§ 144. Die Auswahl des zu bestellenden Verteidigers erfolgt durch den Vorsitzenden des Gerichts aus der Zahl der am Sitze dieses Gerichts wohnhaften Rechtsanwälte. Für das vorbereitende Verfahren erfolgt die Bestellung durch den Amtsrichter.

Auch Justizbeamte, welche nicht als Richter angestellt sind, sowie solche Rechtskundige, welche die vorgeschriebene erste Prüfung für den Justizdienst bestanden haben, können als Verteidiger bestellt werden.

§ 45. *(§ 40.)*

Beschäftigung von Gerichtsreferendaren.

Der Rechtsanwalt ist verpflichtet, den im Vorbereitungsdienst bei ihm beschäftigten Gerichtsreferendaren Anleitung und Gelegenheit zu praktischen Arbeiten zu geben[1].

1. Vgl. hierzu die unten S. 125 f. abgedruckten Vorschriften über den Zeitpunkt der Überweisung eines Gerichtsreferendars an den Anwalt im Vorbereitungsdienst, über die Art und Weise der Beschäftigung, Zeugniserteilung usw.

Dritter Abschnitt[1]

Die Reichs-Rechtsanwaltskammer

§ 46. *(§ 61a.)*

Bereich. Rechtsfähigkeit. Aufsicht.

(1) Die bei den Gerichten des Deutschen Reichs zugelassenen Rechtsanwälte sind in der Reichs-Rechtsanwaltskammer zusammengeschlossen.

(2) Die Reichs-Rechtsanwaltskammer ist rechtsfähig. Sie erfüllt ihre Aufgaben als Selbstverwaltungsangelegenheiten.

(3) Die Aufsicht[2] über die Reichs-Rechtsanwaltskammer und ihre Organe und sonstigen Einrichtungen übt der Reichsminister der Justiz aus.

1. Die Fassung des 3. Abschnitts der RRAnwO. beruht auf Art. III des 2. Änderungsges. vom 13. Dezember 1935 (RGBl. I S. 1470).

2. Wegen der Aufsicht über die Finanzgebarung s. unten Anm. 1 zu § 48 RRAnwO.

§ 47. *(neu.)*

Aufgaben für den anwaltlichen Probe- und Anwärterdienst.

An der Ausbildung der Assessoren im Probe- und Anwärterdienst mitzuwirken und die Auszahlung der ihnen zustehenden Bezüge zu sichern, ist Aufgabe der Reichs-Rechtsanwaltskammer.

§ 48. *(§§ 61a Abs. 5, 48 Nr. 2, 58b.)*

Erhebung von Beiträgen.

(1) Die Reichs-Rechtsanwaltskammer kann zur Erfüllung ihrer Aufgaben von ihren

Mitgliedern Beiträge erheben, soweit die erforderlichen Mittel nicht auf andere Weise aufgebracht werden[1].

(2) Bei Bemessung der Beiträge ist auf die wirtschaftliche Lage der Mitglieder Rücksicht zu nehmen. Die Beiträge sind angemessen zu staffeln. Rückständige Beiträge können auf Grund einer von dem Präsidenten der Reichs-Rechtsanwaltskammer ausgestellten, mit der Bescheinigung der Vollstreckbarkeit versehenen Zahlungsaufforderung nach den Vorschriften über die Vollstreckung von Urteilen in bürgerlichen Rechtsstreitigkeiten eingezogen werden.

1. Über die Aufstellung und Ausführung des Haushaltsplanes sowie die Festsetzung der Beiträge bestimmt das am 27. März 1934 in Kraft getretene Gesetz zur Erhaltung und Hebung der Kaufkraft vom 24. März 1934 (RGBl. I S. 235), Abschnitt I (Beiträge-Gesetz):

§ 1.

Die juristischen Personen (Körperschaften, Stiftungen und Anstalten) des öffentlichen Rechts sind zu sparsamer und wirtschaftlicher Finanzgebarung verpflichtet. Sie haben die Leistungsfähigkeit ihrer Mitglieder pfleglich zu behandeln.

§ 2.

(1) Die Vorstände oder die sonst zur Geschäftsführung berufenen Organe der juristischen Personen haben rechtzeitig vor Beginn eines jeden Rechnungsjahrs einen Haushaltsplan festzustellen. Dieser muß alle Einnahmen und Ausgaben — nach Zweckbestimmung und Ansatz getrennt —, die für das Rechnungsjahr zu erwarten sind, ausweisen und zum Ausgleich bringen. Es dürfen nur solche Ausgaben eingestellt werden, die nach gewissenhafter Prüfung zur Erfüllung der Aufgaben erforderlich sind, die der juristischen Person nach Gesetz oder Satzung obliegen.

(2) Der zuständige Reichsminister kann anordnen, daß der Haushaltsplan vor der Feststellung durch ein Organ der juristischen Person beraten wird.

§ 3.

Wenn die juristische Person berechtigt ist, von ihren Mitgliedern Umlagen oder Beiträge zu erheben, ist die Höhe der Umlagen oder Beiträge für das neue Rechnungsjahr gleichzeitig mit der Feststellung des Haushaltsplanes festzusetzen.

§ 4.

(1) Die Haushaltspläne und die Festsetzung der Umlagen und Beiträge bedürfen der Genehmigung des zuständigen Reichsministers. Die Festsetzung der Umlagen und Beiträge bedarf außerdem der Zustimmung des Reichsministers der Finanzen. Die Haushaltspläne und die Festsetzung der Umlagen und Beiträge sind zu dem Zeitpunkt, den der zuständige Reichsminister bestimmt, spätestens jedoch einen Monat vor Beginn des neuen Rechnungsjahrs, dem zuständigen Reichsminister und dem Reichsminister der Finanzen mitzuteilen. Die Haushaltspläne und die Umlagen und Beiträge können nur gleichzeitig in Kraft gesetzt werden.

(2) §§ 9b und 9c der Reichshaushaltsordnung werden nicht berührt.

§ 5.

(1) Nach Abschluß des Rechnungsjahrs haben die Vorstände oder die sonst zur Geschäftsführung berufenen Organe der juristischen Personen über alle Einnahmen und Ausgaben des abgeschlossenen Rechnungsjahrs Rechnung zu legen (Haushaltsrechnung).

(2) Der zuständige Reichsminister kann die Vorprüfung der Haushaltsrechnung durch ein Organ der juristischen Person anordnen.

(3) Der zuständige Reichsminister bestimmt im Einvernehmen mit dem Reichsminister der Finanzen die Stelle, von der die Haushaltsrechnung geprüft wird. Der Rechnungshof des Deutschen Reichs oder dessen Präsident kann nur im Benehmen mit dem Präsidenten des Rechnungshofs als Prüfungsstelle bestimmt werden.

(4) . . . . .

(5) Die Entlastung erteilen der zuständige Reichsminister und der Reichsminister der Finanzen.

§ 6.

Auf die Aufstellung und Ausführung des Haushaltsplanes, die Kassenführung und Buchführung, die Rechnungslegung, die Rechnungsprüfung und die Erteilung der Entlastung finden die Vorschriften der Reichshaushaltsordnung sinngemäß Anwendung.

§ 8.

(1) Der zuständige Reichsminister kann im Einvernehmen mit dem Reichsminister der Finanzen die in diesem Gesetz bezeichneten Aufsichtsrechte auf andere Behörden übertragen.

(2) .....

Die nach § 6 des Beiträgegesetzes sinngemäß anwendbaren Vorschriften der Reichshaushaltsordnung sind in ihrer derzeit geltenden Fassung aus der Bekanntmachung vom 14. April 1930 (RGBl. II S. 693) sowie den Änderungsges. vom 13. Dezember 1933 (RGBl. II S. 1007) und vom 23. März 1934 (RGBl. I S. 232) zu ersehen. — S. ferner Art. 10f. der Satzung, unten S. 133f.

§ 49. *(§ 61a.)*

Organe.

Organe der Reichs-Rechtsanwaltskammer sind:

der Präsident,
das Präsidium,
der Beirat,
die Präsidenten der Rechtsanwaltskammern,
die Rechtsanwaltskammern,
der Ehrengerichtshof und die Ehrengerichte.

§ 50. *(§ 61a.)*

Präsident der Reichs-Rechtsanwaltskammer.

(1) Der Präsident der Reichs-Rechtsan-

waltskammer vertritt diese gerichtlich und außergerichtlich.

(2) Der Präsident der Reichs-Rechtsanwaltskammer wird vom Reichsminister der Justiz im Einvernehmen mit dem Reichsführer des Bundes Nationalsozialistischer Deutscher Juristen *[jetzt: NSRB.]* auf Vorschlag des Präsidiums der Reichs-Rechtsanwaltskammer auf fünf Jahre berufen.

§ 51. *(§ 61a.)*

Präsidium der Reichs-Rechtsanwaltskammer.

(1) Das Präsidium der Reichs-Rechtsanwaltskammer steht dem Präsidenten beratend zur Seite. Es besteht aus fünf Rechtsanwälten und der gleichen Zahl von Vertretern. Einem der Mitglieder obliegt die ständige Vertretung des Präsidenten. Der ständige Vertreter des Präsidenten, die übrigen Mitglieder des Präsidiums und die fünf Vertreter werden von dem Reichsminister der Justiz im Einvernehmen mit dem Reichsführer des Bundes Nationalsozialistischer Deutscher Juristen *[jetzt: NSRB.]* auf Vorschlag des Präsidenten der Reichs-Rechtsanwaltskammer auf fünf Jahre berufen.

(2) Scheidet ein Mitglied vor Ablauf seiner Amtszeit aus, so tritt an seine Stelle der Stellvertreter. Scheidet auch dieser vorzeitig aus, so wird ein neues Mitglied für den Rest der Amtszeit berufen.

(3) Das Präsidium ist verpflichtet, Gutachten aus dem Gebiet des Anwaltsrechts und des Anwaltswesens zu erstatten, die von einem Organ der Gesetzgebung, von einer obersten Reichsbehörde, einem obersten Gericht oder vom Ehrengerichtshof erfordert werden.

§ 52. *(neu.)*

Beirat der Reichs-Rechtsanwaltskammer.

(1) Der Beirat besteht aus dem Präsidium der Reichs-Rechtsanwaltskammer und den Präsidenten der Rechtsanwaltskammern oder ihren Vertretern.

(2) Der Beirat berät den Präsidenten der Reichs-Rechtsanwaltskammer in Fragen von allgemeiner Bedeutung.

(3) Er ist gutachtlich zu hören:

a) bei der Aufstellung des Haushaltsplans und bei der Festsetzung der Beiträge der Reichs-Rechtsanwaltskammer[1],
b) zur jährlichen Rechnungslegung und
c) zu Änderungen der Satzung der Reichs-Rechtsanwaltskammer.

1. S. hierzu auch oben Anm. 1 zu § 48 RRAnwO.

§ 53. *(Ziffer II der Satzung der bisherigen Reichs-Rechtsanwaltskammer, Deutscher Reichsanzeiger 1933 Nr. 150.)*

Geschäftsordnung der Reichs-Rechtsanwaltskammer.

Die Geschäftsführung des Präsidenten der Reichs-Rechtsanwaltskammer, des Präsidiums und des Beirats wird in einer Geschäftsordnung geregelt, die der Präsident nach Anhörung des Präsidiums erläßt.

§ 54. *(§§ 41 f.)*

Rechtsanwaltskammern.

(1) Für den Bezirk eines jeden Oberlandesgerichts werden unter der Leitung eines Präsidenten Rechtsanwaltskammern gebildet. Diese besitzen keine Rechtsfähigkeit.

(2) Die Präsidenten der Rechtsanwaltskammern erfüllen unter beratender Mitwirkung der Rechtsanwaltskammern in ihrem Bezirk die Aufgaben der Reichs-Rechtsanwaltskammer unter eigener Verantwortung; sie sind dabei an Weisungen des Präsidenten der Reichs-Rechtsanwaltskammer gebunden.

(3) Der Reichsminister der Justiz kann bei Bedarf in einem Oberlandesgerichtsbezirk die Errichtung einer zweiten Rechtsanwaltskammer anordnen.

§ 55. *(§§ 42 f.)*

Berufung der Rechtsanwaltskammern.

(1) Die Präsidenten der Rechtsanwaltskammern werden vom Reichsminister der Justiz im Einvernehmen mit dem Reichsführer des Bundes Nationalsozialistischer Deutscher Juristen *[jetzt: NSRB.]* auf Vorschlag des Präsidenten der Reichs-Rechtsanwaltskammer auf fünf Jahre berufen.

(2) Dem Präsidenten der Rechtsanwaltskammer steht die Kammer beratend zur Seite. Die Mitglieder der Rechtsanwaltskammer werden vom Präsidenten der Reichs-Rechtsanwaltskammer aus der Zahl der Rechtsanwälte des Bezirks auf vier Jahre berufen, jedoch mit der Maßgabe, daß alle zwei Jahre die Hälfte der Mitglieder, bei ungerader Zahl zum erstenmal die größere Zahl ausscheidet. Die Berufung bedarf der Bestätigung des Reichsministers der Justiz.

(3) Scheidet ein Mitglied vor Ablauf seiner Amtszeit aus, so wird ein neues Mitglied für den Rest der Amtszeit berufen.

§ 56. *(§ 48 Nr. 1.)*

Geschäftsordnungen der Rechtsanwaltskammern.

Der Präsident der Reichs-Rechtsanwaltskammer erläßt auf Vorschlag des Präsidenten der Rechtsanwaltskammer eine Geschäftsordnung. Er regelt darin die Vertretung und die Verteilung der Geschäfte unter die Mitglieder der Rechtsanwaltskammer.

§ 57. *(§ 49 Abs. 2.)*

Rüge und Mißbilligung.

Der Präsident der Rechtsanwaltskammer ist befugt, Rechtsanwälten und Anwaltsassessoren seines Bezirks bei leichteren Pflichtverletzungen eine Rüge zu erteilen oder eine Mißbilligung auszusprechen. Richtet sich die Maßnahme gegen einen Rechtsanwalt, so hat der Präsident vor seiner Entscheidung einen aus mindestens drei Mitgliedern der Rechtsanwaltskammer gebildeten ständigen Ausschuß gutachtlich zu hören.

§ 58. *(§ 49 Abs. 1 Nrn. 2, 3.)*

Vermittlung von Streitigkeiten.

Der Präsident der Rechtsanwaltskammer vermittelt auf Antrag bei Streitigkeiten zwischen Mitgliedern der Reichs-Rechtsanwaltskammer oder zwischen Mitgliedern und deren Auftraggebern.

§ 59. *(§ 49 Abs. 1 Nr. 4.)*

Erstattung gerichtlicher Gutachten.

Der Präsident der Rechtsanwaltskammer erstattet Gutachten, welche bei Streitigkeiten zwischen einem Mitglied der Reichs-Rechtsanwaltskammer und dessen Auftraggeber von den Gerichten des Oberlandesgerichtsbezirks erfordert werden.

§ 60. *(§ 58.)*

Zwangsgewalt der Präsidenten der Reichs-Rechtsanwaltskammer und der Rechtsanwaltskammern.

(1) Rechtsanwälte und Anwaltsassessoren haben auf die von dem Präsidenten der Reichs-Rechtsanwaltskammer oder von den Präsidenten der Rechtsanwaltskammern in Ausübung ihrer gesetzlichen Befugnisse erlassenen Ladungen zu erscheinen, die ver-

langten Aufschlüsse zu erteilen und den zu diesem Zwecke erlassenen Anordnungen Folge zu leisten.

(2) Zur Erzwingung einer solchen Anordnung können Geldstrafen bis zum Gesamtbetrage von 300 Reichsmark festgesetzt werden. Der Festsetzung einer Strafe muß deren schriftliche Androhung vorangehen.

§ 61. *(§ 61a.)*

Satzung der Reichs-Rechtsanwaltskammer.

Die Tätigkeit der Reichs-Rechtsanwaltskammer und ihrer Organe wird im einzelnen in der Satzung[1] geregelt. Satzungsänderungen im Rahmen dieses Gesetzes verfügt der Präsident der Reichs-Rechtsanwaltskammer nach Anhörung des Beirats. Änderungen bedürfen der Bestätigung des Reichsministers der Justiz und sind in gleicher Weise wie die Satzung bekanntzumachen.

1. Abgedruckt unten S. 131 f.

§ 62. *(§ 61.)*

Jahresbericht.

Alljährlich erstattet der Präsident der Reichs-Rechtsanwaltskammer dem Reichsminister der Justiz einen schriftlichen Bericht über die Tätigkeit und die Lage der Reichs-Rechtsanwaltskammer.

§ 63. *(§ 60.)*

Gebühren- und Stempelfreiheit.

Verhandlungen und Erlasse der Reichs-

Rechtsanwaltskammer und ihrer Organe und die an diese Stellen gerichteten Erlasse und Eingaben sind, soweit sie nicht eine Beurkundung von Rechtsgeschäften enthalten, frei von Gebühren und Stempeln.

Vierter Abschnitt[1]

Ehrengerichtliches Verfahren

§ 64. *(§ 62.)*

Ehrengerichtlich strafbare Handlungen.

Rechtsanwälte und Anwaltsassessoren, welche die ihnen obliegenden Pflichten verletzen, werden, sofern nicht Maßnahmen nach § 57 ausreichen, ehrengerichtlich bestraft[2].

1. Die Fassung des 4. Abschnitts der RRAnwO. beruht auf Art. IV des 2. Änderungsges. vom 13. Dezember 1935 (RGBl. I S. 1470; Änderung oder Neufassung der §§ 64, 65, 66, 69 bis 72, 84, 85, 92, 93, 95, 96, 98, 101 bis 105 RRAnwO.). Weitere Änderungen in den §§ 64 bis 68, 71, 77, 81, 86, 89, 93, 94, 97 bis 103, 105 RRAnwO. sowie die Streichung des § 80 RAnwO. bisher. Fassung sind anläßlich der Textbekanntmachung erfolgt.

2. Über die Zuständigkeit für Gnadenerweise bestimmt der Erlaß des Führers und Reichskanzlers vom 27. Februar 1935 (Deutsche Justiz S. 356):

Auf Grund des § 8 des Reichsstatthaltergesetzes vom 30. Januar 1935 (RGBl. I S. 65) bestimme ich über die Ausübung des Gnadenrechts in Ehrengerichtssachen der Rechtsanwälte, was folgt:

I. Ich behalte mir vor
1. die Niederschlagung ehrengerichtlicher Verfahren,
2. die gnadenweise Aufhebung der Strafe der Ausschließung von der Rechtsanwaltschaft.

II. Im übrigen übertrage ich die Befugnis zu Gnadenerweisen und ablehnenden Entschließungen dem Reichsminister der Justiz.

§ 65. *(§ 63.)*

Strafen.

(1) Die ehrengerichtlichen Strafen sind:

1. für Rechtsanwälte: Warnung, Verweis, Geldstrafe bis zu 5000 Reichsmark, Ausschließung von der Rechtsanwaltschaft;
2. für Anwaltsassessoren: Warnung, Verweis, Geldstrafe bis zu 500 Reichsmark, Ausschließung vom Anwärterdienst.

(2) Geldstrafe und Verweis können nebeneinander verhängt werden.

(3) Eine Bestrafung im ehrengerichtlichen Verfahren wird nicht dadurch ausgeschlossen, daß der Präsident der Rechtsanwaltskammer dem Rechtsanwalt oder dem Anwaltsassessor nach § 57 eine Rüge erteilt oder eine Mißbilligung ausgesprochen hat.

§ 66. *(§ 64.)*

Vor der Verpflichtung begangene Handlungen.

Wegen Handlungen, die ein Rechtsanwalt oder Anwaltsassessor vor seiner Verpflichtung als Anwaltsassessor oder ein Rechtsanwalt, der keinen Anwärterdienst geleistet hat, vor seiner Zulassung als Rechtsanwalt begangen hat, ist ein ehrengerichtliches Verfahren nur zulässig, wenn auf Ausschließung zu erkennen ist.

§ 67. *(§ 65.)*

Ehrengerichtliches und ordentliches Strafverfahren.

(1) Ist gegen einen Rechtsanwalt oder einen

Anwaltsassessor wegen einer strafbaren Handlung die öffentliche Klage erhoben, so ist während der Dauer des Strafverfahrens ein wegen derselben Tatsachen eingeleitetes ehrengerichtliches Verfahren auszusetzen[1]. Die Aussetzung steht dem Erlaß eines Vertretungsverbots nicht entgegen.

(2) Ist im Strafverfahren gegen einen Anwaltsassessor ein Urteil ergangen, das den Verlust der Fähigkeit zur Bekleidung öffentlicher Ämter zur Folge hat, so scheidet der Anwaltsassessor mit der Rechtskraft dieses Urteils aus dem Anwärterdienst aus[2].

(3) Ist im Strafverfahren auf Freisprechung erkannt, so findet wegen derjenigen Tatsachen, welche in diesem zur Erörterung gekommen sind, ein ehrengerichtliches Verfahren nur insofern statt, als dieselben an sich und unabhängig von dem Tatbestand einer im Strafgesetze vorgesehenen Handlung die ehrengerichtliche Bestrafung begründen.

(4) Ist im Strafverfahren eine Verurteilung ergangen, welche die Unfähigkeit zur Bekleidung öffentlicher Ämter nicht zur Folge hat, so beschließt das Ehrengericht, ob außerdem das ehrengerichtliche Verfahren zu eröffnen oder fortzusetzen sei. Für die Entscheidung im ehrengerichtlichen Verfahren sind die tatsächlichen Feststellungen des strafgerichtlichen Urteils bindend, wenn nicht das

erkennende Gericht einstimmig die wiederholte Prüfung beschließt.

(5) Ist der Angeklagte flüchtig[3] und wird die Hauptverhandlung gegen ihn nicht durchgeführt, so findet Absatz 1 keine Anwendung.

1. Vgl. jedoch wegen der Durchführung des ehrengerichtlichen Verfahrens vor Einleitung einer strafrechtlichen Verfolgung wegen einer fahrlässigen Steuerzuwiderhandlung § 423 RAbgO. (RGBl. 1931 I S. 161).
Wegen der Abgrenzung der ehrengerichtlichen Verfahren der Reichs-Rechtsanwaltskammer und des NSRB. vgl. die Vereinbarung vom 3. Juni 1935, abgedruckt JW. 1935 S. 1758. Siehe ferner die Ehrengerichtsordnung des NSRB., Dt. Recht 1935 S. 563.

2. Wegen des Ausscheidens eines Rechtsanwalts aus der Anwaltschaft infolge strafgerichtlichen Urteils vgl. §§ 31 bis 35 StGB.

3. Vgl. hierzu § 276 Abs. 2 StPO. (RGBl. 1935 I 844/847):
Flüchtig im Sinne der Vorschriften dieses Abschnittes ist ein Beschuldigter, der sich der deutschen Gerichtsbarkeit dadurch entzieht, daß er sich im Auslande aufhält oder im Inlande verbirgt.

§ 68. *(§ 66.)*

Anzuwendende Vorschriften des GVG. und der StPO.

Insoweit nicht aus den nachfolgenden Bestimmungen Abweichungen sich ergeben, finden auf das ehrengerichtliche Verfahren die Vorschriften der Strafprozeßordnung über das Verfahren in den zur Zuständigkeit der Schöffengerichte gehörigen Strafsachen und die Vorschriften der §§ 155 Nr. II, 176, 184 bis 198 des Gerichtsverfassungsgesetzes entsprechende Anwendung[1].

1. Die angezogenen Vorschriften des Gerichsverfassungsgesetzes lauten:

§ 155. Der Gerichtsvollzieher ist von der Ausübung seines Amts kraft Gesetzes ausgeschlossen:

I. in bürgerlichen Rechtsstreitigkeiten:
1. . . . . .
2. . . . . .
3. wenn eine Person Partei ist, mit welcher er in gerader Linie verwandt, verschwägert oder durch Annahme an Kindes Statt verbunden, in der Seitenlinie bis zum dritten Grade verwandt oder bis zum zweiten Grade verschwägert ist, auch wenn die Ehe, durch welche die Schwägerschaft begründet ist, nicht mehr besteht;

II. in Strafsachen:
1. wenn er selbst durch die strafbare Handlung verletzt ist;
2. wenn er der Ehegatte des Beschuldigten oder Verletzten ist oder gewesen ist;
3. wenn er mit dem Beschuldigten oder Verletzten in dem vorstehend unter Nr. I 3 bezeichneten Verwandtschafts- oder Schwägerschaftsverhältnisse steht.

§ 176. Die Aufrechterhaltung der Ordnung in der Sitzung liegt dem Vorsitzenden ob.

§ 184. Die Gerichtssprache ist deutsch.

§ 185. Wird unter Beteiligung von Personen verhandelt, welche der deutschen Sprache nicht mächtig sind, so ist ein Dolmetscher zuzuziehen. Die Führung eines Nebenprotokolls in der fremden Sprache findet nicht statt; jedoch sollen Aussagen und Erklärungen in fremder Sprache, wenn und soweit der Richter dies mit Rücksicht auf die Wichtigkeit der Sache für erforderlich erachtet, auch in der fremden Sprache in das Protokoll oder in eine Anlage niedergeschrieben werden. In den dazu geeigneten Fällen soll dem Protokoll eine durch den Dolmetscher zu beglaubigende Übersetzung beigefügt werden.

Die Zuziehung eines Dolmetschers kann unterbleiben, wenn die beteiligten Personen sämtlich der fremden Sprache mächtig sind.

§ 186. Zur Verhandlung mit tauben oder stummen Personen ist, sofern nicht eine schriftliche Verständigung erfolgt, eine Person als Dolmetscher zuzuziehen, mit deren Hilfe die Verständigung in anderer Weise erfolgen kann.

§ 187. Ob einer Partei, welche taub ist, bei der mündlichen Verhandlung der Vortrag zu gestatten sei, bleibt dem Ermessen des Gerichts überlassen.

Dasselbe gilt in Anwaltsprozessen von einer Partei, die der deutschen Sprache nicht mächtig ist.

§ 188. Personen, welche der deutschen Sprache nicht mächtig sind, leisten Eide in der ihnen geläufigen Sprache.

§ 189. Der Dolmetscher hat einen Eid dahin zu leisten:

daß er treu und gewissenhaft übertragen werde.

Ist der Dolmetscher für Übertragungen der betreffenden Art im allgemeinen beeidigt, so genügt die Berufung auf den geleisteten Eid.

§ 190. Der Dienst des Dolmetschers kann von dem Urkundsbeamten der Geschäftsstelle wahrgenommen werden. Einer besonderen Beeidigung bedarf es nicht.

§ 191. Auf den Dolmetscher finden die Bestimmungen über Ausschließung und Ablehnung der Sachverständigen entsprechende Anwendung. Die Entscheidung erfolgt durch das Gericht oder den Richter, von welchem der Dolmetscher zugezogen ist.

§ 192. Bei Entscheidungen dürfen Richter nur in der gesetzlich bestimmten Anzahl mitwirken.

Bei Verhandlungen von längerer Dauer kann der Vorsitzende die Zuziehung von Ergänzungsrichtern anordnen, welche der Verhandlung beizuwohnen und im Falle der Verhinderung eines Richters für ihn einzutreten haben.

Die vorstehenden Bestimmungen finden auch auf Schöffen und Geschworene Anwendung.

§ 193. Bei der Beratung und Abstimmung dürfen außer den zur Entscheidung berufenen Richtern nur die bei demselben Gerichte zu ihrer juristischen Ausbildung beschäftigten Personen zugegen sein, soweit der Vorsitzende deren Anwesenheit gestattet.

§ 194. Der Vorsitzende leitet die Beratung, stellt die Fragen und sammelt die Stimmen.

Meinungsverschiedenheiten über den Gegenstand, die Fassung und die Reihenfolge der Fragen oder über das Ergebnis der Abstimmung entscheidet das Gericht.

§ 195. Kein Richter, Schöffe oder Geschworener darf die Abstimmung über eine Frage verweigern, weil er bei der Abstimmung über eine vorhergegangene Frage in der Minderheit geblieben ist.

§ 196. Die Entscheidungen erfolgen, soweit das Gesetz nicht ein anderes bestimmt, nach der absoluten Mehrheit der Stimmen.

Bilden sich in Beziehung auf Summen, über welche zu entscheiden ist, mehr als zwei Meinungen, deren keine die Mehrheit für sich hat, so werden die für die größte Summe abgegebenen Stimmen den für die zunächst geringere abgegebenen so lange hinzugerechnet, bis sich eine Mehrheit ergibt.

Bilden sich in einer Strafsache, von der Schuldfrage abgesehen, mehr als zwei Meinungen, deren keine die erforderliche Mehrheit für sich hat, so werden die dem Beschuldigten nachteiligsten Stimmen den zunächst minder nachteiligen so lange hinzugerechnet, bis sich die erforderliche Mehrheit ergibt. Bilden sich in der Straffrage zwei Meinungen, ohne daß eine die erforderliche Mehrheit für sich hat, so gilt die mildere Meinung. Ergibt sich in dem mit zwei Richtern und zwei Schöffen besetzten Schöffengerichte, von der Schuld- und Straffrage abgesehen, Stimmengleichheit, so gibt die Stimme des Vorsitzenden den Ausschlag.

§ 197. Die Richter stimmen nach dem Dienstalter, bei gleichem Dienstalter nach dem Lebensalter, Handelsrichter, Schöffen und Geschworene nach dem Lebensalter; der jüngere stimmt vor dem älteren. Die Schöffen und Geschworenen stimmen vor den Richtern. Wenn ein Berichterstatter ernannt ist, so stimmt er zuerst. Zuletzt stimmt der Vorsitzende.

§ 198. Schöffen und Geschworene sind verpflichtet, über den Hergang bei der Beratung und Abstimmung Stillschweigen zu beobachten.

§ 69. *(§§ 67, 90.)*

Ehrengerichte des ersten und zweiten Rechtszuges.

(1) Ehrengerichte des ersten Rechtszuges sind die Ehrengerichte bei den Rechtsanwaltskammern.

(2) Ehrengericht des zweiten Rechtszuges

ist der Ehrengerichtshof der Reichs-Rechtsanwaltskammer.

§ 70. *(neu.)*

Zuständigkeit des Ehrengerichtshofs im ersten und letzten Rechtszug.

(1) Für den Präsidenten der Reichs-Rechtsanwaltskammer, die Mitglieder des Präsidiums der Reichs-Rechtsanwaltskammer und die Präsidenten der Rechtsanwaltskammern ist als Ehrengericht allein der Ehrengerichtshof der Reichs-Rechtsanwaltskammer zuständig.

(2) Seine Entscheidungen sind endgültig.

§ 71. *(§ 67.)*

Zusammensetzung der Ehrengerichte.

(1) Die Ehrengerichte bei den Rechtsanwaltskammern bestehen aus fünf Mitgliedern. Den Vorsitz führt der Präsident der Rechtsanwaltskammer. Er bestimmt jeweils am Jahresbeginn aus den Mitgliedern der Rechtsanwaltskammer seine Vertreter im Vorsitz, die Mitglieder des Ehrengerichts und deren Vertreter, ferner die Reihenfolge, in der Richter und Vertreter in den Sitzungen mitzuwirken haben.

(2) Der Präsident der Rechtsanwaltskammer bildet bei Bedarf jeweils zum Jahresbeginn mehrere Kammern des Ehrengerichts und verteilt die Geschäfte auf die Dauer des Jahres auf sie. Er bestimmt gleichzeitig

die Vorsitzenden und die Mitglieder sowie deren Stellvertreter. Die Reihenfolge der Mitwirkung bestimmt der Vorsitzende jeder Kammer sogleich für das laufende Jahr. Die Bestimmung bedarf der Zustimmung des Präsidenten der Rechtsanwaltskammer.

(3) Ist der Präsident der Rechtsanwaltskammer durch Zugehörigkeit zum Ehrengerichtshof an dem Vorsitz im Ehrengericht behindert, so führt sein in der Geschäftsordnung (§ 56) bestimmter Vertreter den Vorsitz.

(4) Im Laufe des Jahres können diese Bestimmungen für den Rest des Jahres nur geändert werden, wenn die Überlastung des Ehrengerichts oder einer Kammer oder das Ausscheiden oder die dauernde Behinderung einzelner Mitglieder die Änderung notwendig macht.

(5) Die allgemeine Dienstaufsicht über die Ehrengerichte führt der Präsident der Rechtsanwaltskammer.

§ 72. *(§ 68.)*

Örtliche Zuständigkeit.

Zuständig ist das Ehrengericht derjenigen Rechtsanwaltskammer, in deren Bereich der Angeschuldigte zur Zeit der Erhebung der Klage als Rechtsanwalt zugelassen oder als Anwaltsassessor tätig ist.

§ 73. *(§ 69.)*

Voruntersuchung.

(1) Der Antrag auf Eröffnung der Voruntersuchung kann von dem Ehrengericht sowohl aus rechtlichen als aus tatsächlichen Gründen abgelehnt werden.

(2) Gegen den ablehnenden Beschluß steht der Staatsanwaltschaft die sofortige Beschwerde zu.

(3) Gegen den die Voruntersuchung eröffnenden Beschluß steht dem Angeschuldigten die Beschwerde nur wegen Unzuständigkeit des Ehrengerichts zu.

§ 74. *(§ 70.)*

Verfahren ohne Voruntersuchung.

(1) Das Ehrengericht kann beschließen, daß ohne Voruntersuchung das Hauptverfahren zu eröffnen sei.

(2) Beschwerde findet nicht statt.

§ 75. *(§ 71.)*

Bestimmung des Untersuchungsrichters.

Mit der Führung der Voruntersuchung wird ein Richter durch den Präsidenten des Oberlandesgerichts beauftragt.

§ 76. *(§ 72.)*

Verhaftung, vorläufige Festnahme und Vorführung unzulässig.

Die Verhaftung und vorläufige Festnahme sowie die Vorführung des Angeschuldigten ist unzulässig.

§ 77. *(§ 73.)*

Beeidigung von Zeugen und Sachverständigen in der Voruntersuchung.

Die Beeidigung von Zeugen und Sachverständigen kann in der Voruntersuchung erfolgen, auch wenn die

Voraussetzungen der §§ 66, 223 der Strafprozeßordnung nicht vorliegen.

§ 78. (§ 74.)

Ergänzung der Voruntersuchung.

Beantragt die Staatsanwaltschaft eine Ergänzung der Voruntersuchung, so hat der Untersuchungsrichter, wenn er dem Antrag nicht stattgeben will, die Entscheidung des Ehrengerichts einzuholen.

§ 79. (§ 75.)

Mitteilung der Ergebnisse der Voruntersuchung.

Nach geschlossener Voruntersuchung sind dem Angeschuldigten auf seinen Antrag die Ergebnisse des bisherigen Verfahrens mitzuteilen.

§ 80. (§ 76.)

Inhalt der Anklageschrift.

Die Anklageschrift hat die dem Angeschuldigten zur Last gelegte Pflichtverletzung durch Angabe der sie begründenden Tatsachen zu bezeichnen und, soweit in der Hauptverhandlung Beweise erhoben werden sollen, die Beweismittel anzugeben.

§ 81. (§ 77.)

Wiederaufnahme des Verfahrens gegen außer Verfolgung gesetzte Angeschuldigte.

Ist der Angeschuldigte außer Verfolgung gesetzt oder die Eröffnung des Hauptverfahrens abgelehnt, so kann die Klage nur während eines Zeitraums von fünf Jahren seit dem Tage des Beschlusses und nur auf Grund neuer Tatsachen oder Beweismittel wieder aufgenommen werden.

§ 82. *(§ 78.)*

Inhalt des Eröffnungsbeschlusses.

In dem Beschlusse, durch welchen das Hauptverfahren eröffnet wird, ist die dem Angeklagten zur Last gelegte Pflichtverletzung durch Angabe der sie begründenden Tatsachen zu bezeichnen.

§ 83. *(§ 79.)*

Mitteilung der Anklageschrift.

Die Mitteilung der Anklageschrift erfolgt mit der Ladung zur Hauptverhandlung.

§ 84. *(§ 81.)*

Niederschrift über die Hauptverhandlung.

In der Hauptverhandlung ist als Protokollführer ein der Rechtsanwaltskammer nicht angehörender, am Sitze des Ehrengerichts wohnhafter Rechtsanwalt von dem Vorsitzenden zuzuziehen.

§ 85. *(§ 82.)*

Ausschluß der Öffentlichkeit. Zulassung von Zuhörern.

Die Hauptverhandlung ist nicht öffentlich. Mitglieder der Reichs-Rechtsanwaltskammer sind als Zuhörer zuzulassen, andere Personen nur nach dem Ermessen des Vorsitzenden.

§ 86. *(§ 83.)*

Abwesenheit des Angeklagten.

(1) Das Ehrengericht kann auch dann entscheiden, wenn der ordnungsmäßig geladene Angeklagte in der Hauptverhandlung nicht erscheint.

(2) Das Ehrengericht kann das persönliche Erscheinen des Angeklagten unter der Verwarnung anordnen, daß bei seinem Ausbleiben ein Vertreter nicht werde zugelassen werden.

§ 87. (*§ 84.*)

Gang der Hauptverhandlung.

In der Hauptverhandlung hält nach Verlesung des Beschlusses über die Eröffnung des Hauptverfahrens ein Berichterstatter in Abwesenheit der Zeugen einen Vortrag über die Ergebnisse des bisherigen Verfahrens, soweit dieselben sich auf die in dem Beschlusse über die Eröffnung des Hauptverfahrens enthaltenen Tatsachen beziehen.

§ 88. (*§ 85.*)

Umfang der Beweisaufnahme.

Das Ehrengericht bestimmt den Umfang der Beweisaufnahme, ohne hierbei durch Anträge, Verzichte oder frühere Beschlüsse gebunden zu sein.

§ 89. (*§ 86.*)

Beweiserhebung durch ersuchte Richter.

(1) Das Ehrengericht kann nach freiem Ermessen die Vernehmung von Zeugen oder Sachverständigen durch einen ersuchten Richter oder in der Hauptverhandlung anordnen. Beweiserhebungen durch einen ersuchten Richter kann zur Vorbereitung der Hauptverhandlung auch der Vorsitzende des Ehrengerichts anordnen, wenn das Einholen einer Entscheidung des Ehrengerichts das Verfahren verzögern würde[1].

(2) Auf das Ersuchen finden die §§ 157 bis 159, 165 des Gerichtsverfassungsgesetzes entsprechende Anwendung[2].

(3) Die Vernehmung muß auf Antrag der Staatsanwaltschaft oder des Angeschuldigten in der Hauptverhandlung erfolgen, sofern nicht voraussichtlich der Zeuge oder Sachverständige am Erscheinen in der Hauptverhandlung verhindert oder sein Erscheinen wegen großer Entfernung besonders erschwert sein wird.

1. Der Satz 2 des § 89 Abs. 1 ist durch Art. 1 Nr. 11 des Gesetzes vom 20. Dezember 1934 (RGBl. I S. 1258) eingefügt.

2. Diese Vorschriften lauten:

§ 157. Das Ersuchen um Rechtshilfe ist an das Amtsgericht zu richten, in dessen Bezirk die Amtshandlung vorgenommen werden soll.

§ 158. Das Ersuchen darf nicht abgelehnt werden.

Das Ersuchen eines nicht im Instanzenzuge vorgesetzten Gerichts ist jedoch abzulehnen, wenn dem ersuchten Gerichte die örtliche Zuständigkeit mangelt oder die vorzunehmende Handlung nach dem Rechte des ersuchten Gerichts verboten ist.

§ 159. Wird das Ersuchen abgelehnt oder wird der Vorschrift des § 158 Abs. 2 zuwider dem Ersuchen stattgegeben, so entscheidet das Oberlandesgericht, zu dessen Bezirk das ersuchte Gericht gehört. Eine Anfechtung dieser Entscheidung findet nur statt, wenn sie die Rechtshilfe für unzulässig erklärt und das ersuchende und das ersuchte Gericht den Bezirken verschiedener Oberlandesgerichte angehören. Über die Beschwerde entscheidet das Reichsgericht.

Die Entscheidungen erfolgen auf Antrag der Beteiligten oder des ersuchenden Gerichts ohne vorgängige mündliche Verhandlung.

§ 165. Für die Höhe der den geladenen Zeugen und Sachverständigen gebührenden Beträge sind die Bestimmungen maßgebend, welche bei dem Gerichte gelten, vor welches die Ladung erfolgt.

Sind die Beträge nach dem Rechte des Aufenthaltsorts

der geladenen Personen höher, so können die höheren Beträge gefordert werden.

Bei weiterer Entfernung des Aufenthaltsorts der geladenen Personen ist ihnen auf Antrag ein Vorschuß zu bewilligen.

Zu § 157 s. auch § 4, 9. Teil der NotVO. v. 1. Dezember 1930 (RGBl. I S. 517/604):

Durch Anordnung der Landesjustizverwaltung (*jetzt*: des Reichsministers der Justiz) können die Rechtshilfeersuchen (§ 157 des Gerichtsverfassungsgesetzes) für die Bezirke mehrerer Amtsgerichte einem von ihnen ganz oder zum Teil zur Erledigung zugewiesen werden. Ergeht eine derartige Anordnung, so gilt insoweit der Bezirk des letzteren Amtsgerichts als die Bezirke der übrigen Amtsgerichte mitumfassend. Die Anordnung ist auch zulässig, wenn die mehreren Amtsgerichte nicht im Bezirke desselben Landgerichts gelegen sind.

§ 90. *(§ 87.)*

Zwangsmaßregeln und Strafen gegen Zeugen und Sachverständige.

Die Verhängung von Zwangsmaßregeln sowie die Festsetzung von Strafen gegen Zeugen und Sachverständige, welche in der Hauptverhandlung ausbleiben oder ihre Aussage oder deren Beeidigung verweigern, erfolgt auf Ersuchen durch das Amtsgericht, in dessen Bezirke dieselben ihren Wohnsitz und in Ermangelung eines solchen ihren Aufenthalt haben.

§ 91. *(§ 88.)*

Verlesung von Aussagen.

Die Aussage eines außerhalb der Hauptverhandlung vernommenen Zeugen oder Sachverständigen, dessen Vernehmung nicht in der Hauptverhandlung erfolgen muß, ist, sofern es die Staatsanwaltschaft oder der Angeklagte beantragt oder das Ehrengericht es für erforderlich erachtet, zu verlesen.

§ 92. *(§ 89.)*

Beschwerdegericht.

Für die Verhandlung und Entscheidung über das Rechtsmittel der Beschwerde ist zuständig

a) bei Beschwerden gegen Verfügungen oder Beschlüsse des Ehrengerichts und seines Vorsitzenden: der Ehrengerichtshof;

b) im übrigen: das Oberlandesgericht.

§ 93. *(§ 90.)*

Zusammensetzung des Ehrengerichtshofs.

(1) Der Ehrengerichtshof der Reichs-Rechtsanwaltskammer besteht aus dem Präsidenten der Reichs-Rechtsanwaltskammer, seinem ständigen Vertreter, aus weiteren Mitgliedern der Reichs-Rechtsanwaltskammer und aus Mitgliedern des Reichsgerichts. Die nicht gesetzlich bestimmten anwaltlichen Mitglieder werden von dem Präsidium der Reichs-Rechtsanwaltskammer, die richterlichen Mitglieder von dem Präsidium des Reichsgerichts für je ein Geschäftsjahr bestimmt. Die anwaltlichen Mitglieder können nicht gleichzeitig einem Ehrengericht als ordentliche oder stellvertretende Mitglieder angehören.

(2) Die Zahl der Senate bestimmt der

Reichsminister der Justiz jeweils zum Jahresbeginn auf Vorschlag des Präsidenten der Reichs-Rechtsanwaltskammer. Jeder Senat entscheidet in der Besetzung von vier anwaltlichen und drei richterlichen Mitgliedern.

(3) Den Vorsitz in den Senaten führen der Präsident der Reichs-Rechtsanwaltskammer und die von ihm nach Anhörung des Präsidiums der Reichs-Rechtsanwaltskammer zu Beginn eines jeden Jahres für dessen Dauer zu Vorsitzenden bestellten anwaltlichen Mitglieder als Senatspräsidenten.

(4) Die Geschäfte verteilt der Präsident der Reichs-Rechtsanwaltskammer jeweils zum Jahresbeginn für die Dauer des Jahres; er regelt dabei auch die gegenseitige Vertretung der Vorsitzenden und der Mitglieder der Senate.

(5) Die Anordnungen des Präsidenten der Reichs-Rechtsanwaltskammer über die Besetzung und die Tätigkeit der Senate können im Laufe eines Jahres nur geändert werden, wenn die Überlastung eines Senats oder das Ausscheiden oder die dauernde Behinderung eines Senatspräsidenten oder eines Senatsmitgliedes die Änderung notwendig macht.

§ 94. *(§ 91.)*

Verfahren vor dem Berufungs- und Beschwerdegericht.

Auf das Berufungs- und Beschwerdeverfahren finden die Vorschriften der Strafprozeßordnung entsprechende Anwendung. Im Berufungsverfahren gelten auch die §§ 84, 85, 86 Abs. 1, §§ 87 bis 91 dieses Gesetzes sinngemäß.

1. Die Verweisung auf § 84 ist durch Art. 1 Nr. 3 des Gesetzes v. 28. März 1934 (RGBl. I S. 252) eingefügt.

§ 95. (§ 91a.)

Vertretungsverbot.

a. Voraussetzungen.

(1) Ist gegen einen Rechtsanwalt im ehrengerichtlichen Verfahren die öffentliche Klage erhoben[2], so kann gegen ihn durch Beschluß des Ehrengerichts ein Vertretungsverbot verhängt werden, wenn zu erwarten ist, daß gegen ihn auf Ausschließung aus der Rechtsanwaltschaft erkannt werden wird.

(2) Der Beschluß ergeht auf Grund mündlicher Verhandlung. Auf die Ladung und die mündliche Verhandlung finden die Vorschriften über die Hauptverhandlung entsprechende Anwendung, soweit sich nicht aus den folgenden Vorschriften ein anderes ergibt.

(3) In der Ladung ist die dem Rechtsanwalt zur Last gelegte Pflichtverletzung zu bezeichnen, sofern nicht die Anklageschrift ihm bereits mitgeteilt ist. Auf die Ladung findet der § 40 der Strafprozeßordnung[3] Anwendung.

(4) In der mündlichen Verhandlung sind

die Beteiligten zu hören. Art und Umfang der Beweisaufnahme bestimmt das Ehrengericht, ohne durch Anträge gebunden zu sein.

(5) Zur Verhängung des Vertretungsverbots ist eine Mehrheit von zwei Dritteilen der Stimmen erforderlich.

(6) Das Ehrengericht kann, wenn es auf Ausschließung aus der Rechtsanwaltschaft erkannt hat, im unmittelbaren Anschluß an die Hauptverhandlung über das Vertretungsverbot verhandeln und entscheiden. Dies gilt auch dann, wenn der Angeschuldigte zu der Hauptverhandlung nicht erschienen ist.

(7) Der Beschluß ist mit Gründen zu versehen und dem Angeschuldigten zuzustellen. Wird ein Vertretungsverbot verhängt, so hat der Präsident der Rechtsanwaltskammer eine beglaubigte Abschrift der Formel des Beschlusses dem Reichsminister der Justiz, den Amtsgerichten, die sich am Wohnsitz des Angeschuldigten befinden, und den Gerichten mitzuteilen, bei denen der Rechtsanwalt sonst noch zugelassen ist.

1. Die §§ 95 bis 99, 101 Abs. 2 RRAnwO. sind durch die NotVO. vom 18. März 1933 (RGBl. I S. 109/120, Kap. XIII, Art. I Nrn. 5, 6 eingefügt. Wegen der späteren Änderungen s. oben Anm. 1 zu § 64 RRAnwO.

2. Wegen des Vertretungsverbots bis zur Entscheidung, ob eine Zulassung wegen Betätigung in kommunistischem Sinne zurückzunehmen ist, vgl. § 4 Abs. 1 des Zulassungsges., unten S. 118.

3. Die angezogene Vorschrift lautet:

§ 40. Kann eine Zustellung an einen Beschuldigten, welchem eine Ladung zur Hauptverhandlung noch nicht zugestellt war, nicht in der vorgeschriebenen Weise im Deutschen Reiche bewirkt werden, und erscheint die Befolgung der für Zustellungen im Ausland bestehenden Vorschriften unausführbar oder voraussichtlich erfolglos, so gilt die Zustellung als erfolgt, wenn der Inhalt des zuzustellenden Schriftstücks durch ein deutsches oder ausländisches Blatt bekanntgemacht worden ist und seit dem Erscheinen dieses Blattes zwei Wochen verflossen sind oder wenn das zuzustellende Schriftstück zwei Wochen an der Gerichtstafel des Gerichts erster Instanz angeheftet gewesen ist. Die Auswahl des Blattes steht dem die Zustellung veranlassenden Beamten zu.

War die Ladung zur Hauptverhandlung dem Angeklagten schon vorher zugestellt, so gilt eine weitere Zustellung an ihn, wenn sie nicht in der vorgeschriebenen Weise im Deutschen Reiche bewirkt werden kann, als erfolgt, sobald das zuzustellende Schriftstück zwei Wochen an der Gerichtstafel des Gerichts erster Instanz angeheftet gewesen ist. Von Urteilen und Beschlüssen wird nur der entscheidende Teil angeheftet.

§ 96. (§ 91 b.)

b. Wirkungen.

(1) Der Beschluß wird mit der Verkündung wirksam.

(2) Dem Rechtsanwalt, gegen den das Vertretungsverbot verhängt ist, ist verboten, vor einem Gericht, einer sonstigen Behörde oder einem Schiedsgericht in Person aufzutreten, Vollmachten oder Untervollmachten zu erteilen und mit Gerichten, sonstigen Behörden, Schiedsgerichten oder Rechtsanwälten schriftlichen Verkehr zu pflegen. Dies gilt nicht für die Wahrnehmung der eigenen Angelegenheiten des Rechtsanwalts und der Angelegenheiten seiner Ehefrau und seiner

minderjährigen Kinder, soweit nicht Anwaltszwang besteht. Die rechtliche Wirksamkeit von Handlungen des Rechtsanwalts wird durch das Vertretungsverbot nicht berührt.

(3) Ein Rechtsanwalt, der dem Vertretungsverbot wissentlich zuwiderhandelt, ist mit Ausschließung zu bestrafen, sofern nicht nach den besonderen Verhältnissen des Falles eine mildere Strafe ausreichend ist.

(4) Gerichte und sonstige Behörden sollen einen Rechtsanwalt, der entgegen dem Vertretungsverbot vor ihnen in Person auftritt, zurückweisen.

§ 97. *(§ 91 c.)*

c. Beschwerde.

Der Beschluß unterliegt der sofortigen Beschwerde. Die Beschwerde gegen die Verhängung des Vertretungsverbots hat keine aufschiebende Wirkung. Auf das Verfahren finden die Vorschriften des § 95 Absätze 2, 3 Satz 2, Absätze 4, 5, 7 Satz 1 und, wenn das Vertretungsverbot aufgehoben wird, auch Satz 2 entsprechende Anwendung.

§ 98. *(§ 91 d.)*

d. Bestellung eines Vertreters.

(1) Für den Rechtsanwalt, gegen den das Vertretungsverbot verhängt ist, ist im Falle des Bedürfnisses von dem Reichsminister der Justiz nach Anhörung des Präsidenten der

Rechtsanwaltskammer ein Stellvertreter zu bestellen. § 29 Absätze 1, 3 Satz 1 findet Anwendung. Der Rechtsanwalt kann einen geeigneten Vertreter vorschlagen.

(2) Ein Rechtsanwalt, dem die Stellvertretung übertragen wird, darf sie nur aus einem wichtigen Grunde ablehnen. Über die Ablehnung entscheidet der Präsident des Landgerichts, bei dem der zum Stellvertreter bestellte Rechtsanwalt zugelassen ist oder zu dessen Bezirk das Amtsgericht gehört, bei dem er zugelassen ist, und, sofern er ausschließlich bei einem höheren Gerichte zugelassen ist, der Präsident dieses Gerichts; ist der Rechtsanwalt gleichzeitig bei mehreren Landgerichten oder nur bei einem Oberlandesgericht zugelassen, so entscheidet der Präsident des Oberlandesgerichts. Vor der Entscheidung ist der Präsident der Rechtsanwaltskammer zu hören.

(3) Der Stellvertreter führt sein Amt unter eigener Verantwortung und ohne an Weisungen des Vertretenen gebunden zu sein, für dessen Rechnung und auf dessen Kosten. Der Vertretene ist verpflichtet, dem Stellvertreter eine angemessene Vergütung zu zahlen. Auf Verlangen des Stellvertreters oder des Vertretenen ist die Vergütung vom Präsidenten der Rechtsanwaltskammer festzusetzen. Für die festgesetzte Vergütung haftet die Reichs-Rechtsanwaltskammer wie ein Bürge.

§ 99. *(§ 91 e.)*

e. Erledigung des Vertretungsverbotes.

(1) Das Vertretungsverbot tritt außer Kraft, wenn in dem ehrengerichtlichen Verfahren ein nicht auf Ausschließung lautendes Urteil ergeht oder der Angeschuldigte außer Verfolgung gesetzt wird.

(2) Das Vertretungsverbot ist von dem Ehrengericht, bei dem das ehrengerichtliche Verfahren im Rechtszuge schwebt, aufzuheben, wenn sich herausstellt, daß die Voraussetzungen für seine Verhängung nicht oder nicht mehr vorliegen.

(3) Beantragt der Angeschuldigte die Aufhebung des Vertretungsverbots, so kann das Gericht eine erneute mündliche Verhandlung anordnen. Die Ablehnung des Antrags unterliegt nicht der Beschwerde.

(4) In den Fällen der Absätze 1 und 2 gilt § 95 Abs. 7 Satz 2 entsprechend.

§ 100. *(§ 92.)*

Staatsanwaltschaft.

Die Verrichtungen der Staatsanwaltschaft werden von der Staatsanwaltschaft bei dem Oberlandesgericht, im Verfahren vor dem Ehrengerichtshof von der Staatsanwaltschaft bei dem Reichsgericht wahrgenommen.

§ 101. *(§ 93.)*

Ehrengerichtliches Zulassungsverfahren.

(1) In den Fällen des § 26 Abs. 1 wird

ohne Beschluß über die Eröffnung des Hauptverfahrens zur Hauptverhandlung geschritten. Die Vorschriften über den Erlaß eines Vertretungsverbots finden entsprechende Anwendung.

(2) Zur besseren Aufklärung der Sache kann das Ehrengericht vor der Hauptverhandlung einzelne Beweiserhebungen anordnen; um die Ausführung dieses Beschlusses kann es die Staatsanwaltschaft ersuchen.

(3) Das Ehrengericht kann nach Maßgabe des § 89 auch die Vernehmung des Antragstellers vor der Hauptverhandlung anordnen.

(4) Dem Antragsteller sind auf Verlangen die ihm zur Last gelegten Tatsachen sowie die Beweismittel vor der Hauptverhandlung schriftlich anzugeben.

(5) Das Verfahren ist einzustellen, wenn der Antrag auf Entscheidung im ehrengerichtlichen Verfahren zurückgenommen wird; die Kosten trägt in diesem Falle der Antragsteller.

§ 102. (§ 94.)

Kosten des Verfahrens.

(1) Für das Verfahren werden weder Gebühren noch Stempel, sondern nur bare Auslagen in Ansatz gebracht.

(2) Der Betrag der Kosten ist von dem Vorsitzenden festzustellen. Die Festsetzung ist vollstreckbar.

(3) Kosten, welche weder dem Angeschuldigten noch einem Dritten auferlegt werden oder von dem Verpflichteten nicht eingezogen werden können, fallen der Reichs-Rechtsanwalts-

kammer zur Last. Dieselbe haftet den Zeugen und Sachverständigen für die ihnen zukommende Entschädigung in gleichem Umfange wie in Strafsachen die Reichskasse. Bei weiterer Entfernung des Aufenthaltsorts der geladenen Personen ist denselben auf Antrag ein Vorschuß zu bewilligen.

(4) Die Hinterlegung der gesetzlichen Entschädigung für Personen, welche von dem Angeklagten unmittelbar geladen sind, erfolgt bei dem Präsidenten der Rechtsanwaltskammer, im Verfahren vor dem Ehrengerichtshof bei dem Präsidenten der Reichs-Rechtsanwaltskammer.

§ 103. *(§ 95.)*

Ausfertigungen und Auszüge der Urteile.

Ausfertigungen und Auszüge der Urteile des Ehrengerichts sind von dem Präsidenten der Rechtsanwaltskammer, Ausfertigungen und Auszüge der Urteile des Ehrengerichtshofs von dem Präsidenten der Reichs-Rechtsanwaltskammer zu erteilen.

§ 104. *(§ 96.)*

Wirksamwerden und Anzeige eines Urteils auf Ausschließung.

(1) Die Ausschließung von der Rechtsanwaltschaft oder vom Anwärterdienst tritt mit der Rechtskraft des Urteils ein.

(2) Die Ausschließung von der Rechtsanwaltschaft wird von dem Präsidenten der Rechtsanwaltskammer unter Mitteilung einer mit der Bescheinigung der Vollstreck-

barkeit versehenen beglaubigten Abschrift der Urteilsformel dem Reichsminister der Justiz und den Gerichten angezeigt, bei welchen der Rechtsanwalt zugelassen war.

(3) Die Ausschließung vom Anwärterdienst wird von dem Präsidenten der Rechtsanwaltskammer unter Mitteilung einer mit der Bescheinigung der Vollstreckbarkeit versehenen beglaubigten Abschrift der Urteilsformel dem Reichsminister der Justiz, dem Rechtsanwalt, der den Anwaltsassessor im Anwärterdienst beschäftigt, und den Gerichten angezeigt, bei welchen dieser Rechtsanwalt zugelassen ist.

§ 105. *(§ 97.)*

Beitreibung von Geldstrafen und Kosten.

(1) Geldstrafen (§§ 60, 65) fließen zur Kasse der Reichs-Rechtsanwaltskammer.

(2) Die Vollstreckung der eine Geldstrafe aussprechenden Entscheidung erfolgt auf Grund einer von dem Präsidenten der Rechtsanwaltskammer erteilten, mit der Bescheinigung der Vollstreckbarkeit versehenen beglaubigten Abschrift der Entscheidungsformel nach den Vorschriften über die Vollstreckung der Urteile in bürgerlichen Rechtsstreitigkeiten.

(3) Dasselbe gilt von der Vollstreckung der die Kosten festsetzenden Verfügung.

(4) Die Vollstreckung wird von dem Präsidenten der Rechtsanwaltskammer betrieben.

Fünfter Abschnitt[1]

Rechtsanwaltschaft bei dem Reichsgericht

§ 106. *(§ 98.)*

Anwendbarkeit der allgemeinen Vorschriften.

Auf die Rechtsanwaltschaft bei dem Reichsgericht finden, insoweit nicht in den nachfolgenden Paragraphen abweichende Bestimmungen enthalten sind, die Vorschriften des ersten bis vierten und sechsten Abschnitts dieses Gesetzes mit der Maßgabe sinngemäß Anwendung, daß an die Stelle des Oberlandesgerichts das Reichsgericht tritt.

1. Der Fünfte Abschnitt der RRAnwO. ist durch Art. V des zweiten Änderungsges. vom 13. Dezember 1935 (RGBl. I S. 1470) neu gefaßt.

§ 107. *(§ 99.)*

Zulassung und Vertreterbestellung. Altersgrenze.

Die Zulassung als Rechtsanwalt bei dem Reichsgericht und die Bestellung eines Stellvertreters erfolgt durch den Reichsminister der Justiz im Einvernehmen mit dem Reichsführer des Bundes Nationalsozialistischer Deutscher Juristen *[jetzt: NSRB.]*. Der Präsident des Reichsgerichts und der Präsident der Reichs-Rechtsanwaltskammer werden gutachtlich gehört. Die Zulassung als Rechtsanwalt setzt die Vollendung des 35. Lebensjahres voraus.

§ 108. *(§ 100.)*

Keine Zulassung und kein Auftreten des Reichsgerichtsanwalts bei anderen Gerichten.

(1) Die Zulassung als Rechtsanwalt bei dem Reichsgericht ist mit der Zulassung als Rechtsanwalt bei einem anderen Gericht unvereinbar.

(2) Die bei dem Reichsgericht zugelassenen Rechtsanwälte dürfen bei einem anderen Gericht nicht auftreten.

§ 109. *(§ 101.)*

Unübertragbarkeit der Vertretungsbefugnis vor dem Reichsgericht.

Eine Übertragung der dem Prozeßbevollmächtigten zustehenden Vertretung auf einen bei dem Reichsgericht nicht zugelassenen Rechtsanwalt findet nicht statt.

Sechster Abschnitt[1]

Schluß- und Übergangsbestimmungen

§ 110. *(neu.)*

Anhängige Zulassungsgesuche.

(1) Gesuche um Zulassung zur Rechtsanwaltschaft, über die am 18. Dezember 1935 noch nicht endgültig entschieden ist, werden nach den neuen Vorschriften behandelt.

(2) Der Reichsminister der Justiz kann bis zum Ablauf des Jahres 1938 zur Vermeidung von Härten Antragsteller, die die Befähigung zum Richteramt vor dem 1. April 1935 erlangt

haben, ohne Ableistung oder unter Abkürzung des Probe- und Anwärterdienstes als Rechtsanwalt zulassen, auch wenn bei ihnen die Voraussetzungen des § 5 Abs. 2 und des § 14 Abs. 1 Satz 2 nicht vorliegen. § 16 gilt entsprechend.

1. Der Sechste Abschnitt der RRAnwO. ist durch Art. VI des zweiten Änderungsges. vom 13. Dezember 1935 (RGBl. I S. 1470) neu gefaßt worden. In den §§ 110 bis 114 hat die Bek. vom 21. Februar 1936 Unstimmigkeiten des Wortlauts beseitigt.

§ 111. *(§§ 18, 19.)*

Beibehaltung eines Wohnsitzes außerhalb des Gerichtsortes.

(1) Ist einem Rechtsanwalt auf Grund der bisherigen Vorschriften gestattet worden, seinen Wohnsitz nicht an dem Ort des Gerichts zu nehmen, bei dem er zugelassen ist, so bleibt er wie bisher verpflichtet, seine Kanzlei am Gerichtsort zu halten oder einen dort wohnhaften ständigen Zustellungsbevollmächtigten zu bestellen.

(2) Dem Zustellungsbevollmächtigten kann wie einem Rechtsanwalt gegen Empfangsbekenntnis zugestellt werden (§§ 198, 212a der Zivilprozeßordnung). Ist eine Zustellung an den Zustellungsbevollmächtigten am Orte des Gerichts nicht ausführbar, so kann dem Rechtsanwalt durch Aufgabe zur Post zugestellt werden.

1. Vgl. hierzu §§ 175, 192 ZPO.

§ 112. *(neu.)*

Vermögensübergang auf die neue Reichs-Rechtsanwaltskammer.

Die Reichs-Rechtsanwaltskammer tritt mit

dem 18. Dezember 1935 in alle vermögensrechtlichen Pflichten und Rechte der bisherigen Reichs-Rechtsanwaltskammer, der Anwaltskammern und ihrer sämtlichen Einrichtungen ein. Aus Anlaß dieses Übergangs von Pflichten und Rechten auf die Reichs-Rechtsanwaltskammer werden Steuern, Gebühren und andere Abgaben nicht erhoben; bare Auslagen bleiben außer Ansatz.

§ 113. *(neu.)*

Erledigung der Geschäfte bis zur Berufung der neuen Organe der Reichs-Rechtsanwaltskammer.

(1) Bis zur Berufung des ersten Präsidenten und des ersten Präsidiums der Reichs-Rechtsanwaltskammer führen der Präsident und das Präsidium der bisherigen Reichs-Rechtsanwaltskammer die Geschäfte fort. Bis zur Berufung der Präsidenten der Rechtsanwaltskammern führen die am 18. Dezember 1935 amtierenden Vorsitzenden der Vorstände der Anwaltskammern deren Geschäfte. Bis zur Berufung der Mitglieder der Rechtsanwaltskammern nehmen die bisherigen Mitglieder der Vorstände der Anwaltskammern die Aufgaben der Mitglieder der Rechtsanwaltskammern wahr.

(2) Der Ehrengerichtshof und die Ehrengerichte versehen in der bisherigen Besetzung ihr Amt bis zur Neubildung.

§ 114. *(§§ 48 Nr. 2, 61a Abs. 5.)*

Beitragserhebung nach den bisherigen Vorschriften.

Der Präsident der Reichs-Rechtsanwaltskammer kann anordnen, daß die Mitgliederbeiträge zur Reichs-Rechtsanwaltskammer im Geschäftsjahr 1935/36 nach den bisherigen Bestimmungen[1] berechnet und eingezogen werden.

1. Die bisherigen Vorschriften der Rechtsanwaltsordnung lauteten:

§ 48. Der Kammer liegt ob:

1. .....

2. die Bewilligung der Mittel zur Bestreitung des für die gemeinschaftlichen Angelegenheiten erforderlichen Aufwandes und die Bestimmung des Beitrages der Mitglieder,

3. .....

§ 61a. (1) bis (4) .....

(5) Die Reichs-Rechtsanwaltskammer kann anordnen, daß die Anwaltskammern außer den im § 48 Nr. 2 bestimmten Beiträgen Sonderbeiträge zur Unterstützung notleidender Rechtsanwälte, früherer Rechtsanwälte oder deren Hinterbliebener erheben und über die Verwendung dieser Sonderbeiträge, insbesondere ihre Zuweisung an soziale Einrichtungen zugunsten der Anwaltschaft, Bestimmungen treffen. Für die Einziehung der Sonderbeiträge durch die Anwaltskammern gilt § 58b entsprechend.

§ 61a Abs. 5 war durch Art. 1 Nr. 10 des Gesetzes vom 20. Dezember 1934 (RGBl. I S. 1258) eingefügt. S. auch die Übergangsvorschrift im Art. 3 Abs. 2 jenes Gesetzes.

§ 115. *(neu.)*

Bestimmung der Dauer ehrenamtlicher Tätigkeit bei der ersten Berufung.

Bei der ersten Berufung von ehrenamtlich tätigen Mitgliedern der Reichs-Rechtsanwaltskammer bestimmt der Reichsminister der Justiz deren Tätigkeitsdauer.

§ 116. *(neu.)*

Änderung der Eidesformel bei Rechtsanwälten ohne Reichsangehörigkeit.

Rechtsanwälte, die die deutsche Staatsangehörigkeit (Reichsangehörigkeit) nicht besitzen, können den im § 19 vorgesehenen Eid auf Wunsch dahin leisten,

> dem Führer des Deutschen Reiches und Volkes Adolf Hitler Achtung zu erweisen und die Pflichten eines Rechtsanwalts gewissenhaft zu erfüllen.

§ 117. *(§ 61a Abs. 3.)*

Erste Satzung der neuen Reichs-Rechtsanwaltskammer.

Die erste Satzung[1] der Reichs-Rechtsanwaltskammer stellt der Reichsminister der Justiz fest. Sie wird in dem für amtliche Veröffentlichungen der Justizverwaltung bestimmten Organ bekanntgemacht.

1. Abgedruckt unten S. 131 f.

§ 118. *(neu.)*

Ausschluß von Ansprüchen auf Schadenersatz.

Eine Entschädigung wegen eines Schadens, der durch eine Maßnahme auf Grund dieses Gesetzes entsteht, wird nicht gewährt.

B. Nebengesetze zur Rechtsanwaltsordnung.

a. Gesetz über die Zulassung zur Rechtsanwaltschaft

vom 7. April 1933 (RGBl. I S. 188).

§ 1.[1]

(1) Die Zulassung von Rechtsanwälten, die im Sinne des Gesetzes zur Wiederherstellung des Berufsbeamtentums vom 7. April 1933 (RGBl. I S. 175) nicht arischer Abstammung[2] sind, kann bis zum 30. September 1933 zurückgenommen werden.

(2) Die Vorschrift des Abs. 1 gilt nicht für Rechtsanwälte, die bereits seit dem 1. August 1914 zugelassen sind oder im Weltkriege an der Front für das Deutsche Reich oder für seine Verbündeten gekämpft haben oder deren Väter oder Söhne im Weltkriege gefallen sind.

1. Die Vorschriften des § 1 sind an sich wegen Fristablaufs gegenstandslos. Sie haben jedoch noch mittelbar Bedeutung durch die Verweisung im § 2 Satz 2 (s. nächste Seite) und für die Versagung der Erlaubnis zur geschäftsmäßigen Rechtsbesorgung (vgl. § 7 der 1. AusführungsVO. zum Rechtsberatungsges., unten S. 196). — Wegen des Saarlandes s. unten S. 123/124.

2. Wegen des Begriffs der nicht arischen Abstammung vgl. die 1. DurchfVO. zum Berufsbeamtenges. vom 11. April 1933 (RGBl. I S. 195), zu § 3 Nr. 2:

(1) Als nicht arisch gilt, wer von nicht arischen, insbesondere jüdischen Eltern oder Großeltern abstammt. Es genügt, wenn ein Elternteil oder ein Großelternteil nicht arisch ist. Dies ist insbesondere dann anzunehmen, wenn ein Elternteil oder Großelternteil der jüdischen Religion angehört hat.

(2) Wenn ein Beamter nicht bereits am 1. August 1914 Beamter gewesen ist, hat er nachzuweisen, daß er arischer Abstammung oder Frontkämpfer, oder Sohn oder Vater

eines im Weltkriege Gefallenen ist. Der Nachweis ist durch die Vorlegung von Urkunden (Geburtsurkunde und Heiratsurkunde der Eltern, Militärpapiere) zu erbringen.

(3) Ist die arische Abstammung zweifelhaft, so ist ein Gutachten des beim Reichsministerium des Innern bestellten Sachverständigen für Rasseforschung einzuholen.

§ 2[1].

Die Zulassung zur Rechtsanwaltschaft kann Personen, die im Sinne des Gesetzes zur Wiederherstellung des Berufsbeamtentums vom 7. April 1933 (Reichsgesetzbl. I S. 175) nicht arischer Abstammung sind, versagt werden, auch wenn die in der Rechtsanwaltsordnung hierfür vorgesehenen Gründe nicht vorliegen. Das gleiche gilt von der Zulassung eines der im § 1 Abs. 2 bezeichneten Rechtsanwälte bei einem anderen Gericht.

1. Die Vorschrift im Satz 1 des § 2 ist heute gegenstandslos, da ein Anspruch auf die Zulassung als Rechtsanwalt nicht mehr besteht. Satz 2 des § 2 ist dagegen als Ausnahme gegenüber der Bestimmung im § 18 RRAnwO. noch von Bedeutung.

§ 3.

Personen, die sich in kommunistischem Sinne betätigt haben, sind von der Zulassung zur Rechtsanwaltschaft ausgeschlossen. Bereits erteilte Zulassungen sind zurückzunehmen.

§ 4.

(1) Die Justizverwaltung kann gegen einen Rechtsanwalt bis zur Entscheidung darüber, ob von der Befugnis zur Zurücknahme der Zulassung gemäß *§ 1 Abs. 1 oder* § 3 Gebrauch gemacht wird, ein Vertretungsverbot erlassen. Auf das Vertretungsverbot finden die Vorschriften des § 91 b Abs. 2 bis 4 der

Rechtsanwaltsordnung (Reichsgesetzbl. 1933 I S. 120) (*jetzt:* des § 96 Abs. 2 bis 4 der Reichs-Rechtsanwaltsordnung) entsprechende Anwendung.

(2) Gegen Rechtsanwälte der im § 1 Abs. 2 bezeichneten Art ist das Vertretungsverbot nur zulässig, wenn es sich um die Anwendung des § 3 handelt.

§§ 5, 6.

(Betr. Kündigungsrecht gegenüber Anwaltsangestellten und Kündigung von Mietverhältnissen).

b. (Erste) Verordnung zur Durchführung der Gesetze über die Zulassung zur Rechtsanwaltschaft und zur Patentanwaltschaft[1]

vom 20. Juli 1933 (RGBl. I S. 528).

§ 1.

(Betr. Feststellung der Frontkämpfereigenschaft nicht arischer Rechtsanwälte und Patentanwälte).

1. Die Verordnung ist auf Grund des § 9 des Ges., betr. die Zulassung zur Patentanwaltschaft und zur Rechtsanwaltschaft, vom 22. April 1933 (RGBl. I S. 217) ergangen.

§ 2.

(1) Die Verteidigung oder Vertretung von Angehörigen der kommunistischen Partei ist nur dann als Betätigung in kommunistischem Sinne (§ 3 des Gesetzes über die Zulassung zur Rechtsanwaltschaft, § 3 des Gesetzes, betreffend die Zulassung zur Patentanwaltschaft) anzusehen, wenn dies nach den besonderen Verhältnissen, insbesondere der Häufigkeit derartiger Verteidigungen oder Vertretungen, der Art ihrer Führung oder den Umständen, unter denen die Verteidigung oder Vertretung übernommen wurde, gerechtfertigt ist.

(2) Die frühere Betätigung in kommunistischem Sinne hat bei solchen Personen außer Betracht zu bleiben, die sich schon vor dem 30. Januar 1933 einer Partei oder einem Verbande, die sich hinter die Regierung der nationalen Erhebung gestellt

haben, angeschlossen und sich in der nationalen Bewegung hervorragend bewährt haben.

§ 3.

Ist in einem Falle, in dem die Voraussetzungen für die Zurücknahme der Zulassung nach §§ 1, 2 nicht vorliegen, die Zurücknahme ausgesprochen, so sind der Zurücknahmebescheid und die Löschung in der Liste der Rechtsanwälte oder Patentanwälte aufzuheben.

c. Zweite Verordnung zur Durchführung der Gesetze über die Zulassung zur Rechtsanwaltschaft und Patentanwaltschaft

vom 1. Oktober 1933 (RGBl. I S. 699).

Seit heute sind die Maßnahmen abgeschlossen, die in den Gesetzen vom 7. und 22. April 1933 (Reichsgesetzbl. I S. 188, 217) für die Rechtsanwaltschaft und Patentanwaltschaft vorgesehen und bis zum 30. September 1933 befristet waren.

Auf Grund des § 9 des Gesetzes vom 22. April 1933 verordne ich daher folgendes:

Jeder Rechtsanwalt und Patentanwalt, der auf Grund der Gesetze vom 7. und 22. April 1933 in seinem Beruf verblieben ist, bleibt nicht nur im vollen Genuß seiner Berufsrechte, sondern hat auch Anspruch auf die Achtung, die ihm als Angehörigen seiner Standesgemeinschaft zukommt.

Kein Rechtsanwalt oder Patentanwalt darf in der gesetzmäßigen Ausübung seines Berufes gehindert oder beeinträchtigt werden.

d. Gesetz zur Ergänzung der Rechtsanwaltsordnung

vom 20. Juni 1935 (RGBl. I S. 749).

Artikel 1.

(1) Ein Rechtsanwalt, der bei einem ausländischen Gericht zugelassen ist, in dessen Bezirk im wesentlichen deutsches Recht gilt, kann, wenn er die Fähigkeit zum Richteramt[1] nach Maßgabe der deutschen Gesetze erlangt hat, durch Verfügung des Reichs-

ministers der Justiz einem Rechtsanwalt im Sinne der Rechtsanwaltsordnung gleichgestellt werden. Ausgeschlossen sind jedoch Personen, die im Ausland erst weniger als zwei Jahre zur Rechtsanwaltschaft zugelassen sind oder bei denen Gründe vorliegen, aus denen die Zulassung zur Rechtsanwaltschaft in Deutschland zu versagen wäre oder versagt werden könnte.

(2) Die Verfügung kann jederzeit zurückgenommen werden.

Artikel 2.

(1) Eine Zulassung bei einem bestimmten Gericht findet im Falle des Artikels 1 nicht statt; der Rechtsanwalt gehört auch keiner deutschen Rechtsanwaltskammer (*jetzt:* nicht der Reichs-Rechtsanwaltskammer) an.

(2) Zustellungen können an den Rechtsanwalt in jedem Falle durch Aufgabe zur Post bewirkt werden[2].

1. S. oben Anm. 2 zu § 1 RRAnwO.
2. Vgl. hierzu §§ 175, 192 ZPO.

e. Verordnung über die Gebühren für die Zulassung zur Rechtsanwaltschaft

vom 28. Mai 1935 (RGBl. I S. 724).

§ 1.

(1) Für die Zulassung zur Rechtsanwaltschaft (*§§ 3, 99 [jetzt: §§ 16, 107]*) der Rechtsanwaltsordnung) wird eine Gebühr von 30 Reichsmark erhoben, gleichviel, ob der Rechtsanwalt bei einem oder gleichzeitig bei mehreren Gerichten zugelassen wird. Für jede weitere Zulassung wird die Gebühr besonders erhoben.

(2) Wird die Zulassung versagt oder das Gesuch zurückgenommen, so beträgt die Gebühr 10 Reichsmark.

§ 2.

Für die Bestellung eines Stellvertreters *(§§ 25, 91 d [jetzt: §§ 29, 98])* der Rechtsanwaltsordnung) wird eine Gebühr von 5 Reichsmark erhoben.

§ 3.

(1) Der Reichsminister der Justiz kann aus Billigkeitsgründen von der Erhebung der Gebühren ganz oder teilweise absehen.

(2) Auslagen werden nicht erhoben.

§ 4.

(1) Die Gebühr wird mit dem Erlaß der Entscheidung fällig. Sie kann schon vorher gefordert werden.

(2) Die Beitreibung erfolgt nach den für die zwangsweise Einziehung der Gerichtskosten maßgebenden Vorschriften.

§ 5.

(Als Übergangsvorschrift jetzt gegenstandslos).

f. Verordnung zur Ergänzung der Vorschriften über die Zulassung von Amtsgerichtsanwälten beim übergeordneten Landgericht

vom 30. April 1936 (RGBl. I S. 406).

Auf Grund des Artikels VII Abs. 2 des Zweiten Gesetzes zur Änderung der Rechtsanwaltsordnung vom 13. Dezember 1935 (RGBl. I S. 1470) wird folgendes verordnet:

Die nach § 20 Abs. 5 der Reichs-Rechtsanwaltsordnung nicht erstattungsfähigen Mehrkosten werden im landgerichtlichen Verfahren dem im Armenrecht beigeordneten auswärtigen Amtsgerichtsanwalt auch aus der Reichskasse nicht ersetzt.

Anwaltsrecht im Saarland:

g. Aus der Verordnung über die vorläufige Regelung der Gerichtsverfassung im Saarland[1]

vom 22. Februar 1935 (RGBl. I S. 246).

§ 9.

(1) Die am 1. März 1935 im Reiche geltenden Vorschriften über die Rechtsanwälte treten im Saarland in Kraft.

(2) Bei den Senaten kann als Rechtsanwalt zugelassen wer-

den, wer bei einem andern Gericht im Saarland als Rechtsanwalt zugelassen ist.

(3) *Die Zulassung zur Rechtsanwaltschaft bei einem Gericht im Saarland kann Personen versagt werden, die zwischen dem 1. Januar 1919 und dem 1. März 1935 zu keiner Zeit einen Wohnsitz im Saarland gehabt haben*[2].

(4) Die bisher beim Obersten Gerichtshof in Saarlouis zugelassenen Rechtsanwälte sind bei den Senaten in Saarlouis *[jetzt.* Saarlautern*]* zugelassen. Die Zulassung als Rechtsanwalt bei dem Oberlandesgericht in Köln erstreckt sich nicht auf diese Senate.

§ 10.

Die bei einem Gericht im Saarland zugelassenen Rechtsanwälte, die noch deutsche Justizbeamte sind, scheiden mit dem Inkrafttreten dieser Verordnung aus dem Beamtenverhältnis aus.

§ 12.

Die weiteren Anordnungen auf dem Gebiet der Gerichtsverfassung für das Saarland trifft der Reichsminister der Justiz...

§ 13.

Diese Verordnung tritt mit dem auf die Verkündung folgenden Tage, im Saarland mit dem 1. März 1935 in Kraft.

1. Wegen der Vereinbarungen und Erklärungen aus Anlaß der Rückgliederung des Saarlandes vgl. die Bekanntmachung vom 26. Februar 1935 (RGBl. II S. 121).

2. § 9 Abs. 3 ist durch Nr. 2 der nachstehend abgedruckten VO. aufgehoben.

h. Verordnung zur Ergänzung der Vorschriften über die Zulassung als Rechtsanwalt im Saarland

vom 15. Juni 1936 (RGBl. I S. 518).

Auf Grund des Gesetzes über die vorläufige Verwaltung des Saarlandes vom 30. Januar 1935 (Reichsgesetzbl. I S. 66) wird folgendes verordnet:

1. *An die Stelle des im § 1 Abs. 1 des Gesetzes über die Zulassung zur Rechtsanwaltschaft vom 7. April 1933 (Reichsgesetzbl. I S. 188) bestimmten Zeitpunktes tritt für das Saarland der 30. September 1936*[1]).

2. Der Artikel V § 9 Abs. 3 der Verordnung über die vorläufige Regelung der Gerichtsverfassung im Saarland vom 22. Februar 1935 (Reichsgesetzbl. I S. 246) wird aufgehoben.

---

[1]) Nr. 1 ist durch Zeitablauf gegenstandslos geworden.

C. Vorschriften über die Beschäftigung von Gerichtsreferendaren bei Rechtsanwälten

a. Aus der Justizausbildungsordnung

vom 22. Juli 1934 (RGBl. I S. 727).

§ 29.

Dauer und Einteilung des Vorbereitungsdienstes.

(1) Der Vorbereitungsdienst dauert mindestens drei Jahre[1].

(2) Der Gerichtsreferendar wird ausgebildet:

mindestens acht Monate bei einem mit nicht mehr als vier Richtern besetzten Amtsgericht;

mindestens acht Monate bei einem Landgericht;

davon dienen je vier Monate der zivilrechtlichen und der strafrechtlichen Ausbildung; mindestens drei Monate der strafrechtlichen Ausbildung entfallen auf die Staatsanwaltschaft; der Beschäftigung bei der Strafkammer steht die Beschäftigung bei einem am Sitz des Landgerichts befindlichen Schöffengericht gleich. Während der strafrechtlichen Ausbildung ist dem Gerichtsreferendar auch praktischer Einblick in den Strafvollzugsdienst zu geben;

mindestens fünf Monate bei einem Rechtsanwalt;

mindestens vier Monate bei einem Oberlandesgericht.

(3) Hierzu treten weitere

mindestens vier Monate bei einem mit mehr als vier Richtern besetzten Amtsgericht, einschließlich angemessener Beschäftigung bei einem Arbeitsgericht, und

mindestens sieben Monate Beschäftigung in der staatlichen oder kommunalen Verwaltung.

(4) Der Ausbildungsabschnitt beim großen Amtsgericht ist nach allgemeiner Anordnung *der Landes-Justizverwaltung* [*jetzt:* des Reichsministers der Justiz][2] entweder unmittelbar

vor den landgerichtlichen oder unmittelbar hinter den rechtsanwaltlichen Ausbildungsabschnitt zu legen.

(5) Der Ausbildungsabschnitt bei der staatlichen oder kommunalen Verwaltung ist entweder unmittelbar hinter den Ausbildungsabschnitt beim kleinen Amtsgericht oder unmittelbar vor den Ausbildungsabschnitt beim Oberlandesgericht zu legen; er kann auch in zwei Teile zerlegt werden.

(6) *Der Landesjustizverwaltung* [*jetzt:* dem Reichsminister der Justiz] steht es frei, im Einzelfalle an die Stelle des oberlandesgerichtlichen Ausbildungsabschnitts die Ausbildung bei einem größeren Landgericht anzuordnen, wenn wegen einer zu großen Zahl von Gerichtsreferendaren eine sachgemäße Ausbildung an dem Oberlandesgericht nicht sichergestellt ist.

(7) Der Gerichtsreferendar darf einem späteren Ausbildungsabschnitt nur überwiesen werden, wenn er das Ziel des früheren Abschnitts erreicht hat[3].

1. Wegen der Anrechnung ausländischen Vorbereitungsdienstes, insbes. bei Deutschen, die im Ausland die Befähigung zum Richteramt oder zur Anwaltschaft erlangt haben, s. das Gesetz vom 27. Februar 1936 (RGBl. I S. 127).

2. Vgl. hierzu die AV. des RJM. vom 19. Juni 1935 (Dt. Just. S. 885):

§ 1. Die Ausbildung beim großen Amtsgericht schließt sich an die Ausbildung beim Rechtsanwalt an.

§ 2. (1) In der Verwaltung werden die Referendare unmittelbar vor dem Ausbildungsabschnitte beim Oberlandesgericht beschäftigt.

(2) Aus wichtigem Grunde kann der Oberlandesgerichtspräsident den Ausbildungsabschnitt bei der Verwaltung ganz oder teilweise unmittelbar hinter den Ausbildungsabschnitt beim kleinen Amtsgericht legen.

3. Vgl. ferner die AV. des RJM. vom 27. September 1935 (Dt. Just. S. 1430):

Gemäß § 48 Abs. 2 JAO. bestimme ich in Ergänzung des § 29 JAO. folgendes:

(1) Der Oberlandesgerichtspräsident kann beim Vorliegen dringender Gründe, insbesondere im Interesse der Ausbildung, die Reihenfolge der Ausbildungsabschnitte beim Landgericht, beim Rechtsanwalt und beim großen Amts-

gericht ändern; doch soll die Zugehörigkeit der Referendare zu einer Arbeitsgemeinschaft nicht durch einen Ausbildungsabschnitt unterbrochen werden, in dem der Referendar der Arbeitsgemeinschaft nicht angehören kann.

(2) Der Oberlandesgerichtspräsident kann weiter aus dienstlichen Gründen einen Ausbildungsabschnitt zugunsten eines anderen um höchstens 14 Tage abkürzen, wenn das Ziel der Ausbildung auch in der gekürzten Zeit zweifelsfrei erreicht wird.

(3) . . . . .

§ 31.

Die Ausbildung beim Rechtsanwalt.

(1) Bei der Auswahl des Rechtsanwalts ist ausschließlich auf die Ausbildung Rücksicht zu nehmen[1]. In der Regel ist der Gerichtsreferendar einem bei einem Land- oder Amtsgericht zugelassenen Rechtsanwalt zu überweisen.

(2) Der Rechtsanwalt hat den Gerichtsreferendar in allen anwaltlichen Geschäften zu unterweisen und ihm insbesondere Gelegenheit zu geben, sich im Verkehr mit den Rechtsuchenden, in der Sichtung und rechtlichen Ordnung des Stoffes, in der Anfertigung von Schriftsätzen und im freien Vortrag vor Gericht zu üben und die praktische Verwirklichung des zuerkannten Rechts kennenzulernen.

1. Wegen der Gewährung von Freizeit für den Gemeinschaftstag und die Übungsstunden der Gerichtsreferendare vgl. JW. 1935 S. 290.

§ 36.

Zeugnisse.

(1) Jeder, dem ein Gerichtsreferendar während des Vorbereitungsdienstes zur Ausbildung überwiesen ist, ist verpflichtet, sich in einem eingehenden Zeugnis über ihn — über seine Fähigkeiten, seine Kenntnisse, seine praktischen Leistungen, das Maß seiner Ausbildung sowie über seine charakterlichen und sonstigen persönlichen Eigenschaften und über seine Führung — zu äußern.

(2) . . . .

§ 37.

Urlaub[1].

(1) Erholungsurlaub wird den Gerichtsreferendaren nach den

allgemein für die Beamten im Vorbereitungsdienst erlassenen Vorschriften gewährt.

(2) Erholungsurlaub und Krankheitszeiten werden regelmäßig nur auf das einzelne Jahr des Vorbereitungsdienstes — jeweils laufend von dem Tage der Vereidigung — und nur insoweit angerechnet, als sie zusammen während dieses Jahres einen Monat nicht überschreiten. Dabei darf der Erfolg der einzelnen Ausbildungsabschnitte nicht beeinträchtigt werden; unter Umständen ist daher der Urlaub auf mehrere Abschnitte nach dem Verhältnis ihrer Dauer anzurechnen.

(3) Inwieweit Urlaub zu wehrsportlichen und ähnlichen Übungen auf den Vorbereitungsdienst anzurechnen ist, wird besonders geregelt.

(4) Urlaub zu anderen Zwecken wird auf den Vorbereitungsdienst nicht angerechnet.

1. Vgl. hierzu §§ 3, 4 der AV. des RJM. über Nebentätigkeit und Urlaub der Gerichtsreferendare vom 19. Juni 1936 (RJP. c[1]—253), Deutsche Justiz S. 990:

§ 3.

Der Erholungsurlaub der Referendare beträgt:
im ersten Ausbildungsjahr 16 Tage,
im zweiten Ausbildungsjahr 18 Tage,
im dritten Ausbildungsjahr 19 Tage.

Soweit auf Grund der bisherigen Bestimmungen ein längerer Erholungsurlaub bereits bewilligt ist, behält es dabei sein Bewenden.

§ 4.

Über die Bewilligung des Erholungsurlaubs oder eines Urlaubs für Übungen bei der Wehrmacht entscheidet der Oberlandesgerichtspräsident oder die von ihm mit der Entscheidung betraute Stelle.

Urlaub zu anderen Zwecken erteilt bis zur Dauer von zwei Jahren der Oberlandesgerichtspräsident. Eine Verlängerung des Urlaubs über diesen Zeitpunkt hinaus bedarf meiner Genehmigung; sie wird grundsätzlich nur gegeben für eine Beschäftigung bei Behörden, Parteistellen und sonstigen Körperschaften und Anstalten des öffentlichen Rechts, die eine wirksame Dienstaufsicht über den Referendar führen.

b. Aus der Ersten Verordnung zur Durchführung der Justizausbildungsordnung

vom 13. September 1934 (RGBl. I S. 831).

§ 47.

Zum § 29 JAO.

(1) Der Vorbereitungsdienst kann mit Genehmigung des die Gesamtausbildung leitenden Beamten [1] in einzelnen Ausbildungsabschnitten auch bei Behörden oder Rechtsanwälten außerhalb des Bezirks, für den sich der Gerichtsreferendar gemeldet hat, abgeleistet werden.

(2) Der Vorbereitungsdienst ist außerhalb dieses Bezirks abzuleisten, wenn die im § 29 der Justizausbildungsordnung vorgesehenen Ausbildungsabschnitte nicht innerhalb des Bezirks durchgeführt werden können.

1. Wegen der Leitung der Ausbildung durch den Präsidenten des Oberlandesgerichts vgl. AV. des RJM. vom 26. März 1935 (Dt. Just. S. 480).

§ 51.

Zum § 31 JAO.

Einem Rechtsanwalt dürfen in der Regel nicht mehr als zwei Gerichtsreferendare zugewiesen werden.

§ 52.

Zum § 31 JAO.

Während der Beschäftigung bei einem Rechtsanwalt steht die unmittelbare Dienstaufsicht über den Gerichtsreferendar dem Präsidenten des Landgerichts zu, in dessen Bezirk der Gerichtsreferendar ausgebildet wird.

§ 55.

Zum § 36 JAO.

Das Zeugnis soll abschließend eine der im § 18 der Justizausbildungsordnung [1] festgesetzten Noten angeben, mit der die Gesamtleistung des Referendars bewertet wird.

1. Die angezogene Vorschrift lautet:

§ 18.

(1) Die einzelnen Prüfungsleistungen dürfen nur wie folgt bewertet werden:

ausgezeichnet	eine ganz ungewöhnliche Leistung,
lobenswert	eine besonders anzuerkennende Leistung,
gut	eine den Durchschnitt erheblich überragende Leistung,
befriedigend	eine über dem Durchschnitt stehende Leistung,
ausreichend	eine Leistung, die durchschnittlichen Anforderungen entspricht,
unzulänglich	eine mit groben Fehlern behaftete, nicht mehr brauchbare Leistung,
ungenügend	eine völlig unbrauchbare Leistung.

(2) ......

D. Erlasse des Reichsministers der Justiz in Anwaltsangelegenheiten

a. Satzung der Reichs-Rechtsanwaltskammer

Bekanntmachung d. RJM. v. 21. September 1936 (Deutsche Justiz S. 1450, JW. S. 2833).

Auf Grund des § 117 der Reichs-Rechtsanwaltsordnung i. d. F. der Bekanntm. v. 21. 2. 1936 — RGBl. I S. 107 — wird die Satzung der Reichs-Rechtsanwaltskammer nachstehend bekanntgemacht.

Satzung der Reichs-Rechtsanwaltskammer.

Artikel 1.

Die Reichs-Rechtsanwaltskammer hat ihren Sitz in Berlin. Die Rechtsanwaltskammern haben ihren Sitz an dem Ort des Oberlandesgerichts, für dessen Bezirk sie gebildet sind. Ist der Bezirk der Rechtsanwaltskammer nicht der Oberlandesgerichtsbezirk, so bestimmt der Reichsminister der Justiz den Sitz der Rechtsanwaltskammer.

Artikel 2.

Der Präsident der Reichs-Rechtsanwaltskammer kann einzelne seiner Befugnisse auf Mitglieder des Präsidiums übertragen.

Er bestellt ein Mitglied des Präsidiums zum Schatzmeister der Reichs-Rechtsanwaltskammer. Der Schatzmeister ist Generalbevollmächtigter des Präsidenten in allen gerichtlichen und vermögensrechtlichen Angelegenheiten. Die Generalvollmacht schließt die Befugnis ein, allgemein oder für den Einzelfall Untervollmacht zu erteilen.

Der Präsident kann dem Schatzmeister allgemein oder für den Einzelfall Weisungen erteilen.

Artikel 3.

Der Präsident der Reichs-Rechtsanwaltskammer kann ferner einen oder mehrere Geschäftsführer bestellen, denen die Erledigung der laufenden Geschäfte nach den Weisungen des Präsidenten oder des Schatzmeisters obliegt.

Artikel 4.

Die Tätigkeit der Organe der Reichs-Rechtsanwaltskammer ist ehrenamtlich. Ehrenämter können nur Mitglieder der Reichs-Rechtsanwaltskammer bekleiden.

Die ehrenamtlich tätigen Mitglieder der RRAK. erhalten bei Dienstreisen Reisekostenvergütung nach den für die Reichsbeamten geltenden Vorschriften[1]), und zwar der Präsident und die Mitglieder des Präsidiums, des Beirats und des Ehrengerichtshofs der Reichs-Rechtsanwaltskammer, ferner die Präsidenten der Rechtsanwaltskammern und die Vorsitzenden der Ehrengerichte bei den Rechtsanwaltskammern nach Reisekostenstufe I b, die übrigen Mitglieder nach Reisekostenstufe II.

Geschäftsführern der Reichs-Rechtsanwaltskammer kann eine feste Besoldung gewährt werden.

Artikel 5.

Ein Rechtsanwalt ist nicht in ein Ehrenamt zu berufen, wenn gegen ihn ein Strafverfahren wegen einer ehrenrührigen Tat schwebt oder die öffentliche Klage im Verfahren vor den Ehrengerichten der Reichs-Rechtsanwaltskammer oder im Dienststrafverfahren erhoben worden ist.

Zu berufen ist ferner nicht, wer in den letzten fünf Jahren im ehrengerichtlichen Verfahren mit einem Verweis oder einer Geldstrafe von mehr als 50 RM. bestraft worden ist. Ist die Strafe im Gnadenwege erlassen, so kann sie außer Betracht bleiben.

Artikel 6.

Die Übernahme eines Ehrenamts ist eine Berufspflicht des Rechtsanwalts. Die Berufung darf nur ablehnen

a) wer das 60. Lebensjahr vollendet hat,
b) wer die letzten vier Jahre lang ein Ehrenamt in der Reichs-Rechtsanwaltskammer innegehabt hat für die Dauer der nächsten vier Jahre.

Das freiwillige Ausscheiden aus einem Ehrenamt bedarf der Zustimmung des Präsidenten der Reichs-Rechtsanwaltskammer.

---

[1]) Vgl. hierzu das Gesetz über Reisekostenvergütung der Beamten vom 15. Dezember 1933 (RGBl. I S. 1067).

Artikel 7.

Das Ehrenamt endet — abgesehen von der freiwilligen Aufgabe gemäß Artikel 6 — mit dem Erlöschen der Zulassung als Rechtsanwalt oder mit der Rechtskraft eines Urteils, in dem gegen den Träger im Verfahren vor den Ehrengerichten der Reichs-Rechtsanwaltskammer oder vor einem Dienststrafgericht rechtskräftig auf eine Strafe erkannt wird.

Die Ausübung des Ehrenamts kann vorläufig untersagt werden, wenn gegen den Träger ein Strafverfahren wegen einer ehrenrührigen Handlung schwebt oder die öffentliche Klage im Verfahren vor den Ehrengerichten der Reichs-Rechtsanwaltskammer oder im Dienststrafverfahren erhoben worden ist. Die Entscheidung trifft bei Mitgliedern der Rechtsanwaltskammern deren Präsident, im übrigen der Präsident der Reichs-Rechtsanwaltskammer.

Artikel 8.

Mitglieder der Reichs-Rechtsanwaltskammer, die kein ständiges Ehrenamt bekleiden, können vom Präsidenten der Reichs-Rechtsanwaltskammer und von den Präsidenten der Rechtsanwaltskammern zur ehrenamtlichen Erledigung von Sonderaufgaben herangezogen werden. Sie dürfen einen solchen Sonderauftrag nur unter den Voraussetzungen des Artikels 6 Absatz 1 ablehnen. Der Auftrag kann jederzeit widerrufen werden.

Artikel 9.

Die Reichs-Rechtsanwaltskammer ist alleinige Trägerin des Gesamtvermögens der Anwaltschaft.

Artikel 10[2]).

Das Rechnungsjahr beginnt mit dem 1. April und schließt mit dem 31. März.

Alle Einnahmen und Ausgaben der Reichs-Rechtsanwaltskammer müssen für jedes Rechnungsjahr veranschlagt und in den Haushaltsplan eingestellt werden.

Die Präsidenten der Rechtsanwaltskammern reichen nach näherer Weisung des Präsidenten der Reichs-Rechtsanwaltskammer spätestens bis zum 1. November jeden Jahres der Reichs-Rechtsanwaltskammer einen Voranschlag über die innerhalb

---

[2]) Zu Art. 10f. vgl. auch die Vorschriften des Beiträgegesetzes, oben S. 76f. abgedruckt.

ihres Geschäftsbereichs im nächsten Rechnungsjahre zu erwartenden Einnahmen und Ausgaben ein.

Der Schatzmeister prüft die Voranschläge, veranlaßt die etwa erforderlichen Berichtigungen und faßt die Voranschläge mit den sonstigen im nächsten Rechnungsjahr zu erwartenden Einnahmen und Ausgaben der Reichs-Rechtsanwaltskammer zu einem Gesamtvorschlag zusammen. Er arbeitet auch den Vorschlag über die Festsetzung der Beiträge für das nächste Rechnungsjahr aus.

Nach gutachtlicher Anhörung des Beirats stellt der Präsident der Reichs-Rechtsanwaltskammer die Entwürfe des Haushaltsplans und der Beitragsfestsetzung auf und legt beide bis spätestens 1. Februar dem Reichsminister der Justiz vor.

Nach Maßgabe der von den zuständigen Reichsministern erteilten Genehmigung (§ 4 des Gesetzes zur Erhaltung und Hebung der Kaufkraft vom 24. 3. 1934 — RGBl. I S. 235[2]) —) setzt der Präsident der Reichs-Rechtsanwaltskammer den Haushaltsplan und die Beiträge[3]) endgültig fest.

Artikel 11.

Die Präsidenten der Rechtsanwaltskammern dürfen Ausgaben nur im Rahmen der ihnen auf Grund des Haushaltsplans zugewiesenen Mittel leisten. Auch soweit ihnen danach Mittel zur Verfügung stehen, dürfen sie Miet-, Pacht-, Dienst- und Arbeitsverträge von längerer als zweijähriger Dauer und Versicherungsverträge aller Art nur mit ausdrücklicher schriftlicher Ermächtigung des Präsidenten oder des Schatzmeisters der Reichs-Rechtsanwaltskammer abschließen.

Artikel 12.

Nach Abschluß des Rechnungsjahres hat der Präsident der Reichs-Rechtsanwaltskammer über alle Einnahmen und Ausgaben des abgeschlossenen Rechnungsjahres Rechnung zu legen (Haushaltsrechnung).

Die Haushaltsrechnung wird vom Beirat vorgeprüft. Die endgültige Prüfung obliegt dem Rechnungshof des Deutschen Reiches.

---

[3]) Wegen der Erhebung der Beiträge für das Geschäftsjahr 1936/37 vgl. die Bek. MdRRAK. 1936 S. 50.

Artikel 13.

Zur Sicherstellung der Besoldung der Assessoren im anwaltlichen Probe- und Anwärterdienst sammelt die Reichs-Rechtsanwaltskammer einen Sicherheitsfonds an, der aus dem für diesen Zweck vorgesehenen Teil der Beiträge gebildet wird.

Wird ein Assessor zur Leistung des Probe- und Anwärterdienstes einem Rechtsanwalt überwiesen, der zur Zahlung der gesetzlichen Bezüge ganz oder teilweise außerstande ist, so werden diese Bezüge auf begründeten Antrag aus der Kasse der Reichs-Rechtsanwaltskammer gezahlt.

Artikel 14.

Die Hülfskasse unterstützt im Rahmen der vorhandenen Mittel bedürftige Mitglieder und bedürftige Angehörige und Hinterbliebene von Rechtsanwälten.

b. Zulassung als Rechtsanwalt und sonstige Angelegenheiten der Rechtsanwälte

AV. d. RJM. v. 29. Januar 1936 (I a 143). (Deutsche Justiz S. 202)

Angelegenheiten der Rechtsanwälte werden durch die Reichsjustizbehörden in Zukunft nach folgenden Richtlinien bearbeitet.

A. Die Zulassung als Rechtsanwalt.

I. Allgemeine Voraussetzungen.

1. Als Rechtsanwalt kann nur zugelassen werden, wer die Fähigkeit zum Richteramt hat (§ 1 RAO.)*).

a) Assessoren im Sinne der Verordnung über die Laufbahn für das Amt des Richters und des Staatsanwalts vom 29. März 1935 sollen sich vor der Zulassung dem anwaltlichen Probe- und Anwärterdienst unterziehen (§ 2 RAO.).

b) Bewerber, die die Fähigkeit zum Richteramt vor dem 1. April 1935 erlangt haben, insbesondere Gerichtsassessoren alter Art sollen grundsätzlich vor der Zulassung gleichfalls den Probe- und Anwärterdienst ableisten. Sie können je-

*) Die RRAnwO. ist hier als RAO. bereits in der Fassung vom 21. Februar 1936 zitiert.

doch bis zum Ende des Jahres 1938 zur Vermeidung von Härten ohne Ableistung oder unter Abkürzung des Probe- und Anwärterdienstes zugelassen werden (§ 110 Absatz 2 RAO.).

c) Bewerber, die ein öffentliches Amt bekleidet haben, unterliegen nicht den Vorschriften über den Probe- und Anwärterdienst (§ 17 RAO.). Ein öffentliches Amt in diesem Sinne bekleiden planmäßige Beamte im Dienst des Reiches, eines Landes, einer Gemeinde, eines Gemeindeverbandes oder einer sonstigen Körperschaft, Anstalt oder Stiftung des öffentlichen Rechts und Notare.

2. Bei einem Gericht werden nicht mehr Rechtsanwälte zugelassen, als einer geordneten Rechtspflege dienlich ist (§ 15 Absatz 2 RAO.). Zu berücksichtigen sind bei der Entscheidung die Zahl der Gerichtseingesessenen, die Zahl und der Umfang der Tätigkeit der vorhandenen Rechtsanwälte, der Umfang der Geschäfte und die Zahl der Richter des Gerichts und die besonderen wirtschaftlichen und sonstigen Verhältnisse des Gerichtsbezirks.

II. Der anwaltliche Probe- und Anwärterdienst.

In den anwaltlichen Probe- und Anwärterdienst wird übernommen, wer sich nach seiner Einstellung zu Volk und Staat, nach Charakter und innerer Haltung und nach seinen Fähigkeiten und seiner Pflichttreue für den Beruf des Rechtsanwalts eignet. Es werden alljährlich so viele Bewerber übernommen, wie später als Rechtsanwälte zugelassen werden können (§ 15 Absatz 2 RAO.).

1. Der Antrag auf Übernahme in den anwaltlichen Probedienst ist binnen 3 Monaten nach dem Bestehen der großen Staatsprüfung bei dem Oberlandesgerichtspräsidenten zu stellen, zu dessen Bezirk der Bewerber als Gerichtsreferendar oder sonstiger Justizbeamter zuletzt gehörte oder bei Stellung des Antrages gehört. Anträge, die nach Ablauf dieser Frist eingehen, werden nur berücksichtigt, falls triftige Gründe für die Verzögerung glaubhaft gemacht werden.

Der Antrag ist in zweifacher Ausfertigung einzureichen und muß enthalten:

a) Name. Wohnort und Wohnung des Bewerbers,

b) die Angabe, vor welchen Behörden der Bewerber die zum Richteramt befähigenden Prüfungen bestanden hat,
c) eine Erklärung darüber, ob sich der Bewerber kommunistisch betätigt hat,
d) eine Erklärung darüber, ob der Bewerber Strafen oder Dienststrafen erlitten hat oder in der Verfügung über sein Vermögen durch gerichtliche Anordnung beschränkt ist,
e) eine Angabe darüber, welche Beschäftigung der Bewerber seit Bestehen der großen Staatsprüfung betrieben hat,
f) die Erklärung, ob und gegebenenfalls wie der Bewerber im Sinne des § 383 Absatz 1 Ziffer 3[1]) der Zivilprozeßordnung mit einem Richter, Staatsanwalt oder Notar verwandt oder verschwägert ist,
g) die Erklärung, ob der Bewerber im Falle der Übernahme die Überweisung an einen bestimmten Rechtsanwalt wünscht,
h) die Erklärung, daß er sich für den Fall seiner Übernahme verpflichte, vier Jahre im anwaltlichen Probe- und Anwärterdienst zu bleiben.

Bewerber, die noch Reichsjustizbeamte sind, sollen ferner für den Fall der Übernahme die Entlassung aus dem Reichsbeamtenverhältnis beantragen.

Dem Antrag sind als Anlagen in zweifacher Ausfertigung beizufügen:

a) Lichtbild in der Größe 6×4 cm,
b) eine Erklärung des Bewerbers über seinen Personenstand und seine Abstammung, gegebenenfalls auch den Personenstand und die Abstammung seiner Ehefrau, seine politische Haltung und sein Verhältnis zur Wehrmacht nach dem für derartige Angaben im Bereich der Reichsjustizverwaltung eingeführten Muster[2]),
c) einen eigenhändig geschriebenen Lebenslauf, in dem besondere Leistungen, vor allem wissenschaftlicher Art, anzugeben sind,

---

[1]) § 383 Abs. 1 Ziff. 3 ZPO. lautet:
3. diejenigen, welche mit einer Partei in gerader Linie verwandt, verschwägert oder durch Adoption verbunden oder in der Seitenlinie bis zum dritten Grade verwandt oder bis zum zweiten Grade verschwägert sind, auch wenn die Ehe, durch welche die Schwägerschaft begründet ist, nicht mehr besteht;.

[2]) Vgl. RV. des RJM. v. 7. Dez. 1935, I a 10304.

d) gegebenenfalls die Erklärung des Rechtsanwalts, dem der Bewerber überwiesen zu werden wünscht, daß der Rechtsanwalt mit der Überweisung des Bewerbers für die Dauer des Probedienstes einverstanden und zur Zahlung der gesetzlichen Bezüge bereit ist.

Etwaige weitere Anlagen sind gleichfalls doppelt einzureichen. Der Bewerber hat die zum Nachweis seines Personenstandes, seiner Abstammung, seiner politischen Haltung und seines Verhältnisses zur Wehrmacht im Bereich der Reichsjustizverwaltung erforderlichen Belege[3]) vorzulegen, soweit dies nicht schon früher geschehen ist. Der Oberlandesgerichtspräsident stellt das Ergebnis der Prüfung dieser Belege alsbald schriftlich fest und gibt die vorgelegten Urkunden und sonstigen Nachweise dem Bewerber zurück.

2. Der Oberlandesgerichtspräsident hat die Angaben des Antrages zu prüfen, die Stellungnahme des Gauführers des BNSDJ (jetzt: NSRB.) und des Präsidenten der Rechtsanwaltskammer zur Frage der Eignung des Bewerbers einzuholen und über den Sachverhalt unter Beifügung des Antrages und der Anlagen in einfacher Ausfertigung sowie der entstandenen Vorgänge hierher zu berichten. Der Bericht muß insbesondere Angaben über Charakter und politische Haltung, Führung, Befähigung, dienstliche Leistungen, eine Mitteilung über die Ergebnisse der Ausbildung in den einzelnen Ausbildungsabschnitten des Vorbereitungsdienstes und eine Äußerung über die voraussichtliche besondere Eignung des Bewerbers für den Anwaltsberuf enthalten. Der Bericht kann unter Benutzung des für die Übernahme in den staatlichen Probedienst vorgesehenen Musters[4]) erstattet werden. Die dem Oberlandesgerichtspräsidenten alsbald nach Abschluß der großen Staatsprüfung eines jeden Assessors abschriftlich zugeleitete Niederschrift über den Prüfungshergang nebst dem Lagerzeugnis ist dem Bericht beizufügen; desgleichen die Personalakten, falls sie für die Beurteilung des Bewerbers wesentlich sind. Die zweite Ausfertigung des Antrages und seiner Anlagen bleibt bei den Personalakten des Oberlandesgerichts.

[3]) Vgl. I 4 der AV. über die Stellenbesetzung im Bereich der Reichsjustizverwaltung, Dt. Just. 1935 S. 546 — RV. vom 7. Dezember 1935, I a 10304.

[4]) Abgedruckt Dt. Just. 1936 S. 1451 (Muster II).

3. Die Entscheidung über das Gesuch wird dem Bewerber durch den Oberlandesgerichtspräsidenten mitgeteilt, der gleichzeitig dem Gauführer des BNSDJ (jetzt: NSRB.) und dem Präsidenten der Rechtsanwaltskammer Nachricht gibt. Bei der Überweisung an einen Rechtsanwalt soll im Rahmen des Vorschlages des Präsidenten der Rechtsanwaltskammer nach Möglichkeit auf Wünsche des Bewerbers Rücksicht genommen werden. Einem Rechtsanwalt ist nach Möglichkeit nur ein Bewerber zu überweisen. Soll der Probedienst im Bezirk eines anderen Oberlandesgerichts geleistet werden, so sind die Personalakten an dessen Präsidenten weiterzugeben, der mit dem Präsidenten der für diesen Bezirk zuständigen Rechtsanwaltskammer in Verbindung tritt.

Gibt die Tätigkeit des Assessors im Probedienst zu ernsten Beanstandungen Anlaß, so hat der Oberlandesgerichtspräsident den Sachverhalt zu klären und nötigenfalls eine mündliche oder schriftliche Mißbilligung mit oder ohne Hinweis auf die Möglichkeit des Widerrufs der Übernahme in den Probedienst zu erteilen. Eine Abschrift schriftlich erteilter Mißbilligungen ist hierher und an den Präsidenten der Rechtsanwaltskammer mitzuteilen.

Tatsachen, die nach der Ansicht des Oberlandesgerichtspräsidenten Anlaß zum Widerruf der Übernahme in den Probedienst geben, sind mir unter Beifügung einer Äußerung des Präsidenten der Rechtsanwaltskammer zu berichten.

4. Vier Wochen vor Abschluß des Probedienstes hat der Oberlandesgerichtspräsident nach Einholung der Stellungnahme des Gauführers des BNSDJ (jetzt: NSRB.) und des Präsidenten der Rechtsanwaltskammer darüber zu berichten, ob der Assessor in den Anwärterdienst überwiesen werden kann, oder ob ausnahmsweise eine Verlängerung des Probedienstes angebracht oder der Assessor zu entlassen ist. Dem Bericht ist ein Zeugnis des Rechtsanwalts beizufügen, bei dem der Probedienst geleistet wurde.

Zeigt sich vor Ablauf des Probedienstjahres eine vorzugsweise Eignung des Bewerbers für den Beruf des Rechtsanwalts, so ist der Bericht entsprechend früher mit einem Vorschlag über die Abkürzung zu erstatten.

5. Die Entscheidung über die Überweisung in den Anwärterdienst werde ich dem Bewerber, dem Oberlandesgerichtspräsidenten, dem Gauführer des BNSDJ (jetzt: NSRB.) und dem Präsidenten der Reichs-Rechtsanwaltskammer mitteilen. Der

Präsident der Reichs-Rechtsanwaltskammer zeigt dem Oberlandesgerichtspräsidenten an, welchem Rechtsanwalt der Anwaltsassessor überwiesen worden ist. Wird der Anwärterdienst im Bezirk eines anderen Oberlandesgerichts geleistet, so sind die Personalakten an dessen Präsidenten abzugeben.

6. Zeigt sich vor Ablauf des Anwärterdienstes eine vorzugsweise Eignung des Anwaltsassessors für den Beruf des Rechtsanwalts, so berichtet mir hierüber der Präsident der Reichs-Rechtsanwaltskammer im Benehmen mit dem Leiter der Reichsfachgruppe „Rechtsanwälte" im BNSDJ (jetzt: NSRB.). Dem Bericht fügt er einen Vorschlag für die Abkürzung der Anwärterzeit bei.

7. Der Anwaltsassessor hat in aller Regel spätestens zum Beginn des letzten Halbjahres seiner Anwärterzeit bei dem Präsidenten der Reichs-Rechtsanwaltskammer die Vorlage eines Gutachtens über das Ergebnis der Anwärtertätigkeit und seine Eignung zum Rechtsanwalt an den Reichsminister der Justiz zu beantragen.

Der Antrag ist bei dem Präsidenten der Rechtsanwaltskammer einzureichen; ihm ist ein Zeugnis des Rechtsanwalts, bei dem der Anwaltsassessor den Anwärterdienst bisher abgeleistet hat, beizufügen, das sich auf seine Einstellung zu Volk und Staat, seine charakterliche Haltung, die Dauer und die Art der Beschäftigung des Anwaltsassessors und auf seine Fähigkeiten und Leistungen zu erstrecken hat.

8. Der Präsident der Reichs-Rechtsanwaltskammer holt eine Äußerung des Leiters der Reichsfachgruppe „Rechtsanwälte" im BNSDJ (jetzt: NSRB.) über den Anwaltsassessor und seine Eignung zum Anwaltsberuf ein und erstattet mir sodann ein schriftliches Gutachten.

Das Gutachten soll mir spätestens 4 Monate vor Ablauf des Anwärterdienstes vorliegen.

Der Anwaltsassessor erhält von mir tunlichst zeitig vor Beendigung des Anwärterdienstes einen Bescheid.

9. Ist ausnahmsweise eine Verlängerung des Anwärterdienstes angebracht, so wird darüber tunlichst vor Abschluß des Anwärterdienstes entschieden.

Ist der Anwaltsassessor nicht zum Ende der (verlängerten) Anwärterzeit als Rechtsanwalt zugelassen, so scheidet er zu diesem Zeitpunkt aus dem Anwärterdienst aus.

III. Die Zulassung des Anwaltsassessors als Rechtsanwalt.

1. Der Anwaltsassessor kann sich in aller Regel nach Zugang des Bescheides des Reichsministers der Justiz um seine Zulassung als Rechtsanwalt bewerben. Der Antrag ist an den Reichsminister der Justiz zu richten und nebst seinen etwaigen Anlagen in dreifacher Ausfertigung bei dem Präsidenten des Oberlandesgerichts einzureichen, in dessen Bezirk das Gericht liegt, bei dem der Antragsteller seine Zulassung erstrebt.

2. Der Antrag muß das Gericht bezeichnen, bei dem der Bewerber zugelassen zu werden wünscht. In dem Antrag ist ferner anzugeben

a) ob und welche Veränderungen in den Verhältnissen des Bewerbers gegenüber den Angaben in dem Antrag auf Übernahme in den anwaltlichen Probedienst und seinen Anlagen eingetreten sind,

b) ob der Bewerber Bestrafungen durch anwaltliche Ehrengerichte erlitten hat,

c) ob und welche Tätigkeit der Bewerber nach der Zulassung als Rechtsanwalt etwa weiter betreiben oder übernehmen will.

Werden Angaben, die für die Zulassung als Rechtsanwalt erheblich sind, im Zulassungsgesuch wahrheitswidrig gemacht oder verschwiegen, so hat der Bewerber, falls er zugelassen wird, ehrengerichtliche Bestrafung nach § 65 RAO. zu gewärtigen.

3. Der Oberlandesgerichtspräsident prüft, ob die Zulassung des Bewerbers bei dem im Antrag bezeichneten Gericht einer geordneten Rechtspflege dienlich ist (§ 15 Absatz 2 RAO.). Darüber hört er den Gauführer des BNSDJ (jetzt: NSRB.) und den Präsidenten der Rechtsanwaltskammer. Sodann hat er über den Sachverhalt unter Beifügung von zwei Stücken des Antrages und etwaiger Anlagen sowie der entstandenen Vorgänge zu berichten. Der Bericht hat einen Vorschlag für die von mir im Einvernehmen mit dem Reichsführer des BNSDJ (jetzt: NSRB.) zu treffende Entscheidung zu enthalten.

4. Die Entscheidung über die Zulassung wird dem Oberlandesgerichtspräsidenten und dem Präsidenten der Reichs-Rechtsanwaltskammer mitgeteilt.

5. Der Oberlandesgerichtspräsident hat das Weitere zu ver-

anlassen, insbesondere hat er von jeder Zulassung bei einem Landgericht seines Bezirks dem Präsidenten dieses Gerichts, von jeder Zulassung bei einem Amtsgericht des Bezirks dem zuständigen Landgerichtspräsidenten und dem aufsichtsführenden Amtsrichter, in allen Fällen auch dem Präsidenten der Rechtsanwaltskammer Mitteilung zu machen. Gehörte der Zugelassene vor der Zulassung dem Justizdienst oder der Rechtsanwaltschaft in einem anderen Oberlandesgerichtsbezirk an, oder war er in einem anderen Oberlandesgerichtsbezirk im anwaltlichen Probe- oder Anwärterdienst tätig, so ist auch dem Oberlandesgerichtspräsidenten dieses Bezirks Mitteilung zu machen. Die Personalakten sind von dort zu übernehmen. Das gleiche gilt für Personalakten eines im öffentlichen Dienst tätig gewesenen Bewerbers, die der Reichsjustizverwaltung überlassen werden.

6. Von der Eintragung eines Zugelassenen in die Liste der Rechtsanwälte bei einem Gericht hat der Präsident (aufsichtsführende Amtsrichter) des Gerichts unter Angabe des Eintragungstages unmittelbar hierher Anzeige zu machen und einen Durchschlag seiner Anzeige an den Präsidenten der zuständigen Rechtsanwaltskammer und an den Landgerichtspräsidenten (im Falle der Eintragung in der Liste der Rechtsanwälte bei einem Amtsgericht) und dem Oberlandesgerichtspräsidenten (im Falle der Eintragung in der Liste der Rechtsanwälte bei einem Amts- oder Landgericht) einzureichen.

IV. Die Zulassung von Bewerbern, die Anwärterdienst nicht geleistet haben.

1. Der Antrag muß den Erfordernissen des Teils II Ziffer 1 Absatz 2 Buchstaben a bis f, Absatz 3, Absatz 4 Buchstaben a bis c, Absatz 5 und 6 entsprechen. In ihm ist das Gericht zu bezeichnen, bei welchem der Bewerber als Rechtsanwalt zugelassen werden will. In dem Antrag ist ferner anzugeben:

a) ob und bei welchem Gericht der Bewerber bereits früher als Rechtsanwalt zugelassen war,

b) ob der Bewerber auf Grund früherer oder fortdauernder Tätigkeit ein Gehalt, Ruhegehalt oder ähnliche Bezüge erhält,

c) ob und welche Tätigkeit der Bewerber nach der Zulassung

als Rechtsanwalt etwa weiter betreiben oder übernehmen will,

d) ob dem Bewerber die Zulassung als Rechtsanwalt bereits einmal versagt worden ist; die Stelle, welche die Versagung ausgesprochen hat, ist dabei zu bezeichnen.

Werden Angaben, die für die Zulassung als Rechtsanwalt erheblich sind, im Zulassungsgesuch wahrheitswidrig gemacht oder verschwiegen, so hat der Bewerber, falls er zugelassen wird, die Ausschließung von der Rechtsanwaltschaft zu gewärtigen (§ 66 RAO.).

2. Der Antrag ist an den Reichsminister der Justiz zu richten und nebst den Anlagen in dreifacher Ausfertigung bei dem Präsidenten des Oberlandesgerichts einzureichen, in dessen Bezirk das Gericht liegt, bei dem der Antragsteller seine Zulassung erstrebt.

3. Der Oberlandesgerichtspräsident erfordert die bisher über den Bewerber bei staatlichen Dienststellen etwa geführten Personalakten und prüft die Vollständigkeit des Antrages und die Tatsachenangaben nach. Er stellt insbesondere fest, ob Tatsachen vorliegen, die, wenn der Bewerber bereits Rechtsanwalt wäre, zur Zurücknahme seiner Zulassung führen könnten (§§ 22 Ziffer 1 bis 3, 23, 24 RAO.). Er führt über Bewerber, die ein öffentliches Amt bekleidet haben, eine Äußerung der letzten vorgesetzten Behörde über die Einstellung zu Volk und Staat, die charakterliche Haltung und sonstige Eignung herbei. Ferner ist von dem Präsidenten (aufsichtsführenden Amtsrichter) der Gerichte, bei denen die Zulassung erstrebt wird, eine Äußerung darüber zu erfordern, ob die Zulassung einer geordneten Rechtspflege dienlich ist. Schließlich holt der Oberlandesgerichtspräsident die gutachtliche Stellungnahme des Gauführers des BNSDJ und des Präsidenten der Rechtsanwaltskammer ein.

Der Oberlandesgerichtspräsident hat über den Sachverhalt unter Beifügung von zwei Stücken des Antrages und der Anlagen sowie der entstandenen Vorgänge zu berichten. In den Bericht ist ein Vorschlag für die von mir im Einvernehmen mit dem Reichsführer des BNSDJ (jetzt: NSRB.) zu treffende Entscheidung aufzunehmen.

4. Teil III Ziffer 4 bis 6 gilt entsprechend.

V. Zulassung als Rechtsanwalt bei dem Reichsgericht.

Anträge auf Zulassung als Rechtsanwalt bei dem Reichsgericht müssen den in Teil IV Ziffer 1 vorgeschriebenen Inhalt haben und sind unmittelbar bei mir einzureichen.

VI. Die anderweitige Zulassung.

Der Antrag auf anderweitige Zulassung muß den Erfordernissen eines Antrages auf Zulassung (Teil IV Ziffer 1) entsprechen. Auch im übrigen gelten die Vorschriften in Teil IV Ziffer 2 bis 4 sinngemäß.

VII. Die gleichzeitige Zulassung nach § 18 Absatz 1 RAO.

1. Der bei einem Amtsgericht zugelassene Rechtsanwalt ist auf seinen Antrag zugleich bei dem Landgericht zuzulassen, in dessen Bezirk das Amtsgericht seinen Sitz hat, desgleichen bei einer nicht am Sitze des Landgerichts befindlichen Kammer für Handelssachen, die für den Bezirk dieses Amtsgerichts zuständig ist (§ 18 Absatz 1 RAO.). Eine Prüfung der Bedürfnisfrage (§ 15 Absatz 2 RAO.) oder der Eignung des Bewerbers (§ 16 RAO.) findet in diesen Fällen nicht statt. Jedoch besteht die gesetzliche Beschränkung des § 2 des Gesetzes vom 7. 4. 1933 (Reichsgesetzblatt I S. 188)[5]).

Entsprechendes gilt für die Zulassung eines bei einem Landgericht zugelassenen Rechtsanwalts bei dem am Sitze des Landgerichts befindlichen Amtsgericht.

2. Der Antrag muß das Gericht bezeichnen, bei dem der Rechtsanwalt gleichzeitig zugelassen zu werden wünscht. In ihm ist auch darzulegen, ob etwa die Voraussetzungen des § 2 des Gesetzes vom 7. 4. 1933 (Reichsgesetzblatt I S. 188)[5]) in der Person des Gesuchstellers vorliegen.

Der Antrag ist bei dem Präsidenten des übergeordneten Oberlandesgerichts einzureichen.

3. Der Oberlandesgerichts-Präsident ist ermächtigt, die gleichzeitige Zulassung in Fällen der Ziffer 1 Absatz 1 und 2 dieses Teils auszusprechen, sofern sie nicht nach § 2 des Gesetzes vom 7. 4. 1933 (Reichsgesetzblatt I S. 188)[5]) versagt werden kann.

---

[5]) Abgedruckt oben S. 118.

Bei der Zulassung ist zu bestimmen, daß der Rechtsanwalt seinen Wohnsitz und seine Kanzlei am Ort des Amtsgerichts beizubehalten hat. Haben das Amtsgericht und das Landgericht ihren Sitz nicht am gleichen Ort, so ist die Zulassung unter der Auflage der Bestellung eines ständigen Zustellungsbevollmächtigten am Sitze des Landgerichts zu verfügen.

4. Der Oberlandesgerichtspräsident hat in den Fällen des § 2 des Gesetzes vom 7. 4. 1933 (Reichsgesetzblatt I S. 188)[5]) die Zulassung zu versagen.

5. Verfügungen der Oberlandesgerichtspräsidenten, durch die eine Zulassung ausgesprochen oder versagt wird, sind im Namen des Reichsministers der Justiz zu erlassen und wie folgt zu zeichnen:

Namens des Reichsministers der Justiz.

Der Oberlandesgerichtspräsident.

(Der Kammergerichtspräsident.)

Wird die Verfügung durch einen Vertreter gezeichnet, so ist noch der Zusatz „in Vertretung" oder „im Auftrag" anzubringen.

Von jeder von ihm verfügten Zulassung hat der Oberlandesgerichtspräsident auch mir Mitteilung zu machen.

VIII. Die gleichzeitige Zulassung in sonstigen Fällen.

1. Der Antrag auf gleichzeitige Zulassung in anderen als den in Teil VII behandelten Fällen muß den Erfordernissen eines Antrages auf Zulassung (Teil IV Ziffer 1) entsprechen. Auch im übrigen gelten die Vorschriften in Teil IV Ziffer 2 bis 4 sinngemäß.

2. In den Fällen des § 18 Absatz 2 und 3 RAO. hat der Bewerber in seinem Antrag darzulegen, inwiefern die dort bezeichneten besonderen Voraussetzungen vorliegen.

3. Die gleichzeitige Zulassung im Sinne des § 18 Absatz 2 und 3 RAO. soll künftig jedenfalls nicht in weiterem Umfange stattfinden, als es bisher in den einzelnen Oberlandesgerichtsbezirken üblich war.

Anträge auf gleichzeitige Zulassung nach § 18 Absatz 2 und 3 RAO., die dieser Regelung nicht entsprechen, hat der Oberlandesgerichtspräsident in meinem Namen abzulehnen. (Vgl. Teil VII Ziffer 5.)

IX. Erlöschen der Zulassung.

1. Umstände, die zur Zurücknahme der Zulassung eines Rechtsanwalts verpflichten oder berechtigen, sind zur Kenntnis des zuständigen Oberlandesgerichtspräsidenten zu bringen. Dieser hat die zur Aufklärung des Sachverhalts etwa erforderlichen Ermittlungen und, soweit gesetzlich vorgeschrieben oder nach Lage des Falles angezeigt, die Anhörung des Rechtsanwalts und des Präsidenten der Rechtsanwaltskammer (§ 25 RAO.) zu veranlassen.

2. Kommt die Zurücknahme der Zulassung aus einem der im § 22 Nr. 1—3 oder § 23 RAO. bezeichneten Gründe in Betracht, so hat der Oberlandesgerichtspräsident über den Sachverhalt unter Beifügung der Vorgänge zu berichten. In den Bericht ist ein Vorschlag für die von mir zu treffende Entscheidung aufzunehmen.

3. Ist einem Rechtsanwalt durch schriftlichen Bescheid eröffnet worden, daß und aus welchen Gründen seine Zulassung zurückgenommen werden müsse, so ist der Antrag auf Entscheidung im ehrengerichtlichen Verfahren (§ 26 Absatz 1 RAO.) bei dem Präsidenten des Oberlandesgerichts einzureichen, in dessen Bezirk der Rechtsanwalt zugelassen ist. Hat der Rechtsanwalt den Antrag binnen der in § 26 Absatz 1 Satz 2 RAO. bezeichneten Frist nicht gestellt, so ist der Oberlandesgerichtspräsident ermächtigt, die Zurücknahme der Zulassung zu verfügen. Ein rechtzeitig eingegangener Antrag ist mit den Vorgängen durch den Generalstaatsanwalt dem Präsidenten der Rechtsanwaltskammer zuzuleiten.

4. Der Oberlandesgerichtspräsident ist ferner ermächtigt, in den Fällen des § 22 Nr. 4 RAO. und, wenn auf Grund des § 26 Absatz 2 RAO. im ehrengerichtlichen Verfahren rechtskräftig festgestellt ist, daß ein Grund für die Zurücknahme der Zulassung nach § 22 Nr. 1 bis 3 RAO. vorliegt, die Zurücknahme der Zulassung zu verfügen.

5. In allen sonstigen Fällen behalte ich mir die Entscheidung über die Zurücknahme der Zulassung vor; in diesen Fällen hat der Oberlandesgerichtspräsident über den Grund der Zurücknahme unter Darlegung des Sachverhalts und Beifügung der Vorgänge zu berichten.

6. Will ein Rechtsanwalt die Rechte aus der Zulassung auf-

geben, so kann er dies gegenüber dem Gericht, bei dem er zugelassen ist oder gegenüber dem zuständigen Landgerichtspräsidenten oder Oberlandesgerichtspräsidenten erklären.

7. Das Erlöschen der Zulassung eines Rechtsanwalts ist dem Vorstandsbeamten des Gerichts, bei dem er zugelassen war, mitzuteilen, sofern nicht feststeht, daß das Erlöschen ihm bekannt ist.

8. Jede Löschung in der Liste der Rechtsanwälte ist unter Angabe des Tages und des Grundes der Löschung von dem Vorstandsbeamten des Gerichts unmittelbar hierher anzuzeigen. Teil III Ziffer 6 gilt entsprechend.

B. Bestellung von Stellvertretern.

I. Ein Stellvertreter wird dem Rechtsanwalt in den Fällen des § 29 und des § 98 RAO. auf Antrag des zu Vertretenden bestellt, wenn der zu bestellende Vertreter sein Einverständnis erklärt. In den Fällen des § 98 RAO. ist vorher der Präsident der Rechtsanwaltskammer zu hören. Bei der Bestellung des Stellvertreters ist der Widerruf der Bestellung vorzubehalten.

II. Im Falle des § 98 RAO. setzt die Bestellung eines Stellvertreters voraus, daß ein Bedürfnis für die Wahrnehmung der Geschäfte des Rechtsanwalts, gegen den ein Vertretungsverbot verhängt ist, durch einen Vertreter vorliegt. Die Bestellung des Vertreters endigt ohne weiteres, wenn das Vertretungsverbot außer Kraft tritt oder aufgehoben wird. Die Vertretung des Rechtsanwalts, gegen den ein Vertretungsverbot verhängt ist, durch einen anderen als einen von der Justizverwaltung bestellten Vertreter ist im Falle des § 98 RAO. nicht zulässig.

III. In den Fällen des § 29 RAO. ist die Bestellung eines Stellvertreters nur zulässig, wenn der zu vertretende Rechtsanwalt zeitweise an der Ausübung seines Berufs im ganzen verhindert ist. Deshalb ist von der Bestellung eines Vertreters abzusehen, wenn der zu vertretende Rechtsanwalt im Sinne des § 22 Nr. 3 RAO. zur ordnungsmäßigen Ausübung des Rechtsanwaltsberufes dauernd unfähig ist. Ein Vertreter soll ferner nicht bestellt werden, wenn der Rechtsanwalt nur an der Wahrnehmung einzelner Berufsgeschäfte verhindert ist. Bei nur kurzer Dauer der Verhinderung ist darauf hinzuwirken, daß ein anderer bei demselben Gericht zugelassener Rechtsanwalt ohne Mitwirkung der Reichsjustizverwaltung die Vertretung übernimmt.

Die Bestellung eines Vertreters darf nicht dazu dienen, die Kräfte eines Rechtsanwalts zu vervielfältigen. In jedem Falle darf einem Rechtsanwalt nur ein Vertreter bestellt werden.

Einem jüdischen Rechtsanwalt ist kein Vertreter zu bestellen, der der NSDAP oder einer ihrer Gliederungen angehört.

IV. Einem Rechtsanwalt, der auf Probe, Widerruf oder Kündigung in ein Gemeindeamt oder hauptamtlich in ein Amt in der NSDAP oder einer ihrer Gliederungen oder angeschlossenen Verbände berufen wird, ist ein Vertreter längstens bis zum Ablauf des zweiten Amtsjahres zu bestellen.

V. Zur Bestellung eines Vertreters für einen Rechtsanwalt sind in den Fällen des § 29 und des § 98 RAO. ermächtigt:

1. Der Landgerichtspräsident, wenn ein beim Landgericht oder bei einem Amtsgericht des Bezirks zugelassener Rechtsanwalt vertreten werden soll und die Vertretung insgesamt die Dauer eines Jahres nicht überschreitet. Der Präsident (aufsichtsführende Amtsrichter) des Gerichts, bei dem der zu bestellende Vertreter zugelassen ist, ist von der Bestellung und ihrer Dauer unmittelbar zu benachrichtigen;

2. der Oberlandesgerichtspräsident, wenn ein beim Oberlandesgericht zugelassener Rechtsanwalt durch einen anderen Rechtsanwalt vertreten werden soll und die Vertretung insgesamt die Dauer eines Jahres nicht überschreitet; gehört der zu bestellende Vertreter dem Bezirk eines anderen Oberlandesgerichts an, so ist der Präsident (aufsichtsführende Amtsrichter) dieses Gerichts von der Bestellung und ihrer Dauer unmitttelbar zu benachrichtigen. Von der Bestellung eines bei einem Landgericht oder Amtsgericht desselben Bezirks zugelassenen Rechtsanwalts erhält der Landgerichtspräsident Nachricht;

3. der Oberlandesgerichtspräsident auch dann, wenn ein in seinem Bezirk zugelassener Rechtsanwalt durch einen Assessor im Probe- oder Anwärterdienst vertreten und die Vertretung demselben Assessor nicht länger als für drei Monate übertragen werden soll; ferner, wenn der Rechtsanwalt durch eine andere Person, die nach § 29 RAO. ausnahmsweise zum Stellvertreter bestellt werden kann, vertreten werden soll, die Vertretung insgesamt die Dauer eines Jahres nicht überschreitet und der

Präsident der Rechtsanwaltskammer bestätigt, daß die Vertretung des Rechtsanwalts durch einen innerhalb des Bezirks im Probe- oder Anwärterdienst tätigen Assessor nicht in Betracht kommt.

Gehört der zu bestellende Vertreter als Beamter einem anderen Oberlandesgerichtsbezirk an, so ist die Zustimmung des zuständigen Oberlandesgerichtspräsidenten (Generalstaatsanwalts) einzuholen und dieser von der Bestellung und ihrer Dauer zu benachrichtigen. Entsprechendes gilt, wenn der Vertreter als Assessor im Probedienst innerhalb eines anderen Bezirks beschäftigt ist; ist er als Anwaltsassessor in einem anderen Oberlandesgerichtsbezirk tätig, so ist der Präsident der Rechtsanwaltskammer, in deren Bereich der Assessor tätig ist, in gleicher Weise um seine Zustimmung zu bitten und zu benachrichtigen, während der Oberlandesgerichtspräsident einen Durchschlag der Nachricht erhält.

VI. In den Fällen, in denen weder der Landgerichtspräsident noch der Oberlandesgerichtspräsident zur Bestellung eines Stellvertreters ermächtigt ist, ist auf dem Dienstwege meine Entscheidung einzuholen.

VII. Der bestellte Vertreter hat während der Dauer der Vertretung seinen ständigen Aufenthalt an dem Orte zu nehmen, an dem der vertretene Rechtsanwalt zu wohnen oder seine Kanzlei zu halten verpflichtet ist. Über Ausnahmen, die nur in besonders dringlichen Fällen zu bewilligen sind, entscheidet, sofern der Vertreter nicht von mir bestellt wird, der Oberlandesgerichtspräsident.

VIII. Die Zeit, für die ein Assessor im anwaltlichen Probe- und Anwärterdienst als Vertreter bestellt war, wird ihm regelmäßig auf den Probe- und Anwärterdienst angerechnet werden. Er erhält daher von dem Vertretenen ein Zeugnis über die Vertretung, auf dem sich auf seinen Antrag auch die Vorstände der Gerichte, vor denen er als Vertreter regelmäßig tätig war, über seine Leistungen und Fähigkeiten äußern.

C. Ehrengerichtliches Verfahren.

I. In jeder Lage des ehrengerichtlichen Verfahrens ist auf seine Beschleunigung besonders Bedacht zu nehmen; insbesondere ist darauf hinzuwirken, daß ehrengerichtliche Untersuchungen nach Kräften gefördert und schnellstens durchgeführt werden.

II. In allen ehrengerichtlichen Verfahren gegen Rechtsanwälte haben die Generalstaatsanwälte und der Oberreichsanwalt zu prüfen, ob es nach Lage der Sache angezeigt ist, beim Ehrengericht die Verhängung eines Vertretungsverbots zu beantragen. Ein solcher Antrag wird grundsätzlich stets dann erforderlich sein, wenn die gesetzlichen Voraussetzungen für die Zulässigkeit eines Vertretungsverbots gegeben sind, insbesondere, wenn Gegenstand der Anklage Verfehlungen hinsichtlich anvertrauter Vermögenswerte, Unterschlagung, Untreue usw. sind.

Nach § 67 Absatz 1 RAO. ist die Einleitung eines ehrengerichtlichen Verfahrens auch nach Erhebung der öffentlichen Klage im Strafverfahren zulässig, die dann vorgeschriebene Aussetzung des ehrengerichtlichen Verfahrens während der weiteren Dauer des Strafverfahrens steht der Verhängung eines Vertretungsverbots nicht entgegen.

Beantragt der Generalstaatsanwalt im Verfahren vor dem Ehrengericht, auf Ausschließung von der Rechtsanwaltschaft zu erkennen, so ist regelmäßig zugleich die Verhängung des Vertretungsverbots nach § 95 Absatz 6 RAO. zu beantragen. Dies gilt sinngemäß, wenn das Ehrengericht auf Ausschließung erkennt, ohne daß die Staatsanwaltschaft es beantragt hat.

III. Im ehrengerichtlichen Verfahren gegen Rechtsanwälte und Anwaltsassessoren sind dem zuständigen Oberlandesgerichtspräsidenten und mir durch Übersendung einer Abschrift mitzuteilen:

1. Der Beschluß über die Eröffnung der Voruntersuchung oder, falls eine Voruntersuchung nicht stattfindet, der Beschluß über die Eröffnung des Hauptverfahrens,

2. die ergehenden Urteile und

3. die sonstigen das Hauptverfahren abschließenden Entscheidungen.

Bei der Mitteilung einer mit Rechtsmitteln anfechtbaren Entscheidung ist möglichst zugleich anzugeben, ob sie rechtskräftig oder mit den zulässigen Rechtsmitteln angefochten ist.

Die Mitteilungspflicht liegt ob:

a) dem Generalstaatsanwalt beim Oberlandesgericht bis zur Mitteilung der das Verfahren vor dem Ehrengericht abschließenden Entscheidung,

b) dem Oberreichsanwalt hinsichtlich der Entscheidungen, die der Ehrengerichtshof erläßt.

Richtet sich das Verfahren gegen mehrere Beschuldigte, so ist eine entsprechende Anzahl von Durchschlägen der Mitteilung beizufügen.

IV. Sind seit dem Tage, an dem eine mitzuteilende Verfahrensmaßnahme getroffen ist, sechs Monate verstrichen, ohne daß in demselben Verfahren eine weitere Mitteilung erstattet ist, so hat bis zum Abschluß des Verfahrens vor dem Ehrengericht der Generalstaatsanwalt beim Oberlandesgericht, in dem Verfahren vor dem Ehrengerichtshof der Oberreichsanwalt ohne Aufforderung und, nachdem er beim Ehrengericht oder dem Ehrengerichtshof die erforderlichen Feststellungen getroffen hat, über den Stand des Verfahrens und über die Gründe, die eine abschließende Entscheidung bis dahin verhindert haben, hierher zu berichten.

V. Die Verhängung eines Vertretungsverbots wird auf Grund des § 95 Absatz 7 RAO. vom Präsidenten der Rechtsanwaltskammer mitgeteilt, die Aufhebung des Vertretungsverbots wird vom Präsidenten der Rechtsanwaltskammer beziehungsweise vom Präsidenten der Reichs-Rechtsanwaltskammer in entsprechender Form angezeigt. Die Präsidenten (aufsichtsführenden Amtsrichter) der Gerichte haben dafür Sorge zu tragen, daß die Mitteilungen allen Richtern des Gerichts, bei denen der Rechtsanwalt zugelassen ist, zur Kenntnis vorgelegt werden.

Die für mich bestimmte Mitteilung der Beschlüsse ist bei dem zuständigen Generalstaatsanwalt beziehungsweise bei dem Oberreichsanwalt einzureichen.

VI. Die Rechtskraft eines auf Ausschließung von der Rechtsanwaltschaft oder vom Anwärterdienst lautenden ehrengerichtlichen Urteils wird nach § 104 RAO. unter Bescheinigung der Vollstreckbarkeit mitgeteilt. Die Präsidenten (aufsichtsführenden Amtsrichter) der Gerichte, bei denen der ausgeschlossene Rechtsanwalt zugelassen ist, haben die Löschung des ausgeschlossenen Rechtsanwalts in der Liste der Rechtsanwälte ihres Gerichts zu veranlassen.

Teil V Absatz 2 gilt entsprechend.

VII. Beantragt ein Rechtsanwalt, gegen den Ermittlungen zur Einleitung eines ehrengerichtlichen Verfahrens schweben, oder gegen den das ehrengerichtliche Verfahren bereits eröffnet ist, seine Ernennung zum Notar oder seine Zulassung bei einem andern Gericht, so ist bei Weitergabe des Antrages über Inhalt und Stand des Verfahrens Mitteilung zu machen.

Entsprechendes gilt für einen Anwaltsassessor, der seine Zulassung als Rechtsanwalt nachsucht.

VIII. Soweit im ehrengerichtlichen Verfahren bare Auslagen bei den beteiligten Reichsjustizbehörden entstehen, sind sie von der Reichs-Rechtsanwaltskammer zu erstatten. Als bare Auslagen in diesem Sinne gelten insbesondere:

1. Postgebühren aller Art,
2. die in § 72 zu 2 bis 8 des Deutschen Gerichtskostengesetzes bezeichneten Auslagen,
3. Schreibgebühren (§ 71 Absatz 1 Deutschen Gerichtskostengesetzes), die wie in sonstigen Fällen persönlicher oder sachlicher Gebührenfreiheit für Ausfertigungen und Abschriften aller Art zu berechnen sind.

Die am ehrengerichtlichen Verfahren beteiligten Reichsjustizbehörden haben die bei ihnen erwachsenen baren Auslagen zu den ehrengerichtlichen Akten mitzuteilen. Die Geschäftsstelle der Staatsanwaltschaft beim Oberlandesgericht hat nach Beendigung des Verfahrens auf Grund der ehrengerichtlichen Akten eine Kostenrechnung über sämtliche der Reichsjustizverwaltung im Verfahren erwachsenen Auslagen aufzustellen und die Einziehung von der Reichs-Rechtsanwaltskammer durch Vermittlung des Präsidenten der Rechtsanwaltskammer nach den Vorschriften über die Einziehung von Gerichtskosten zu veranlassen.

Entsprechendes gilt für ein Verfahren, das vor dem Ehrengerichtshof im ersten Rechtszug anhängig ist.

Kosten, die dadurch entstehen, daß ein Amtsgericht um die Verhängung von Zwangsmaßnahmen gegen Zeugen oder Sachverständige ersucht wird (§ 90 RAO.), sind durch die ersuchte Stelle von dem zahlungspflichtigen Dritten unmittelbar einzuziehen.

IX. Vermerke über ehrengerichtliche Strafen in den Personalakten der Anwaltsassessoren und der Rechtsanwälte sind mit einem Löschungsvermerk zu versehen, wenn seit Verhängung einer Warnung, eines Verweises oder einer Geldstrafe bis zu 50.— RM mehr als 5 Jahre, seit der Verhängung einer sonstigen ehrengerichtlichen Strafe mehr als 10 Jahre verstrichen sind, ohne daß der Verurteilte erneut ehrengerichtlich bestraft ist.

X. Gegenüber Rechtsanwälten steht mir nach dem Erlaß des Führers und Reichskanzlers vom 27. Februar 1935 — Deutsche Justiz Seite 356 — die Ausübung des Gnadenrechts zu, soweit es sich nicht um die Niederschlagung ehrengerichtlicher Verfahren oder um die gnadenweise Aufhebung der Strafe der Ausschließung von der Rechtsanwaltschaft handelt. Zu den mir übertragenen Entscheidungen gehört insbesondere die ablehnende Entschließung über Gnadengesuche aller Art. Die Ausübung der mir hierdurch zustehenden Befugnisse beabsichtige ich nicht weiterzuübertragen.

Gesuche um Erteilung von Gnadenerweisen in Ehrengerichtssachen sind durch die höheren Reichsjustizbehörden einzureichen und mir mit eingehendem Bericht vorzulegen; dem Präsidenten der Rechtsanwaltskammer ist Gelegenheit zur Äußerung zu geben.

XI. Für das ehrengerichtliche Verfahren nach § 26 RAO. gelten die Bestimmungen unter I, III und IX dieses Abschnitts entsprechend. Auf die Möglichkeit, in diesem Verfahren ein Vertretungsverbot zu erlassen (§ 101 Absatz 1 Satz 2 RAO.), weise ich besonders hin.

D. Sonstiges.

I. In den Fällen der gleichzeitigen Zulassung eines bei einem Amtsgericht zugelassenen Rechtsanwalts bei dem übergeordneten Landgericht oder eines bei einem Landgericht zugelassenen Rechtsanwalts bei dem Amtsgericht am Sitze des Landgerichts bestimmt nach Abschnitt A Teil VII Ziffer 3 der Oberlandesgerichtspräsident, daß der Rechtsanwalt seine Kanzlei am Orte des Amtsgerichts beizubehalten hat. Über Anträge auf eine anderweite Bestimmung und über sonstige Anträge von Rechtsanwälten, ihre Kanzlei außerhalb des Gerichtssitzes zu halten, behalte ich mir die Entscheidung vor. Die Bewilligung erfolgt unter der Auflage, einen am Gerichtsort wohnhaften ständigen Zustellungsbevollmächtigten zu bestellen.

II. Über Anträge von Rechtsanwälten auf Erteilung der Genehmigung, außerhalb des Gerichtssitzes zu wohnen (§ 20 Absatz 1 und 4 RAO.) entscheidet der Oberlandesgerichtspräsident. Bei Erteilung der Genehmigung ist der Widerruf vorzubehalten.

III. Anträge von Rechtsanwälten, eine Zweigstelle einzurichten oder außerhalb der Kanzlei Sprechtage abzuhalten, sind dem Präsidenten der Rechtsanwaltskammer zuzuleiten.

IV. Über Anträge von Rechtsanwälten, ohne Zustimmung des Präsidenten der Rechtsanwaltskammer eine Zweigstelle einzurichten oder außerhalb der Kanzlei Sprechtage abzuhalten, behalte ich mir die Entscheidung vor.

V. Beschwerden über einen Rechtsanwalt sind, soweit sie nicht zu strafrechtlichen Maßnahmen gegen den Rechtsanwalt oder zu sonstigen Anordnungen Anlaß geben, durch den Generalstaatsanwalt dem Präsidenten der Rechtsanwaltskammer zuzuleiten. Dem Präsidenten der Rechtsanwaltskammer ist ferner Mitteilung zu machen, wenn gegen einen Notar, der zugleich Rechtsanwalt ist, im Aufsichtswege oder im Dienststrafverfahren eingeschritten wird.

Bei der Justizverwaltung eingehende Beschwerden gegen Bescheide des Präsidenten der Rechtsanwaltskammer, die auf eine Beschwerde gegen einen Rechtsanwalt ergangen sind, sind dem Präsidenten der Rechtsanwaltskammer mit dem Anheimstellen weiterer Veranlassung, gegebenenfalls zur Weitergabe an den Präsidenten der Reichs-Rechtsanwaltskammer, zu übersenden. Dem Beschwerdeführer ist gegebenenfalls mitzuteilen, daß eine Aufsicht über den Geschäftsbetrieb des Präsidenten der Rechtsanwaltskammer dem Oberlandesgerichtspräsidenten (Generalstaatsanwalt) nicht zusteht.

VI. Wegen der Mitteilungen, die in einem gegen einen Rechtsanwalt anhängigen Strafverfahren[6]) an Justizbehörden und an den Präsidenten der Rechtsanwaltskammer zu machen sind, verweise ich auf § 23 der AV. über Mitteilungen in Strafsachen vom 21. 5. 1935 (Amtl. Sonderveröffentl. der Deutsche Justiz Nr. 8).

VII. Anträge von früheren Rechtsanwälten, die Berufsbezeichnung „Rechtsanwalt" weiterführen zu dürfen, sind, soweit sie bei der Justizverwaltung eingehen, dem Präsidenten

---

[6]) Wegen der Mitteilungen von Klagen, Zwangsvollstreckungen und dergl. gegen Rechtsanwälte an die Präsidenten der Rechtsanwaltskammern vgl. die AV. v. 16. Januar 1936, Dt. Just. S. 136.

derjenigen Rechtsanwaltskammer zuzuleiten, in deren Bezirk der Gesuchsteller zuletzt als Rechtsanwalt zugelassen war.

E. Übergangs- und Schlußbestimmungen.

I. Diese Verfügung tritt an die Stelle der von der Reichsjustizverwaltung auf diesem Gebiet erlassenen Vorschriften, insbesondere an die Stelle der AV. v. 16. 1. 1935 (Deutsche Justiz Seite 94) und des die Rechtsanwälte betreffenden Teiles der AV. vom 23. 3. 1935 (Deutsche Justiz Seite 480.)

II. Maßnahmen der Reichsjustizbehörden, die auf Grund der bisherigen Verwaltungsbestimmungen getroffen wurden, behalten ihre Wirksamkeit.

III. Bewerber, die Zeitverluste erlitten haben, weil sie

1. vor dem 30. 1. 1933 kämpferisch in der nationalsozialistischen Bewegung tätig waren, oder
2. ohne wehrpflichtig zu sein, Heeresdienst geleistet haben,

können zur Vermeidung von Härten unter Erlaß oder Abkürzung des Probe- und Anwärterdienstes als Rechtsanwälte zugelassen werden, auch wenn bei ihnen die Voraussetzungen des § 5 Abs. 2 und des § 14 Abs. 1 Satz 2 RAO. nicht vorliegen.

IV. Zulassungsgesuche, über die zu Beginn des 18. Dezember 1935, dem Zeitpunkt des Inkrafttretens des Zweiten Gesetzes zur Änderung der Rechtsanwaltsordnung vom 13. 12. 1935 noch nicht entschieden war, werden nach den vorstehenden Bestimmungen behandelt.

Über ein Gesuch war noch nicht entschieden, wenn zu diesem Zeitpunkt die Mitteilung der Zulassungsverfügung von derjenigen Behörde, die die Entscheidung bekanntgegeben hatte, noch nicht ergangen war. Soweit ehrengerichtliche Verfahren auf Grund des § 16 RAO. bisheriger Fassung beantragt waren, ist der Zeitpunkt der Rechtskraft der ehrengerichtlichen Entscheidung maßgebend.

V. Die Oberlandesgerichtspräsidenten tragen für die Ergänzung schwebender Gesuche nach den vorstehenden Bestimmungen Sorge und behandeln diese unter Beachtung des § 110 RAO. nach den nunmehr geltenden Richtlinien. In den Fällen des § 110 Abs. 2 RAO. ist der Bewerber zu fragen, ob und aus welchen Gründen er eine Härteausnahme erbittet. Zu den Gründen ist im Bericht Stellung zu nehmen.

c. Durchführung des Gesetzes zur Ergänzung der Rechtsanwaltsordnung

vom 20. Juni 1935 (RGBl. I S. 749). AV. d. RJM. vom 24. April 1936 (3170/1—I a 585) Deutsche Justiz S. 665.

Anträge auf Gleichstellung sind an mich zu richten.

Die Anträge müssen enthalten:

a) Name, Wohnort und Wohnung des Bewerbers,
b) die Angabe, vor welchen Behörden der Bewerber die zum Richteramt befähigenden Prüfungen bestanden hat,
c) die Angabe, wo und seit wann der Bewerber als Rechtsanwalt zugelassen ist,
d) die Angabe, ob dem Bewerber die Zulassung als Rechtsanwalt bereits einmal entzogen oder versagt worden ist; die Stelle, welche die Entziehung oder Versagung ausgesprochen hat, ist dabei zu bezeichnen,
e) eine Erklärung darüber, ob sich der Bewerber kommunistisch betätigt hat,
f) eine Erklärung darüber, ob der Bewerber Strafen, Dienststrafen oder ehrengerichtliche Strafen erlitten hat oder in der Verfügung über sein Vermögen durch gerichtliche Anordnung beschränkt ist,
g) die Erklärung, in welchem Umfang der Bewerber die Gleichstellung nachsucht.

Dem Antrage sind die zur Glaubhaftmachung der Angaben zu b und c erforderlichen Urkunden beizufügen. Ferner sind beizufügen:

a) eine Erklärung des Bewerbers über seinen Personenstand und seine Abstammung, gegebenenfalls auch den Personenstand und die Abstammung seiner Ehefrau nach dem für derartige Angaben im Bereich der Reichsjustizverwaltung eingeführten Muster,
b) zwei Lichtbilder in der Größe 6×4 cm.

Der Erklärung zu a sind die zum Nachweis erforderlichen Urkunden beizufügen.

d. Auswahl von Armenanwälten

AV. des RuPrJM. vom 10. Dez. 1934 (IV b 6122). — Deutsche Justiz S. 1572.

Bei der Beiordnung von Rechtsanwälten in Armensachen werden außerhalb des ehemaligen oberschlesischen Abstimmungsgebiets [1]) zweckmäßig folgende Grundsätze zu beachten sein:

Durch die Beiordnung eines Rechtsanwalts soll die arme Partei nach dem Willen des Gesetzes denselben Schutz erhalten, den eine begüterte Partei durch eigene Auswahl eines Anwalts erlangen kann. Deshalb werden bei der Auswahl des beizuordnenden Anwalts Wünsche der Partei nach Möglichkeit zu berücksichtigen sein. Wenn ein Wunsch nicht ausdrücklich geäußert wird, läßt sich ein solcher vielfach aus den Umständen des Falles entnehmen, insbesondere, wenn ein Anwalt in Vollmacht der Partei um das Armenrecht nachsucht oder in anderer Weise — etwa als Mitglied der NS.-Rechtsbetreuungsstelle — für die Partei in derselben Sache bereits tätig geworden ist. Gibt die Partei das Armenrechtsgesuch zu Protokoll, so wird sie von dem den Antrag aufnehmenden Beamten zweckmäßig nach etwaigen Wünschen zu fragen sein. Die Empfehlung eines bestimmten Rechtsanwalts durch Justizbeamte ist verboten.

Wird ein Wunsch nicht geäußert, so ist der Anwalt so auszuwählen, wie es den berechtigten Belangen der Partei und ihren mutmaßlichen Wünschen entspricht. Es wird dabei davon auszugehen sein, daß eine arische Partei die Beiordnung eines arischen Anwalts erwartet. Berührt der Rechtsstreit Fragen, die Sonderkenntnisse erfordern, so wird möglichst ein gerade auf diesem Gebiet erfahrener Anwalt auszuwählen sein.

Im übrigen ist bei der Zuteilung der Armensachen sorgfältig darauf zu achten, daß Bevorzugungen einzelner Anwälte vermieden werden. Das schließt aber nicht aus, daß das Gericht bei der Verteilung der Armensachen der wirtschaftlichen Lage der ihm für die Beiordnungen zur Verfügung stehenden Anwälte in angemessenem Umfange Rechnung trägt.

Über die Beiordnungen sind listenmäßige Nachweisungen

[1]) Vgl. hierzu die deutsch-polnischen Vereinbarungen über Minderheitenschutz vom 15. Mai 1922 (RGBl. II S. 237, 271).

zu führen, aus denen die Zahl der auf die einzelnen Anwälte entfallenen Armensachen jederzeit ersichtlich ist. Wie diese Kontrolle zweckmäßig zu gestalten ist, hängt wesentlich von den Verhältnissen des einzelnen Gerichts, insbesondere seiner Größe und der Zahl der bei ihm zugelassenen Anwälte, ab. Die Präsidenten und Gerichtsvorstände werden ersucht, die hierzu erforderlichen Anordnungen zu treffen, insbesondere die in dieser Hinsicht bereits bestehenden Einrichtungen auf ihre Zweckmäßigkeit zu überprüfen.

Die bisher im Reich und in den Ländern geltenden Erlasse und Verfügungen über die Beiordnung von Armenanwälten werden im Geltungsbereich dieser Allgemeinen Verfügung gegenstandslos.

e. Auswahl von Armenanwälten, Pflichtverteidigern, Konkursverwaltern und dgl.

AV. d. RJM. v. 19. 12. 1935 (IV b 8040). — Deutsche Justiz S. 1858.

Nachdem gemäß § 4 Abs. 1 der Ersten Verordnung zum Reichsbürgergesetz vom 14. November 1935 (RGBl. I S. 1333) Juden kein öffentliches Amt mehr bekleiden dürfen, werden die Gerichte bei Ausübung ihres richterlichen Ermessens zu beachten haben, daß es nicht im Sinne dieser Regelung liegen würde, Juden[1] als Armenanwälte, Pflichtverteidiger, Konkurs-, Vergleichs-[2] oder Zwangsverwalter zu bestellen oder mit der Wahrnehmung ähnlicher Aufgaben zu betrauen.

1. Vgl. hierzu Anm. 1 zu § 5 der 1. AusfVO. zum Rechtsberatungsges., unten S. 195.

2. Zu der Frage, wieweit im allgemeinen Rechtsanwälte für die Bestellung als Konkurs- oder Vergleichsverwalter in Frage kommen, vgl. die AV. des RJM. vom 4. November 1935 (Dt. Just. S. 1653).

E. Bekanntmachungen der Reichs-Rechtsanwaltskammer

a) Richtlinien für die Ausübung des Anwaltsberufes

vom 2. Juni 1934 in der Fassung von Anfang 1935 nebst Änderungen vom September 1936 (JW. S. 2698)*).

Inhalt

*) Die Richtlinien berücksichtigen die neuere Entwicklung, insbes. das 2. Änderungsges. vom 13. Dezember 1935, noch nicht überall.

Mit dem 1. Mai 1934 ist die Standesehrengerichtsbarkeit im zweiten Rechtszuge auf den Ehrengerichtshof bei der Reichs-Rechtsanwalts-Kammer übergegangen. Damit übernimmt die Anwaltschaft in erhöhtem Maße die Verantwortung und Verpflichtung vor der deutschen Volksgemeinschaft, für Rechtlichkeit und Lauterkeit in den eigenen Reihen einzustehen und sich als verantwortungsbewußten Träger des Rechtsgedankens zu erweisen und zu erhalten.

Für die Art der Berufsausübung gibt die Rechtsanwaltsordnung nur wenige Vorschriften. Standesrecht, geschaffen aus Überlieferung und Ehrenrechtsprechung, hat ergänzende Grundsätze herausgebildet. Die jetzige Neuordnung läßt es geboten erscheinen, die für die Ausübung des Anwaltsberufs geltenden Richtlinien neu zu fassen und mit den Anschauungen des Dritten Reiches in Einklang zu bringen. Diese Richtlinien können das anwaltliche Standesrecht nicht erschöpfen. Den Anforderungen der Standesehre wird nicht der Anwalt genügen, der sich sklavisch an den Buchstaben dieser Richtlinien hält. Nur der Anwalt wird seinen Pflichten gegenüber dem Stande und damit gegenüber der Volksgemeinschaft und dem Staat gerecht werden, der von dem Geiste eines freien Dieners am Recht durchdrungen ist. Dazu gehört in erster Linie das Zurückstellen der eigenen Person und eigener Interessen hinter einer gewissenhaften, die Belange der Gesamtheit wahrenden Berufsausübung.

Jeder Anwalt ist verpflichtet, sich mit dem geltenden Standesrecht vertraut zu machen. Es ist Pflicht *des Kammervorstandes* [*jetzt:* des Präsidenten der Rechtsanwaltskammer], über die gewissenhafte Berufsausübung im Sinne dieser Richtlinien zu wachen und Verfehlungen notfalls im ehrengerichtlichen Verfahren zu ahnden. Kein Anwalt kann sich auf Unkenntnis des Standesrechts berufen.

A. Die Stellung des Anwalts zu Volk und Staat

1. Der Anwalt ist als freier Diener am Recht ein unentbehrliches Organ in der Rechtspflege und damit im Gesamtaufbau des deutschen Volkes. Er muß sich der Pflichten, die ihm aus dieser Stellung zu Staat und Volk beruflich und außerberuflich erwachsen, stets bewußt sein und sich seines Standes würdig erweisen. Jeder Anwalt muß sein Verhalten so einrichten, daß die Bevölkerung mit Vertrauen und Achtung auf die Anwaltschaft blicken kann.

2. Trägerin des deutschen Staats- und Rechtsgedankens ist die NSDAP. In ihrem Sinne soll der Anwalt deutschen Blutes an den großen Aufgaben des Volkes mitarbeiten und sich in der nationalsozialistischen Bewegung und ihren Organisationen nach Kräften betätigen. Nur so kann er den lebendigen Zusammenhang mit dem Volksganzen gewinnen und erhalten und aus ihm die Kenntnis der Rechtsauffassung des Volkes schöpfen und vertreten.

Aber auch der nicht-arische Anwalt muß seine Berufsausübung und sein sonstiges Verhalten nach den Rechtsauffassungen und den Lebensinteressen des deutschen Volkes einrichten.

3. Eine öffentliche schriftstellerische oder rednerische Tätigkeit muß sachlich und in würdiger Form vor sich gehen und darf nicht offensichtlich standeswidriger Reklame dienen.

4. Die selbstlose Rechtsbetreuung der minderbemittelten Bevölkerung im Rahmen der hierfür geschaffenen Einrichtungen[1]) ist für jeden Anwalt deutschen Blutes Ehrenpflicht.

5. Der Anwalt des Rechts darf keine volks- und staatsfeindlichen Bestrebungen mittelbar oder unmittelbar fördern. Wird

---

[1]) Wegen der Tätigkeit der NS-Rechtsbetreuungsstellen vgl. die für diese erlassenen Richtlinien, im Anhang dieses Buches abgedruckt.

ein Anwalt in die Notwendigkeit versetzt, einen Schädling an Volk oder Staat zu vertreten, so muß er dabei jederzeit die Belange des deutschen Volkes beachten.

6. Der Anwalt soll der Gerechtigkeit und der Wahrheit dienen. Er muß es daher ablehnen, offensichtlich unsoziale, undeutsche Rechtsauffassungen zu vertreten, die mit dem gesunden Volksempfinden im Widerspruch stehen. Ebenso muß er Winkelzüge und Zweideutigkeiten vermeiden. Eine offene, gerade Art der Rechtsvertretung schafft dem Stande Ansehen und Vertrauen.

7. Der Anwalt hat die Pflicht zu strenger Sachlichkeit und zur gewissenhaften Prüfung der Unterlagen. Bei außergerichtlicher Befragung von Zeugen, die in besonderen Fällen zulässig sein kann, muß der Anwalt jeden Verdacht eines Beeinflussungsversuches vermeiden.

Ansprüche seiner Auftraggeber, die der Anwalt für gegeben hält, soll er mit ruhiger Entschiedenheit verfolgen, sich dabei aber stets anständiger Kampfesmittel bedienen. Er hüte sich, ohne zwingenden Grund den Verdacht strafbarer Handlungen auszusprechen oder unnötig dritte Personen, wie das Gericht oder den Gegenanwalt, in den Streit der Parteien hineinzuziehen.

8. Verstöße gegen die Standespflichten, also auch gegen die Pflicht zur Sachlichkeit können durch Berufung auf ausdrückliche Parteianweisung nicht entschuldigt werden.

B. Die Stellung des Anwalts zu Gericht und Behörden[1])

9. Der Anwalt ist der berufene Vertreter der Rechtsuchenden. Er hilft das Recht suchen, das der Richter finden soll, und muß dahin wirken, daß ein Recht gesprochen wird, das deutschem Rechtsbewußtsein und Rechtsempfinden entspricht.

Hinter dem Richter steht das Ansehen und die Macht des Staates. Deshalb muß der Anwalt vor dem Richter die Würde des Gerichts wahren. Unbeschadet der Wahrung der Rechte seines Schutzbefohlenen und der Würde der Anwaltschaft als eines gleichgeordneten Organs der Rechtspflege muß er in

---

[1]) Vgl. hierzu — insbesondere wegen des Verbots öffentlicher herabsetzender Angriffe und Anzeigen bei unzuständigen Stellen gegen Richter den Erlaß des Präs. der RRAnwK. vom 1. September 1936 (MdRRAK. S. 142; Dt. Just. S. 1591).

der Art seines Auftretens die Achtung vor dem Gericht zum Ausdruck bringen.

10. Soweit eine Amtstracht vorgesehen ist, ist diese anzulegen; aber auch sonst hat der Anwalt in angemessener Kleidung vor Gericht aufzutreten.

11. Der Anwalt soll auf die Herstellung eines Vertrauensverhältnisses zum Gericht und dadurch auf eine gedeihliche Förderung der Rechtspflege hinwirken.

12. Ein Gleiches gilt für das Verhältnis zu Verwaltungsbehörden und Verwaltungsgerichten.

C. Verhältnis zu den Standesgenossen

I. Vorstand der Anwaltskammer

13. Über die Wahrung der Standespflicht hat der *Kammervorstand* [*jetzt:* Präsident der Rechtsanwaltskammer] zu wachen. Der Anwalt schuldet dem Vorstande der Anwaltskammer daher als dem berufenen Vertreter des Standes Achtung, Rücksicht und Offenheit.

Er hat den Anordnungen und Aufforderungen des *Vorstandes* [*jetzt:* Präsidenten der Rechtsanwaltskammer] unverzüglich nachzukommen und ihm jede erforderliche Auskunft zu geben. Die Verletzung der dem Anwalt gegenüber dem *Vorstand* [*jetzt:* Präsidenten der Rechtsanwaltskammer] obliegenden Verpflichtungen ist eine Verletzung der Standespflichten.

II. Pflicht der Standesgemeinschaft

14. Die Pflicht der Standesgemeinschaft gebietet dem Anwalt, persönliche Angriffe gegen den Gegenanwalt vor der Öffentlichkeit zu unterlassen und darauf zu achten, daß durch die Art seiner Ausführungen das Ansehen der Standesgenossen und des Standes gewahrt bleibt.

15. Jeder Anwalt hat darauf zu achten, daß auch andere Berufsgenossen nicht gegen die Standesehre verstoßen. Bei Verstößen soll er sich zunächst an den zuständigen *Kammervorstand* [*jetzt:* Präsidenten der Rechtsanwaltskammer] wenden; glaubt er, gegen einen anderen Anwalt Schritte bei Behörden unternehmen oder gar Strafanzeige erstatten zu müssen, soll er ebenfalls vorher dem *Kammervorstand* [*jetzt:* Präsidenten der Rechtsanwaltskammer] Mitteilung machen, damit dieser in geeigneten Fällen eingreifen kann.

Vor Erhebung einer Zivilklage gegen einen anderen Anwalt wird diesem Gelegenheit zu außergerichtlicher Regelung zu geben sein.

16. Bei Meinungsverschiedenheiten oder Streitigkeiten zwischen Standesgenossen haben die Beteiligten zunächst den Versuch einer gütlichen Einigung zu machen und hierfür entweder geeignete erfahrene Standesgenossen ihres Vertrauens oder den vom Kammervorstand eingesetzten Schlichtungsausschuß anzurufen.

Solche Streitigkeiten darf der Anwalt nicht in die Öffentlichkeit bringen oder sonst vor weiteren Kreisen erörtern.

17. Bei Terminen muß der Anwalt pünktlich zur festgesetzten oder mit dem Gegner vereinbarten Zeit verhandlungsbereit sein. Verspätungen müssen auch an Orten mit mehreren Gerichten vermieden werden.

Gleichwohl erscheint die Erwirkung eines Versäumnisurteils gegen die durch einen Anwalt vertretene Partei ohne vorherige Androhung in der Regel als unzulässig. Über die Zulässigkeit sonstiger einseitiger Anträge entscheidet der Ortsgebrauch.

18. Im Einzelfalle ist mit besonderer Sorgfalt abzuwägen, ob das Interesse des Auftraggebers die Hintansetzung der Rücksichtnahme auf den Berufsgenossen ausnahmsweise verlangt. Die ausdrückliche Anweisung des Auftraggebers allein genügt nicht.

19. Es ist unzulässig, mit der durch einen Anwalt vertretenen Gegenpartei unmittelbar in Verbindung zu treten, sofern der Gegenanwalt nicht einverstanden ist. In gewissen Fällen (z. B. bei Abgabe materieller Willenserklärungen, bei der Zwangsvollstreckung) kann eine Abweichung von dieser Übung zulässig sein. Wenn ausnahmsweise unmittelbare Schreiben an die Gegenpartei gerichtet werden, ist gleichzeitig dem Gegenanwalt Abschrift zuzusenden. Doch ist stets der Anschein zu vermeiden, als wollte der Rechtsanwalt den Gegenanwalt umgehen.

20. Vereinbarungen über eine vom Gesetz abweichende sachliche Zuständigkeit sind auf die Sonderfälle zu beschränken, in denen ein unabweisbares Parteiinteresse vorliegt.

III. Gemeinschaftliche Berufsausübung[1a])

21. Der Anwalt unterliegt bei seiner Berufsausübung dem Berufsrecht seines Standes. Er kann sich daher zur gemeinschaftlichen Berufsausübung auch nur mit einem anderen Anwalt, nicht aber mit Angehörigen eines anderen Berufes zusammenschließen.

Eine gemeinschaftliche Berufsausübung zwischen arischen und nichtarischen Anwälten ist grundsätzlich zu vermeiden; auch im sonstigen Verkehr ist beiderseits taktvolle Zurückhaltung geboten[2]).

22. Die Verbindung von Anwälten, die an verschiedenen Gerichten zugelassen sind, ist in der Regel zulässig.

Schriftsätze dürfen jedoch in Kopf und Zeichnung nur den Namen desjenigen Anwalts tragen, der bei dem jeweiligen Instanzgericht zugelassen ist.

Grundsätzlich soll sich ein bei einem Kollegialgericht zugelassener Anwalt — vom Fall der Generalvertretung abgesehen — nur durch einen beim gleichen Gericht zugelassenen Anwalt vertreten lassen; soll mit Zustimmung des Prozeßbevollmächtigten in der mündlichen Verhandlung ein beim Prozeßgericht nicht zugelassener Anwalt die Ausführung der Parteirechte übernehmen, so soll dieser nur neben dem Prozeßbevollmächtigten auftreten.

IV. Ausbildung des Nachwuchses

23. Der Anwalt ist verpflichtet, die bei ihm beschäftigten, im Vorbereitungsdienst befindlichen Juristen gewissenhaft und sorgsam auszubilden und ihnen Gelegenheit zu geben, in alle in Betracht kommenden Zweige der Anwaltstätigkeit Einblick zu nehmen.

Die Zeugnisse[3]) über diese Ausbildungstätigkeit müssen ein klares und ungefälschtes Bild von Befähigung und Leistungen des Ausgebildeten ergeben.

[1a]) Wegen der Genehmigungspflicht für die Beschäftigung anderer juristischer Hilfsarbeiter als Probe- und Anwaltsassessoren vgl. Bek. vom 14. September 1936 (JW. S. 2784).

[2]) Wegen der Auflösung von Sozietäten und Bürogemeinschaften zwischen Mitgliedern des NSRB. und Juden vgl. die JW. 1935 S. 3287, 3526 und 1936 S. 309 abgedruckten Anordnungen.

[3]) S. hierzu auch oben S. 129/130.

D. Verhältnis zu den Rechtsuchenden

I. Wahrung der beruflichen Unabhängigkeit

24. Der Anwalt muß sich unter allen Umständen volle Unabhängigkeit der Berufsausübung wahren. Er muß aufs strengste vermeiden, irgendwelche Bindungen gegenüber dem Auftraggeber einzugehen, die diese Unabhängigkeit gefährden könnten.

Der Rechtsanwalt kann daher die ständige Beratung eines Auftraggebers für eine laufende feste, würdig bemessene Vergütung übernehmen. Er darf aber in ein Angestelltenverhältnis zu ihm nur dann treten, wenn die Freiheit der Berufsausübung gewahrt bleibt[3a]).

Liegt in diesen Fällen dem Anwalt auch die Führung von Prozessen ob, so muß er dafür in jedem Fall die vollen Sätze der Gebührenordnungen erhalten; auch die Gebühren für verlorene Prozesse dürfen nicht auf die Pauschalvergütung verrechnet werden.

II. Verschwiegenheitspflicht [4])

25. Die Pflicht zur Verschwiegenheit erstreckt sich auf alles, was der Anwalt in Ausübung und bei Gelegenheit seiner Berufstätigkeit erfahren hat, sofern er nach den Umständen annehmen muß, daß dessen Geheimhaltung im Interesse des Auftraggebers geboten ist.

Die Pflicht zur Verschwiegenheit erstreckt sich auch über die Beendigung des Mandatsverhältnisses hinaus und besteht auch dem gegenüber, dem die betreffenden Tatsachen bereits von anderer Seite mitgeteilt sind.

Zu beachten ist, daß der Anwalt auch seinen Angehörigen gegenüber verschwiegen sein muß.

Der Anwalt hat seine Kanzleiangestellten und seine sonstigen Mitarbeiter zur Beobachtung der gleichen Verschwiegenheit anzuhalten.

III. Treupflicht

26. Das Verhältnis zwischen Anwalt und Auftraggeber ist ein Treuverhältnis. Deshalb ist die Übernahme oder Bei-

---

[3a]) Zur Syndikusfrage s. auch das Rundschreiben des Präs. der RR.-AnwK. vom 28. Februar 1936, MdRRAK. S. 48.

[4]) Vgl. hierzu auch oben Anm. 1 zu § 8 RRAnwO. Zur Schweigepflicht in Devisensachen s. JW. 1934 S. 3261.

behaltung eines Auftrages ausgeschlossen, wo dieses Treuverhältnis nicht bestehen kann.

27. Besondere Sorgfalt hat der Anwalt als Treuhänder anzuwenden. Als Treuhänder hat der Anwalt Pflichten gegenüber allen am Treuhandverhältnis Beteiligten. Sonderinteressen des Mandanten sind dabei nicht zu bevorzugen.

28. Zu treuen Händen überlassene Urkunden und Akten darf der Anwalt niemals seiner Partei überlassen. Die Einsichtnahme durch die Partei muß er persönlich überwachen.

29. Der Anwalt macht sich strafbar, wenn er in derselben Rechtssache beiden Parteien pflichtwidrig dient. Auch wenn die Voraussetzungen des § 356 StGB. nicht erfüllt sind, kann eine Standesverfehlung vorliegen. — Unter „derselben Rechtssache" ist nicht nur der Streitstoff eines Prozesses, sondern die Gesamtheit der dabei in Frage kommenden Tatsachen und Interessen zu verstehen.

IV. Geldverkehr

30. Die peinlichste Sorgfalt in der Behandlung fremder Gelder ist Voraussetzung für die Vertrauensstellung des Anwalts. Unzuverlässigkeiten im Geldverkehr wird mit allem Nachdruck durch rücksichtslosen Ausschluß aus der Anwaltschaft entgegengetreten werden. Aber selbst der Anschein der leisesten Lässigkeit in Gelddingen muß vermieden werden.

Die Vermengung eigener mit fremden Geldern ist unzulässig, wenn nicht die jederzeitige vollständige Befriedigung des Empfangsberechtigten gesichert ist. Fremde Gelder sind unverzüglich an den Empfangsberechtigten abzuführen.

Fremde Gelder von mehr als 200.— RM., die für längere Zeit aufzubewahren sind, sind so anzulegen, daß sie unbedingt dem Zugriff Dritter entzogen sind, möglichst auf „Anderkonten" eines vertrauenswürdigen Kreditinstituts.

V. Haftungsbeschränkungen

31. Die allgemeine Vereinbarung des Ausschlusses oder der Beschränkung der Haftung des Rechtsanwalts, insbesondere die formularmäßige Haftungsbeschränkung in Vollmachten, ist unzulässig.

Haftungsbeschränkung durch Vertrag ist in Einzelfällen zulässig, z. B. dann, wenn bei besonders bedeutsamen und schwierigen Angelegenheiten die dem Rechtsanwalt zustehende Vergütung keinen hinreichenden Ausgleich für das hohe Risiko des Anwalts bietet, oder wenn etwa dem Anwalt aus irgendwelchen Gründen die für die gründliche Bearbeitung der Angelegenheit an sich erforderliche Zeit nicht zur Verfügung gestellt werden kann (Terminsnähe, Fristablauf, Geltendmachung von Teilansprüchen).

E. Gebührenfragen

I. Honorarvereinbarung; Verbot der Unterbietung und Überforderung; Quota litis, Erfolgshonorar

32. Es ist unzulässig, geringere Gebühren als sie die Gebührenordnung vorschreibt, im voraus zu vereinbaren[4a]).

Diese Regel schließt nicht aus, daß im Einzelfalle besonderen Umständen, wie namentlich der Bedürftigkeit eines Auftraggebers, Rechnung getragen wird, sofern nicht darin ein Unterbieten gegenüber den Kollegen liegt und der Verdacht unzulässigen Werbens um Praxis hervorgerufen wird.*)

*) 1. Wie bereits bei der Fortführung der Mandate eines ausgeschiedenen nichtarischen Anwalts ist die Anrechnung der an den bisherigen Anwalt gezahlten Gebühren auf die Gebühren des übernehmenden Anwalts auch dann nicht unzulässig, wenn gegen den bisherigen Anwalt ein Vertretungsverbot aus § 91 (jetzt: § 95) RAO. ergeht oder der bisherige Anwalt das Mandat wegen Widerstreits mit seinen Pflichten als Angehöriger der NSDAP.[5]) niederlegt.

2. Für die sogenannten „Beitreibungssachen" ist durch Richtlinien der Reichs-Rechtsanwalts-Kammer vom 28. Dezember 1934 die Möglichkeit geschaffen, eine von der Gebührenordnung abweichende Gebührenberechnung mit dem ständigen Auftraggeber zu vereinbaren.

33. Die Vereinbarung und die Annahme von Honoraren, bei denen die Grenze der Mäßigung überschritten ist, ist unzulässig.

Bei Abschluß der Vereinbarung muß der Auftraggeber stets darauf hingewiesen werden, daß das Honorar von der gesetzlichen Vergütung abweicht.

34. Vereinbarungen, durch die sich der Anwalt eine Quote des zu erstreitenden Betrages als Honorar ausbedingt (quota litis), sind grundsätzlich unzulässig. Das gleiche gilt auch in

---

[4a]) Wegen der Zulässigkeit derartiger Vereinbarungen in Beitreibungssachen s. unten S. 178, 180.

[5]) Wegen der Niederlegung der Mandate von Juden durch Angehörige der NSDAP., Amtswalter des NSRB. und NS-Rechtsbetreuungsstellenleiter vgl. die Judenverordnung der Deutschen Rechtsfront, abgedruckt JW. 1935 S. 270.

der Regel für Vereinbarungen, durch die der Honoraranspruch ganz oder teilweise von dem erzielten Erfolg abhängig gemacht wird. Nur in Ausnahmefällen kann die Vereinbarung eines Erfolgshonorars als zulässig erachtet werden, wenn z. B. die Partei erst durch den Erfolg in die Lage kommt, ein angemessenes Honorar zu entrichten[6]).

Bei Vereinbarungen dieser Art ist aber mit besonderer Sorgfalt und Gewissenhaftigkeit zu prüfen, ob der Anwalt nicht Gefahr läuft, dadurch in eine Interessengemeinschaft mit der Partei oder auch nur in den Verdacht einer solchen zu geraten, die sich mit seiner Stellung als Rechtspflegeorgan nicht verträgt.

35. Wenn ein festes Honorar für eine umfangreiche Tätigkeit vereinbart ist, muß es gemindert werden, wenn die Tätigkeit nicht den erwarteten Umfang hat. Dies gilt auch für Strafsachen.

Die Vereinbarung, daß das Honorar in voller Höhe zu bezahlen ist, auch wenn der Auftrag alsbald zurückgenommen oder gekündigt wird, ist unzulässig.

36. Solange die Frage, ob die Gebühr des § 87 der Rechtsanwalts-Gebühren-Ordnung (Gelderhebungsgebühr) erstattungspflichtig ist, in Wissenschaft und Rechtsprechung umstritten wird, ist der Anwalt, der die Erstattungspflicht bejaht, berechtigt, die Gebühr von dem Schuldner zu fordern. Der Anwalt, der die Zahlung der Streitsumme an sich fordert und die Gelderhebungsgebühr zu liquidieren beabsichtigt, muß den Schuldner zuvor auf die Entstehung der Gebühr hinweisen.

II. Pauschalvergütung

37. Die Vereinbarung von Pauschalhonoraren mit Auftraggebern, insbesondere auch mit Wirtschaftsverbänden, Fachvereinen usw., ist zulässig, soweit es sich um die Beratung des Vereins und seiner Mitglieder auf dem Sondergebiet ihrer Fachinteressen handelt.

Das Honorar muß im angemessenen Verhältnis zur voraussichtlichen Leistung des Anwalts stehen.

Das Pauschalhonorar darf Gebühren für Prozeßführung und Zwangsvollstreckung sowie für die Vertretung dieser Vereinsmitglieder in Strafsachen nicht umfassen.

---

[6]) Für Steuersachen vgl. auch § 107 Abs. 8 RAbgO., unten S. 204.

III. Liquidation und Beitreibung

38. Es kann beanstandet werden, kleinste Beträge von Gebühren und Auslagen zwangsweise einzuziehen, wenn durch die Beitreibung unverhältnismäßig hohe Kosten entstehen. Bei der Eintreibung eigener Gebühren ist rücksichtsvoll vorzugehen. Dies gilt insbesondere von Armensachen. Soziale Härten sind zu vermeiden.

IV. Unzulässigkeit der Gebührenteilung

39. Die Abgabe von Gebühren oder die Gewährung sonstiger Vorteile, gleich, ob sie an Anwälte[7]) oder an andere Personen erfolgt, für die Übertragung von Mandaten ist unzulässig. Das gleiche gilt auch für die Gewährung von Vorteilen an Nichtanwälte für geleistete Mitarbeit.

F. Armensachen

I. Allgemeines

40. Der Anwalt ist verpflichtet, der Behandlung der Armensachen dieselbe Sorgfalt zu widmen wie der der sonstigen Aufträge. Er muß unbedingt vermeiden, daß bei der armen Partei der Eindruck entsteht, als betrachte er die Armensache wegen der geringen ihm zustehenden Vergütung als Sache von minderer Wichtigkeit.

II. Honorarversprechen in Armensachen

41. Eine Vereinbarung, in welcher der zur vorläufig unentgeltlichen Wahrnehmung von Parteirechten beigeordnete Anwalt sich von der Partei die Zahlung irgendwelcher Gebühren oder Honorare versprechen läßt, verstößt — unabhängig von den rechtlichen Bedenken, die gegen die Wirksamkeit solcher Abrede bestehen — unter allen Umständen gegen die Standespflichten.

Standesunwürdig sind danach insbesondere auch Vereinbarungen, durch welche die arme Partei die Zahlung desjenigen Teiles

---

[7]) Vgl. jedoch wegen der Zulässigkeit der Gebührenteilung zwischen Anwälten, die bei demselben Gericht zugelassen sind, die Anordnung des Präs. der RRAnwK. vom 23. Dezember 1935 (unten S. 184), und zwischen dem in Patent-, Gebrauchsmuster- und Warenzeichenstreitsachen zusammenwirkenden Rechtsanwalt und Patentanwalt die Dt. Just. 1936 S. 1592 mitgeteilte Vereinbarung zwischen der RRAnwK. und der Patentanwaltskammer.

der gesetzlichen Gebühren, den der Anwalt nicht aus der Staatskasse erhält, oder von Beträgen, die zur Deckung von Auslagen dienen sollen, verspricht.

Alle derartigen Vereinbarungen sind auch dann standesunwürdig, wenn die Partei in dem Abkommen ausdrücklich erklärt, daß sie die Leistung freiwillig verspreche, obwohl ihr bekannt sei, daß sie nach dem Gesetz zur Leistung der übernommenen Zahlung nicht angehalten werden könne. Der Anwalt handelt standeswidrig, wenn er aus solchem Abkommen Rechte herleitet.

42. Vorsicht ist zu üben bei Entgegennahme derartiger Zahlungsversprechen seitens dritter Personen, da hierin eine Umgehung der §§ 115, 125 ZPO. erblickt werden kann.

43. Dagegen ist es zulässig, Honorarzahlungen oder sonstige Leistungen anzunehmen, die in Kenntnis der Tatsache, daß eine Verpflichtung zur Zahlung oder Leistung nicht besteht, von der armen Partei oder einem Dritten vollkommen aus freien Stücken angeboten und geleistet werden.

III. Nachforderung bei Besserung der Vermögenslage

44. Es ist herrschende Meinung in der Rechtsprechung, daß der beigeordnete Armenanwalt seine Gebühren von der armen Partei erst dann fordern kann, wenn ein Gerichtsbeschluß aus § 126 ZPO. vorliegt. Will der Armenanwalt dieser Meinung nicht folgen, so hat er die Frage, ob die Partei in günstigere Vermögensverhältnisse im Sinne des § 126 ZPO. gelangt ist, mit größter Vorsicht und Sorgfalt zu prüfen.

45. Eine Zurückbehaltung der Akten der armen Partei gegenüber ist unzulässig, solange nicht der Beschluß gemäß § 126 ZPO. ergangen ist.

IV. Rückwirkung des Armenrechts

46. In den Fällen, in denen der Anwalt schon bei Übernahme des Mandats sich bereit erklärt hat, die Vertretung als Armenanwalt zu übernehmen und nur die Beschlußfassung über die Bewilligung des Armenrechts zeitlich nach dem Beginne seiner Tätigkeit liegt, wirkt die Bewilligung des Armenrechts vom Standpunkt des Standesrechts dahin zurück, daß der Anwalt von vornherein der Partei gegenüber als Armenanwalt gilt, und daß der Anwalt auch für den Antrag auf Bewilligung

des Armenrechts und die dazu gehörige Bearbeitung keine Gebühren und kein Honorar von der armen Partei fordern darf.

V. Honorar für den Fall der Nichtbeiordnung

47. In dem der Entschließung über den Armenrechtsantrag vorgehenden Ermittlungsverfahren erscheint die Abrede eines Honorars für den Fall, daß es entweder nicht zur Erteilung des Armenrechts oder nicht zur Beiordnung des Anwalts kommt, zulässig; der Mandant ist bei einer solchen Vereinbarung darauf hinzuweisen, daß er dieses Honorar nicht zu zahlen hat oder daß er es zurückerhält, falls es zur Erteilung des Armenrechts und der Beiordnung des beauftragten Armenanwalts kommt.

48. Der Anwalt, der sich der Partei gegenüber bereit erklärt, sie als Armenanwalt für den Fall der Beiordnung zu vertreten, hat seine Partei bei Übernahme der Vertretung darüber zu belehren, welche Gebühren für ihn entstehen, falls das Armenrecht vom Gericht abgelehnt wird, weil entweder die Rechtsverfolgung als nicht aussichtsvoll oder der Fall der Armut nicht als dargetan angesehen wird, oder falls eine Beiordnung als Armenanwalt abgelehnt wird. Unterläßt er diese Belehrung, so darf er für das Armenrechtsgesuch und seine sonstige Tätigkeit im Prozeß kein Honorar verlangen.

VI. Wandlung des freien Mandats in ein Armenmandat

49. Wenn die Bewilligung des Armenrechts im Laufe eines Rechtsstreits erfolgt, so behält der beigeordnete Anwalt, der schon vorher als Wahlanwalt tätig war, den Anspruch auf die bis dahin entstandenen Gebühren, es sei denn, daß die Bewilligung des Armenrechts nachträglich auf seinen Antrag mit rückwirkender Kraft erfolgt ist.

Er handelt aber standeswidrig, wenn er vor der Beendigung des Pflichtmandats wegen der vor der Beiordnung entstandenen Gebühren gegen seine Partei klagbar wird oder seine Tätigkeit als Pflichtanwalt von der Begleichung dieser vor der Beiordnung entstandenen Gebühren abhängig macht.

G. Besonderheiten für Strafsachen

50. Strafverteidiger dürfen ohne Erlaubnis der zuständigen Stelle einem Untersuchungs- oder Strafgefangenen Schriftstücke oder Gegenstände irgendwelcher Art nicht bringen oder von ihm entgegennehmen. Dies gilt auch für die an sich harmlos erscheinende Übermittlung von Eßwaren, Tabakwaren, Lesestoff und ähnlichem. Bei mündlicher Mitteilung von Nachrichten muß der Anwalt sich vergegenwärtigen, daß er nicht den Zweck der Untersuchung oder der Strafe durch seine Vermittlung gefährden darf.

51. Bei Strafverteidigung hat der Anwalt ganz besonders darauf zu achten, daß er nicht in den Verdacht gerät, „Sensationen" zu schaffen oder Reklame für sich selbst zu machen.

52. Im übrigen gelten auch für Strafsachen alle vorstehenden Richtlinien.

H. Einrichtung für Praxis

I. Verbot der Reklame und des Werbens um Praxis

53. Der Anwalt darf seine Dienste nicht wie ein Gewerbetreibender anbieten.

54. Das Schild des Anwalts soll nur an dem Hause angebracht werden, in dem sich die Kanzlei des Anwalts befindet; Größe, Text, Form und Zahl der Schilder haben alles Reklamehafte zu vermeiden.

55. Die Begründung der Kanzlei und ihre Verlegung, auch die Veränderungen, die sich durch Ein- und Austritt von Sozien ergeben, dürfen angezeigt werden; Einzelheiten des Kanzleibetriebes, wie Einrichtung oder Änderung besonderer Sprechstunden, Änderung der Fernsprechnummern, Antritt einer Reise oder Rückkehr von ihr und ähnliches dürfen nicht angezeigt werden.

Die Anzeige muß sich auf das Nötigste beschränken, und darf keine übertriebene auffällige und reklamehafte Form haben. Sie darf ein- bis zweimal in der Fachpresse der Anwaltschaft und in Tageszeitungen des Bezirks erscheinen, an dessen Gerichten der Anwalt regelmäßig tätig ist.

56. Bei Begründung oder Verlegung der Kanzlei usw. ist auch eine Bekanntgabe durch Rundschreiben zulässig. Diese darf aber nur an die Rechtsanwälte und Notare des Gerichtsbezirks, an andere Rechtsanwälte und Notare, mit denen der Anzeigende bereits in beruflicher Beziehung steht, und an die bereits vorhandene Klientel des Anzeigenden gerichtet werden.

57. Der Anwalt darf nicht dazu mitwirken, daß sein Name in nichtamtliche Verzeichnisse, Adreßbücher, Geschäftskalender,

Zeitschriften usw. aufgenommen wird, die nur eine beschränkte Anzahl von Anwaltsadressen enthalten[8]).

Die Unterstützung eines solchen Verfahrens durch Zahlung einer etwa geforderten Gebühr, durch Aufgabe einer Bestellung auf das Werk und Ähnliches ist standeswidrig.

Der Anwalt ist verpflichtet, darauf hinzuwirken, daß seine Aufnahme in solche Verzeichnisse usw. unterbleibt; er hat insbesondere auch sein Kanzleipersonal dahin zu überwachen, daß nicht von diesem derartige Unternehmungen unterstützt werden.

Entsprechendes gilt für solche Verzeichnisse und sonstige Werke, die zwar vollständige Listen der Anwälte bringen, dabei aber einzelne Adressen im Druck besonders hervorheben.

58. Bei Vereinigungen, deren Bekanntmachungen sich auf den Kreis der Mitglieder beschränken, ist die Nennung von Anwälten in Jahresberichten oder Verzeichnissen der Vereinseinrichtungen unbedenklich, wenn jeder Schein von Anpreisung vermieden wird.

Dagegen ist die Nennung von Anwälten in den regelmäßigen periodischen Veröffentlichungen der Vereinigungen zu beanstanden.

II. Fachanwaltschaft

59. Dem Anwalt ist es verboten, nach außen hin kundzumachen, daß er ein Spezialgebiet besonders bearbeite. Die vor einigen Jahren eingeführte Möglichkeit, sich unter gewissen Voraussetzungen als Fachanwalt für ein bestimmtes Rechtsgebiet dem Publikum gegenüber zu bezeichnen, besteht nicht mehr; das Standesrecht ist vielmehr zu der Auffassung zurückgekehrt, daß ein derartiges Verfahren unzulässig ist.

III. Titelführung

60. Die Führung von nicht im Anwaltsberufe erworbenen Titeln und Amtsbezeichnungen ist unzulässig, soweit es sich um die Ausübung des Anwaltsberufs handelt. Hiervon sind nur der Doktorgrad und die Amtsbezeichnung als Notar ausgenommen.

Das gilt auch von Titeln und Amtsbezeichnungen, die eine nebenberufliche Tätigkeit des Rechtsanwalts bezeichnen, und

---

[8]) Vgl. hierzu auch die JW. 1935 S. 27 abgedruckte Bek. der Reichs-Rechtsanwaltskammer.

zwar auch für den Fall, daß diese nebenberufliche Tätigkeit in engem und innerem Zusammenhange mit dem Anwaltsberufe steht (Professor an der Universität, Dozent an der Handelshochschule, Vorsitzender des Arbeitsgerichts)[9]).

IV. Zweigbüros und Sprechtage[10])

61. Der Anwalt darf ein Zweigbüro nur mit Einwilligung seines Kammervorstandes und des für den Ort des Zweigbüros zuständigen Kammervorstandes errichten.

Für den Geschäftsbetrieb des Zweigbüros gelten die allgemeinen Grundsätze der Berufsausübung. Der Anwalt trägt insbesondere auch für diesen Geschäftsbetrieb die volle eigene Verantwortung und muß den in dem Zweigbüro Rechtsuchenden persönlich zur Verfügung stehen.

Die gleichen Grundsätze gelten für die Einrichtung von Sprechtagen außerhalb des Ortes der Niederlassung.

V. Verkauf der Praxis

62. Der Kauf und Verkauf einer Rechtsanwaltspraxis, d. h. die Vereinbarung eines Entgelts nicht für bestimmte vorhandene Werte, wie Möbel, Außenstände, sondern für die Praxis als solche, wird im allgemeinen mißbilligt. Bei besonderen Umständen sind Ausnahmen denkbar.

63. Die öffentliche Kundmachung der Absicht, eine Praxis abzugeben oder zu übernehmen, darf nur in Fachzeitschriften erfolgen. Es ist dabei zu beachten, daß die Fassung der Anzeige nicht den Anschein erweckt, als sei der unzulässige Verkauf oder Kauf einer Praxis beabsichtigt.

J. Verhältnis zur Kanzlei

64. Der Anwalt muß im Verhältnis zu seinen Kanzleiangestellten[11]) sich völlige Freiheit erhalten.

Insbesondere muß er die Beziehungen zu den leitenden Kanzleiangestellten so gestalten, daß nicht die selbständige Be-

[9]) Wegen der Bezeichnung als Mitglied des NSRB. vgl. JW. 1935 S. 1836, 1936 S. 565, 3040.

[10]) Siehe jedoch die neue Regelung im § 20 Abs. 2, 3 RRAnwO. u. oben S. 145.

[11]) Wegen der Gehilfenprüfung für Anwaltsangestellte vgl. die JW. 1935 S. 683 abgedruckte Vereinbarung.

stimmung des Anwalts über seine Praxis beeinträchtigt oder gefährdet wird. Unzulässig ist es, Angestellten die Erteilung von Rechtsauskünften zu überlassen.

65. Der Anwalt ist verantwortlich für den Betrieb seiner Kanzlei und muß vor allem dafür Sorge tragen, daß die Kanzlei nicht Maßnahmen trifft, die er selbst nicht treffen darf.

Unzulässig ist insbesondere auch, das Kosten- und Gebührenwesen völlig und ohne eigene Nachprüfung der Kanzlei zu überlassen. Namentlich trägt der Rechtsanwalt persönlich die Verantwortung für die Kostenrechnungen.

66. Unbedingt unzulässig ist jede wirtschaftliche Abhängigkeit von Kanzleiangestellten, insbesondere jede unmittelbare oder mittelbare Gewinnbeteiligung des Kanzleivorstehers.

K. Verkehr mit Prozeßagenten, Rechtsbeiständen und anderen nichtanwaltlichen Rechtsvertretern[12])

67. Im Verkehr mit Nichtanwälten, die das Verhandeln vor Gericht oder die anderweitige Bearbeitung von Rechtssachen geschäftsmäßig betreiben, ist zwischen folgenden Gruppen von Rechtsvertretern zu unterscheiden:

a) Den Personen, denen das mündliche Verhandeln vor einem Amtsgericht nach § 157 Abs. 3 ZPO. mit Rücksicht auf ein bestehendes Bedürfnis durch Anordnung der Justizverwaltung gestattet ist (Prozeßagenten);

b) den Mitgliedern der der „Deutschen Rechtsfront" angeschlossenen Reichsberufsgruppe Rechtsbeistände, die durch den Prüfungsausschuß für Rechtsbeistände zur Berufstätigkeit zugelassen sind;

c) den ohne Zulassung tätigen Rechtsvertretern (Winkelkonsulenten).

Für Winkelkonsulenten ist im deutschen Rechtsleben kein Raum mehr; der berufliche Verkehr mit ihnen ist daher schlechthin unzulässig.

68. Mit den Prozeßagenten und Rechtsbeiständen ist ein Verkehr zulässig; der Anwalt hat jedoch gewissenhaft darauf zu achten, daß er den Prozeß unter Wahrung der anwaltlichen Standessitte verantwortlich leitet. Er hat seine Selbständigkeit

---

[12]) Vgl. jedoch hierzu die inzwischen in dem Rechtsberatungsmißbrauchsges. (unten S. 187 f.) getroffene Regelung.

gegenüber dem Prozeßagenten oder Rechtsbeistand zu wahren und alles zu vermeiden, was darauf deuten könnte, daß er die Verbindung zu einer Erweiterung seiner Praxis benutzte.

69. Der allgemeine Grundsatz, daß jegliche Gewährung von Vergütung für die Übertragung von Aufträgen (Gebührenteilung, Auslagenvergütung u. dgl.) unstatthaft ist, ist im Verkehr mit Prozeßagenten und Rechtsbeiständen besonders scharf zu beachten.

Schriftsätze eines Prozeßagenten oder Rechtsbeistandes darf der Rechtsanwalt nur auf Grund selbständiger Durcharbeit als eigene Schriftsätze einreichen.

Der Rechtsanwalt darf nicht durch seinen Beistand Prozeßagenten oder Rechtsbeiständen die Umgehung der ihr Auftreten vor Gericht beschränkenden Vorschriften ermöglichen.

70.[1]) Für den Verkehr mit Firmen, Vereinigungen oder anderen Stellen, deren Zweck die Einziehung von Forderungen ist, und welchen nach der Dritten Verordnung zur Ausführung des Gesetzes zur Verhütung von Mißbräuchen auf dem Gebiete der Rechtsberatung vom 25. Juni 1936[2]) die Erlaubnis nur für die außergerichtliche Einziehung von Forderungen erteilt ist (Inkassobüros), gilt folgendes:

1. Vorbehaltlich der jederzeit widerruflichen Genehmigung des Präsidenten der Rechtsanwaltskammer seines Bezirks darf der Anwalt mit dem Inkassobüro, für welches ihm die Genehmigung erteilt ist, laufend zusammenarbeiten.

2. Die Genehmigung soll in aller Regel nur für die Zusammenarbeit mit einem Inkassobüro erteilt werden.

3. Die Genehmigung kann von Auflagen, beispielsweise davon abhängig gemacht werden, daß der Nachweis erbracht wird, daß noch weitere Anwälte mit dem Inkassobüro zusammenarbeiten.

4. Für die Art der Zusammenarbeit im einzelnen gilt folgendes:

a) Auftraggeber des Anwalts ist derjenige, dem die Forderung zusteht. Dieser hat die Vollmacht zu erteilen.

b) Unbeschadet dieses Grundsatzes darf der Anwalt zur Erleichterung des Geschäftsverkehrs laufend mit dem Inkassobüro verkehren. Er kann Aufträge Dritter durch das Inkassobüro entgegennehmen, wenn die Vollmacht des Auftraggebers beigefügt ist.

---

[1]) Nr. 70 ist in der Fassung vom September 1936 (JW. S. 2698) abgedruckt.
[2]) Abgedruckt unten S. 202.

Es bleibt seiner anwaltlichen Verantwortung überlassen, ob und inwieweit er nach Sachlage mit dem Auftraggeber in unmittelbaren Verkehr treten muß. Insbesondere ist es zulässig, auf Grund ausdrücklicher Einwilligung des Auftraggebers die eingezogenen Beträge an das Inkassobüro abzuführen. Es genügt eine allgemeine widerrufliche Einwilligungserklärung des Auftraggebers für alle von ihm erteilten Aufträge.

c) Wird die Sache streitig, so soll sich der Anwalt mit dem Auftraggeber unmittelbar in Verbindung setzen, es sei denn, daß besondere Umstände es rechtfertigen, hiervon abzusehen.

d) Hinsichtlich der Gebühren des Rechtsanwalts, welcher auf Grund erteilter Genehmigung des Präsidenten der Rechtsanwaltskammer in ständiger Geschäftsverbindung mit einem Inkassobüro steht, gelten die anliegenden „Richtlinien für die Gebührenberechnung in Beitreibungssachen bei Zusammenarbeit mit genehmigten Inkassobüros“[3]).

b. Richtlinien für die Gebührenberechnung in Beitreibungssachen

vom 5. Dezember 1934 (vgl. JW. 1935 S. 109).

In dem Bestreben, den rechtsuchenden Volksgenossen die Berufstätigkeit des Anwaltsstandes zu den geringsten tragbaren Gebühren zur Verfügung zu stellen und es zu ermöglichen, daß die sogenannten „Beitreibungssachen“ wieder in größerem Umfange als in der vergangenen Krisenzeit dem Anwalt als dem rechtskundigen Berater der Volksgenossen übertragen werden, hat die Reichs-Rechtsanwaltskammer auf Grund der Beratungen in ihrer Vollsitzung vom 5. Dezember 1934 beschlossen, nach Maßgabe der folgenden Richtlinien auch eine von der Reichsgebührenordnung für Rechtsanwälte abweichende Gebührenrechnung in Beitreibungssachen zuzulassen:

1.

Beitreibungssachen sind gerichtliche Mahn-, Prozeß- oder Zwangsvollstreckungsverfahren, die ohne streitige Verhandlung durchgeführt werden können und Forderungen ständiger Auftraggeber eines Anwalts aus laufenden Geschäften auf Grund

---

[3]) Abgedruckt unten S. 180.

von Kauf-, Miet-, Pacht-, Dienst- oder Werkverträgen betreffen[1]).

Voraussetzung ist, daß der Auftraggeber seine sämtlichen in einem Gerichtsbezirk geltend zu machenden Beitreibungssachen seinem ständigen Anwalt[2]) überträgt.

Die Geltendmachung von dinglichen Ansprüchen und die Zwangsvollstreckung in das unbewegliche Vermögen gehören nicht zu den Beitreibungssachen.

2.

In Beitreibungssachen werden von den Rechtsanwälten die gesetzlichen Anwaltsgebühren dem Auftraggeber gegenüber nicht geltend gemacht, wenn die Forderung nebst Kosten nicht eingegangen ist.

Geht die Forderung nur zum Teil ein, so wird der beigetriebene Betrag in erster Linie zur Abdeckung der entstandenen gesetzlichen Gebühren verwendet.

3.

Die baren Auslagen des Rechtsanwalts für Porto, Ferngespräche, Gerichts- und Gerichtsvollziehergebühren sowie Schreibgebühren für gewünschte Abschriften u. a. hat der Auftraggeber auch dann zu erstatten, wenn sie vom Schuldner bei der Kosteneinziehung nicht beigetrieben werden können.

Zur Abdeckung seiner sonstigen allgemeinen Unkosten berechnet der Anwalt dem Auftraggeber gegenüber für die Tätigkeit bis zur Erwirkung des Titels einen Betrag von 2 v. H. der beizutreibenden Forderung[3]), mindestens jedoch 1 RM. für jede Sache. Dieser Unkostenbeitrag wird für das Vollstreckungsverfahren nochmals erhoben. Er verbleibt dem Anwalt auch dann, wenn Kosten und Forderung beigetrieben werden.

---

[1]) Wegen der Erstreckung auf Verfahren, in denen Ansprüche auf Versicherungsprämien ohne streitige Verhandlung geltend gemacht werden, und wegen des Inkraftsetzens durch Beschluß des Kammervorstandes (jetzt des Präsidenten der Rechtsanwaltskammer) vgl. die Bek. vom 14. Februar 1935 (JW. S. 683). Wegen der Klagen aus Abzahlungsverkäufen auf Zahlung oder Rückgabe der gelieferten Sachen s. JW. 1935 S. 2122.

Siehe dagegen wegen der Nichtzugehörigkeit der Klagen auf Räumung und Aufhebung eines Mietverhältnisses sowie der gemischten Klagen auf Räumung und Mietzinszahlung zu den Beitreibungssachen Mitteilungen der Berliner Anwaltskammer Nr. 2/35, JW. 1935 S. 1675.

[2]) Wegen der Teilung von Beitreibungssachen vgl. JW. 1935 S. 2122.

[3]) Wegen der Berechnung des Forderungswertes vgl. JW. 1935 S. 2122.

4.

Der Rechtsanwalt erhebt in Beitreibungssachen keine Vorschüsse auf seine Gebühren.

5.

Wird der Auftrag vom Auftraggeber vor Beendigung durch Zwangsvollstreckung zurückgezogen oder von vornherein keine Vollstreckung durch den Anwalt gewünscht, so sind die gesetzlichen Gebühren zu zahlen.

6.

Der Rechtsanwalt hat eine Liste der Auftraggeber zu führen, für die er Beitreibungssachen nach vorstehenden Richtlinien übernimmt. Der Beginn dieses Auftragsverhältnisses ist darin zu vermerken.

c. Richtlinien für die Gebührenberechnung in Beitreibungssachen bei Zusammenarbeit mit genehmigten Inkassobüros

(JW. 1936 S. 2698).

1. Der Rechtsanwalt macht die gesetzlichen Anwaltsgebühren dem Inkassobüro und dem Auftraggeber gegenüber nicht geltend, wenn die Forderung nebst Kosten nicht eingegangen ist.

2. Die baren Auslagen des Rechtsanwalts für Porto, Ferngespräche, Gerichts- und Gerichtsvollziehergebühren sowie Schreibgebühren für gewünschte Abschriften u. a. hat das Inkassobüro auch dann zu erstatten, wenn sie vom Schuldner bei der Kosteneinziehung nicht beigetrieben werden können.

Bei erfolgloser Beitreibung zahlt das Inkassobüro dem Rechtsanwalt zur Deckung seiner sonstigen allgemeinen Unkosten eine Vergütung. Als Mindestvergütung muß der Rechtsanwalt 2 RM. für jede ihm übertragene Sache berechnen.

3. Bleibt die Beitreibung zum Teil erfolglos, so ist die beigetriebene Summe zunächst zur Begleichung der nach Ziffer 2 Absatz 1 und 2 zu zahlenden Beträge zu verwenden. Der Rest ist auf die Forderung und die gesetzlichen Anwaltsgebühren im entsprechenden Verhältnis zu verteilen.

4. Der Rechtsanwalt erhebt weder von dem Inkassobüro noch von dem Auftraggeber Vorschüsse auf seine Gebühren.

5. Wird der Auftrag vor Beendigung durch Zwangsvollstreckung zurückgezogen oder von vornherein keine Vollstreckung durch den Anwalt gewünscht, so sind die gesetzlichen Gebühren zu zahlen.

Wird derselbe Anwalt später mit der weiteren Durchführung der Zwangsvollstreckung beauftragt und bleibt diese ganz oder teilweise erfolglos, sind die Ziffern 1 bis 3 bei der endgültigen Abrechnung anzuwenden.

d. Durchführung des Gesetzes v. 13. Dezember 1935

Anordnung Nr. 1 des Präsidenten der Reichs-Rechtsanwaltskammer vom 23. Dezember 1935

(Dt. Just. 1936 S. 25; MdRRAK. 1936 S. 46).

Mit dem Gesetz vom 13. Dezember 1935 (RGBl. I S. 1470) wird im Aufbau der Reichs-Rechtsanwaltskammer der Übergang vom Kollegialsystem zum Präsidialsystem vollzogen. Der Erlaß von Ausführungsbestimmungen zu diesem Gesetz, die Errichtung der Satzung und die Bekanntgabe der Geschäftsordnung steht bevor. Bis zu diesem Zeitpunkt gelten für die weitere Bearbeitung in den Anwaltskammern folgende Grundsätze:

A. Organisation.

Die Neugliederung der Reichs-Rechtsanwaltskammer ist bereits mit dem Inkrafttreten des neuen Gesetzes vollzogen. Es bestehen daher weder die Reichs-Rechtsanwaltskammer im bisherigen Sinne noch die bisherigen Kammervorstände. Vielmehr besteht nunmehr lediglich die neue Reichs-Rechtsanwaltskammer im Sinne des § 41 RAO. in der Fassung des Gesetzes vom 13. 12. 1935 *[jetzt: § 46 RRAnwO.]*.

Unbeschadet der Frage der endgültigen Besetzung der Organe der neuen Reichs-Rechtsanwaltskammer werden die Geschäfte des Präsidenten und des Präsidiums der Reichs-Rechtsanwaltskammer zunächst von dem Präsidenten und dem Präsidium der bisherigen Reichs-Rechtsanwaltskammer, die Geschäfte der örtlichen Rechtsanwaltskammern und ihres Präsidenten von den bisherigen Vorsitzenden und Mitgliedern der Anwaltskammern wahrgenommen. Der Ehrengerichtshof und die Ehrengerichte versehen in der bisherigen Besetzung ihre Ämter bis zur Neubildung.

Die organisatorische Umstellung auf das Präsidialsystem ist auch nach außen dadurch zum Ausdruck zu bringen, daß die Behörden der bisherigen Kammervorstände als „Der Präsident der Rechtsanwaltskammer in ....", die Spitzenbehörde als „Der Präsident der Reichs-Rechtsanwaltskammer" bezeichnet werden.

„Reichs-Rechtsanwaltskammer" nennt das Gesetz die Zusammenfassung aller bei den Gerichten des Deutschen Reiches zugelassenen Rechtsanwälte (§ 41; *jetzt: § 46*), „Rechtsanwaltskammer" dagegen nur die an die Stelle der bisherigen Kammervorstände getretenen örtlichen Verwaltungsorgane (§§ 49, 50 Abs. 2; *jetzt: §§ 54, 55 Abs. 2*).

Die Präsidenten der Rechtsanwaltskammern sind für ihren Aufgabenbereich allein verantwortlich und zeichnungsberechtigt. Sie sind dadurch aber nicht gehindert, einzelne Geschäfte, z. B. Kassengeschäfte, einem Mitglied ihrer Kammer zu übertragen oder, wo dies schon nach der bisherigen Geschäftsordnung zugelassen war, die Geschäfte der Standesaufsicht in Abteilungen bearbeiten zu lassen. In diesen Fällen zeichnet der Bevollmächtigte bzw. Abteilungsleiter „Der Präsident i. V.". Die Bezeichnung „Der Präsident der Rechtsanwaltskammer" in den §§ 52, 53, 54 *[jetzt: §§ 57, 58, 59]* erstreckt sich auf die Gesamtbehörde im Sinne der bisherigen Kammervorstände.

§ 67 *[jetzt: § 71]* Abs. 2 ist dahin zu verstehen, daß der Vorsitz im Ehrengericht in den Fällen, in denen der Präsident der Rechtsanwaltskammer dem Ehrengerichtshof angehört, von seinem Vertreter geführt wird. Auch die Aufgaben aus § 97 *[jetzt: § 105]* Abs. 2 und 4 können auf ein Mitglied der Rechtsanwaltskammer, insbesondere auf den Schriftführer, delegiert werden. Die hierbei im einzelnen auftretenden Zweifelsfragen werden in der Geschäftsordnung zu klären sein.

B. Zulassung zur Rechtsanwaltschaft.

Nach dem Gesetz vom 13. Dezember 1935 findet eine ehrengerichtliche Nachprüfung in Zulassungsfällen nur noch bei der Zurücknahme der Zulassung, nicht aber bei der Versagung einer

Zulassung statt. Über Zulassungsgesuche entscheidet jetzt der Reichsminister der Justiz im Einvernehmen mit dem Reichsführer des BNSDJ endgültig. Schwebende Ehrengerichtsverfahren, in denen die Berechtigung eines von der Justizverwaltung angegebenen Versagungsgrundes nachgeprüft werden soll, sind in dem Stadium, in dem sie sich zur Zeit befinden, einzustellen. Das Verfahren bei neuen Zulassungsgesuchen wird in einer in wenigen Tagen erscheinenden Allgemeinen Verfügung des Herrn Reichsministers der Justiz geregelt werden. Die Weiterleitung solcher Gesuche ist bis zum Erlaß dieser Allgemeinen Verfügung zurückzustellen.

C. Probe- und Anwärterdienst.

Zur Vorbereitung der Unterbringung der Assessoren im Probe- und Anwärterdienst sind Listen über diejenigen Anwälte aufzustellen, die gewillt und geeignet sind, Assessoren im Probe- und Anwärterdienst zu beschäftigen. Die Unterbringung wird grundsätzlich in der bisher bei der Beschäftigung von Referendaren üblichen Weise zu erfolgen haben, daß der Assessor selbst die Überweisung an einen bestimmten Anwalt nachzusuchen hat, dessen Einverständnisses er sich vorher versichert hat. In diesen Fällen ist lediglich die Eignung des gewählten Anwalts nachzuprüfen. Nur in den Fällen, in denen der Assessor einen zur Beschäftigung bereiten Anwalt nicht finden kann, kommt die Vermittlung der Rechtsanwaltskammer in Frage [1]). Bleibt auch eine solche Vermittlung erfolglos, so hat die Zuweisung des Assessors an einen bestimmten Anwalt von Amts wegen zu erfolgen. Über die Zahl der in den einzelnen Bezirken überwiesenen Assessoren, der bei aufnahmebereiten Anwälten noch freien Stellen und über die bei der Unterbringung sich etwa ergebenden Schwierigkeiten ist erstmalig zum 31. Januar 1936 zu berichten. Dabei ist besonders anzugeben, in welchen Fällen und aus welchen Gründen die Besoldung des Assessors nicht durch den Rechtsanwalt erfolgen kann.

---

[1]) Wegen der Vermittlungstätigkeit der Abt. Berufsbetreuung des NSRB. — zunächst im Bezirk Berlin — vgl. die Bek. des Präs. der RAK. Berlin vom 18. Juli 1936 (MdRRAK. S. 118; JW. S. 2378). Wegen der Tätigkeit der Gausozialämter des NSRB. außerhalb Berlins vgl. die Bek. der RRAK. vom 15. September 1936 (JW. S. 2784).

e. Gebührenvereinbarungen nach Durchführung der Simultanzulassung der Amtsgerichtsanwälte beim übergeordneten Landgericht

Anordnung Nr. 2 des Präsidenten der Reichs-Rechtsanwaltskammer vom 23. Dezember 1935 (Deutsche Justiz 1936 S. 26).

Im Hinblick auf die bevorstehende endgültige Durchführung der Simultanzulassung der Amtsgerichtsanwälte bei den Landgerichten wird zur Behebung von Zweifeln über die Zulässigkeit von Gebührenvereinbarungen nach Anhörung der Vollversammlung der Reichs-Rechtsanwalts-Kammer folgendes bestimmt:

1. Teilen sich mehrere Anwälte, die bei demselben Gericht zugelassen sind, in die Bearbeitung eines Prozeßauftrages, so sind sie berechtigt, die entstehenden Gebühren nur einmal zu erheben und untereinander gleichmäßig zu verteilen. Dies gilt insbesondere für den Fall, daß der eine Anwalt die Besprechungen mit dem Auftraggeber und die Vorbereitung der Schriftsätze, der andere Anwalt die Wahrnehmung der mündlichen Verhandlung übernimmt. Die Abgabe eines Teils der Gebühren nur für die Weitergabe des Auftrags ist unzulässig (vgl. Richtlinien für die Ausübung des Anwaltberufs, Ziffer 39).

2. Übernimmt ein nicht am Sitze des Prozeßgerichts niedergelassener Anwalt die alleinige Bearbeitung eines Prozeßauftrags, so darf er auf die Erstattung der gesetzlichen Reisekosten [1]) für die Wahrnehmung der mündlichen Verhandlung weder gegenüber dem Auftraggeber noch in Armensachen gegenüber der Staatskasse [2]) im voraus verzichten. Ein solcher Verzicht ist als ein Unterbieten der Berufsgenossen standeswidrig (vgl. Richtlinien für die Ausübung des Anwaltsberufs, Ziffer 32).

3. Standeswidrig ist es, in Sachen, die zur Zuständigkeit des Landgerichts gehören, die Zuständigkeit des Amtsgerichts zu vereinbaren oder durch Erhebung von sachlich nicht gerechtfertigten Teilklagen herbeizuführen (vgl. Richtlinien für die Ausübung des Anwaltsberufs, Ziffer 20).

---

[1]) Vgl. hierzu die Bek. vom 30. Januar 1936, abgedruckt JW. 1936 S. 367 (Verzicht unzulässig auf bar verauslagte Reisekosten, nicht dagegen auf Zusatzgebühren wie Abwesenheitsgelder z. B.).

[2]) Im wesentlichen gegenstandslos durch die oben S. 122 abgedruckte VO. vom 30. April 1936.

f. Besoldung[1]) der Assessoren im Probe- und Anwärterdienst

Bekanntmachung des Präsidenten der Reichs-Rechtsanwaltskammer Nr. 18/36 vom 2. März 1936 (MdRRAK. S. 49, JW. S. 706).

1. Die den Rechtsanwälten im Probe- und Anwärterdienst überwiesenen Assessoren haben nach dem RBesoldG. vom 16. Dezember 1927 (RGBl. I, 349) und der Diätenordnung für die außerplanmäßigen Beamten vom 1. November 1931 (§ 1 Nr. 4 des Kapitels IV. NotVO. des RPräs. vom 6. Oktober 1931 [RGBl. I, 546]), Anspruch auf folgende Bezüge:

a) Grundgehalt: Im ersten und zweiten Dienstjahr 3400 RM., im dritten und vierten Dienstjahr 3950 RM.

b) Örtlicher Sonderzuschlag: An manchen Orten (Berlin, Hamburg und einigen benachbarten preußischen Gemeinden sowie an einigen Orten der Rheinprovinz und Westfalen) wird allen Beamten ein Sonderzuschlag von 3 oder 5% gewährt. Ein Verzeichnis der betreffenden preußischen Orte ist im PrBesoldBl. 1930, 79, ergänzt a. a. O. 1933, 69, veröffentlicht. Im übrigen können hierüber die Gerichtskassen Auskunft erteilen.

c) Wohnungsgeldzuschuß, verschieden nach Ortsklassen:

	Ortsklasse:				
	Sonderklasse:	A	B	C	D
ledig	864	732	606	474	348
verheiratet . .	1152	1008	792	648	474

Die Zugehörigkeit der Orte zu den Ortsklassen ist aus dem Kalender für Reichsjustizbeamte zu ersehen; im übrigen können die Gerichtskassen Auskunft erteilen.

d) Kürzungen: Die sich aus den Ziffern a bis c ergebenden Bezüge erfahren durch die drei Gehaltskürzungsverordnungen

[1]) Zur Rechtsstellung der Assessoren im anwaltlichen Probe- und Anwärterdienst vgl. auch das Rundschreiben des Präs. der RRAK. vom 25. Mai 1936, MdRRAK. S. 69. — Wegen der Befreiung der Assessoren im anwaltlichen Probe- und Anwärterdienst von der Angestelltenversicherung vgl. AV. d. RJM. vom 25. August 1936 (Dt. Just. S. 1282).

(RGBl. 1930 I 517 und 1931 I 282 und 738) insgesamt folgende Kürzung:

Bei der Sonderklasse und der Ortsklasse A werden die ersten 3000 RM. um 19%, der Mehrbetrag um 20% gekürzt.

Bei den Ortsklassen B bis D werden die ersten 3000 RM. um 20%, der Mehrbetrag um 21% gekürzt.

e) Kinderzuschlag: Für jedes minderjährige Kind monatlich 20 RM.

2. Nach dem Gesetz hat der Rechtsanwalt einen ihm überwiesenen Assessor grundsätzlich selbst mit diesen gesetzlichen Bezügen zu besolden. Die Vereinbarung eines Entgelts unter den gesetzlichen Bezügen ist unstatthaft.

Anwälten, die zur vollen Besoldung eines ihnen überwiesenen Assessors wirtschaftlich nicht in der Lage sind, kann der Präsident der Rechtsanwaltskammer auf begründeten Antrag aus Mitteln der Reichs-Rechtsanwaltskammer einen Zuschuß bewilligen. Der Zuschuß ist in monatlichen Raten an den Anwalt zu leisten. Der Anwalt hat über die Verwendung des Zuschusses Rechnung zu legen.

F. Die Vorschriften über die geschäftsmäßige Besorgung fremder Rechtsangelegenheiten

1. Allgemeine Rechtsbesorgung

a. Gesetz zur Verhütung von Mißbräuchen auf dem Gebiete der Rechtsberatung

vom 13. Dezember 1935 (RGBl. I S. 1478).

Artikel 1.

§ 1.

(1) Die Besorgung fremder Rechtsangelegenheiten, einschließlich der Rechtsberatung und der Einziehung fremder oder zu Einziehungszwecken abgetretener Forderungen, darf geschäftsmäßig — ohne Unterschied zwischen haupt- und nebenberuflicher oder entgeltlicher und unentgeltlicher Tätigkeit — nur von Personen betrieben werden, denen dazu von der zuständigen Behörde die Erlaubnis erteilt ist.

(2) Die Erlaubnis darf nur erteilt werden, wenn der Antragsteller die für den Beruf erforderliche Zuverlässigkeit und persönliche Eignung sowie genügende Sachkunde besitzt und das Bedürfnis nicht bereits durch eine hinreichende Zahl von Rechtsberatern gedeckt ist.

§ 2.

Die Erstattung wissenschaftlich begründeter Gutachten und die Übernahme der Tätigkeit als Schiedsrichter bedürfen der Erlaubnis gemäß § 1 nicht.

§ 3.

Durch dieses Gesetz werden nicht berührt:

1. die Rechtsberatung und Rechtsbetreuung, die von Behörden, von Dienststellen der NSDAP und ihrer Gliederungen[1], von Körperschaften des öffentlichen Rechts[2] sowie von den der NSDAP angeschlossenen Verbänden[4] im Rahmen ihrer Zuständigkeit ausgeübt wird;
2. die Berufstätigkeit der Notare und sonstigen Personen, die ein öffentliches Amt ausüben, sowie der Rechtsanwälte, Verwaltungsrechtsräte[4] und Patentanwälte[5];
3. die Berufstätigkeit der Prozeßagenten (§ 157 Absatz 3 der Zivilprozeßordnung[6]);
4. die Besorgung von Rechtsangelegenheiten auf dem Gebiete des Versorgungswesens durch die im § 48 Absatz 2 des Gesetzes über das Verfahren in Versorgungssachen (Reichsgesetzbl. 1934 I S. 1113) und durch die im § 83 Absatz 2 des Wehrmachtversorgungsgesetzes (Reichsgesetzbl. 1935 I S. 21) bezeichneten Verbände sowie durch Personen, die auf Grund dieser Vorschriften als Bevollmächtigte oder Beistände in Versorgungssachen zugelassen sind;
5. die Besorgung von Rechtsangelegenheiten auf dem Gebiete des Patent-, Gebrauchsmuster- und Warenzeichenwesens in den in den §§ 56 und 60 des Patentanwaltsgesetzes vom 28. September 1933 (Reichsgesetzbl. I S. 669) bestimmten Grenzen;

6. die Tätigkeit als Zwangsverwalter, Konkursverwalter oder Nachlaßpfleger sowie die Tätigkeit sonstiger für ähnliche Aufgaben behördlich eingesetzter Personen;

7. die Tätigkeit von Genossenschaften, genossenschaftlichen Prüfungsverbänden[7] und deren Spitzenverbänden sowie von genossenschaftlichen Treuhand- und ähnlichen genossenschaftlichen Stellen, soweit sie im Rahmen ihres Aufgabenbereichs ihre Mitglieder, die ihnen angehörenden genossenschaftlichen Einrichtungen oder die Mitglieder oder Einrichtungen der ihnen angehörenden Genossenschaften betreuen.

1. Wegen des Kreises der Gliederungen der NSDAP vgl. § 2 der VO. vom 29. März 1935 (RGBl. I S. 502).

2. Wegen der Rechtsberatung durch Stellen des Reichsnährstandes (VO. vom 8. Dezember 1933, RGBl. I S. 1060) vgl. die Anordnung des Reichsbauernführers vom 12. Juni 1935 (JW. 1935 S. 2122).

3. Wegen des Kreises der der NSDAP angeschlossenen Verbände vgl. § 4 der VO. vom 29. März 1935 (RGBl. I S. 502). S. ferner die Vereinbarungen über den Umfang der rechtlichen Betätigung der NSV (JW. 1935 S. 269), der NSKOV (JW. 1936 S. 27), der DAF (JW. 1935 S. 268).

4. Vgl. hierzu das preuß. Ges. vom 25. Mai 1926 (GS. S. 163).

5. S. § 9 Patentanwaltsges., z. T. oben S. 21 abgedruckt.

6. Diese Vorschrift ist oben Anm. 1 zu § 29 RRAnwO. abgedruckt. Wegen des Verfahrens bei der Zulassung von Prozeßagenten s. ferner die AV. des RJM. vom 27. März 1935 (Dt. Just. S. 486).

7. S. hierzu §§ 53f. Genossenschaftsges. in der Fassung des Ges. vom 30. Oktober 1934 (RGBl. I S. 1077).

§ 4.

(1) Die Erlaubnis nach § 1 gewährt nicht die Befugnis zur geschäftsmäßigen Hilfeleistung in

1. Steuersachen,
2. Monopolsachen,
3. Devisensachen und Angelegenheiten der Verordnung über den Warenverkehr vom 4. September 1934 (Reichsgesetzbl. I S. 816),
4. sonstigen von Behörden der Reichsfinanzverwaltung verwalteten Angelegenheiten.

(2) Für die im Absatz 1 Ziffern 1, 2 und 4 bezeichneten Angelegenheiten sind die Vorschriften der Reichsabgabenordnung, des Steueranpassungsgesetzes, des Gesetzes über die Zulassung von Steuerberatern vom 6. Mai 1933 (Reichsgesetzbl. I S. 257) und des Artikels 2 § 2 dieses Gesetzes maßgebend. Die geschäftsmäßige Hilfeleistung in Devisensachen wird besonders geregelt (Artikel 5 Absatz 1 dieses Gesetzes).

(3) Die Befugnis zur Hilfeleistung auf den im Absatz 1 bezeichneten Gebieten ermächtigt nicht zur Rechtsbesorgung in sonstigen Angelegenheiten.

§ 5.

Die Vorschriften dieses Gesetzes stehen dem nicht entgegen,

1. daß kaufmännische oder sonstige gewerbliche Unternehmer für ihre Kunden rechtliche Angelegenheiten erledigen, die mit einem Geschäft ihres Gewerbebetriebs in unmittelbarem Zusammenhang stehen;

2. daß öffentlich bestellte Wirtschaftsprüfer sowie vereidigte Bücherrevisoren in Angelegenheiten, mit denen sie beruflich befaßt sind, auch die rechtliche Bearbeitung übernehmen, soweit diese mit den Aufgaben des Wirtschaftsprüfers oder Bücherrevisors in unmittelbarem Zusammenhange steht;
3. daß Vermögensverwalter, Hausverwalter und ähnliche Personen die mit der Verwaltung in unmittelbarem Zusammenhange stehenden Rechtsangelegenheiten erledigen.

§ 6.

(1) Die Vorschriften dieses Gesetzes stehen ferner dem nicht entgegen,
1. daß Angestellte Rechtsangelegenheiten ihres Dienstherrn erledigen;
2. daß Angestellte, die bei Personen oder Stellen der in den §§ 1, 3 und 5 bezeichneten Art beschäftigt sind, im Rahmen dieses Anstellungsverhältnisses Rechtsangelegenheiten erledigen.

(2) Die Rechtsform des Angestelltenverhältnisses darf nicht zu einer Umgehung des Erlaubniszwangs mißbraucht werden.

§ 7.

Einer Erlaubnis bedarf es nicht, wenn auf berufsständischer oder ähnlicher Grundlage gebildete Vereinigungen oder Stellen[1] im Rahmen ihres Aufgabenbereichs ihren Mitgliedern Rat und Hilfe in Rechtsangelegenheiten gewähren. Diese Tätigkeit kann ihnen jedoch untersagt werden.

1. Wegen der Rechtsberatung durch Stellen des Zentralverbandes Deutscher Haus- und Grundbesitzervereine sowie

des Bundes Deutscher Mietervereinigungen sowie durch deren Unterverbände vgl. die Vereinbarungen JW. 1935 S. 268, 269.

§ 8.

Wer, ohne im Besitz der nach diesem Artikel erforderlichen Erlaubnis zu sein, fremde Rechtsangelegenheiten geschäftsmäßig besorgt oder gegen ein Verbot der im § 7 Satz 2 bezeichneten Art verstößt, wird mit Geldstrafe bestraft.

Artikel 2.

§ 1.

Die Reichsabgabenordnung wird wie folgt geändert:

1. Hinter dem § 107 wird folgender § 107a eingefügt:
   (Die Vorschrift ist unten S. 206 abgedruckt).
2. Der § 200 fällt weg.

§ 2.

(1) Zur geschäftsmäßigen Hilfeleistung
in Steuersachen, soweit sie Steuern eines Landes, einer Gemeinde, eines Gemeindeverbandes oder einer öffentlich-rechtlichem Religionsgesellschaft betreffen,
in Monopolsachen und
in sonstigen von Behörden der Reichsfinanzverwaltung verwalteten Angelegenheiten — mit Ausnahme der Devisensachen —
sind nur befugt:

1. die im § 107a Absatz 3 der Reichsabgabenordnung bezeichneten Personen und Stellen in den dort bezeichneten Grenzen;
2. Helfer in Steuersachen.

(2) Die Vorschriften des § 107a Absätze 2, 4 bis 8 der Reichsabgabenordnung gelten entsprechend.

Artikel 3.

Im § 35 der Gewerbeordnung erhalten die Eingangsworte des Absatzes 3 folgende Fassung:

„Dasselbe gilt — soweit nicht in dem Gesetz zur Verhütung von Mißbräuchen auf dem Gebiete der Rechtsberatung vom 13. Dezember 1935 (Reichsgesetzbl. I S. 1478) oder in sonstigen reichsrechtlichen Vorschriften ein anderes bestimmt ist — von der gewerbsmäßigen Besorgung bei Behörden wahrzunehmender Geschäfte, ...".

Artikel 4.

Die Durchführung der Artikel 1 und 2 dieses Gesetzes sowie der zu ihrer Ausführung erlassenen Vorschriften begründet keine Ansprüche auf Entschädigung.

Artikel 5.

(1) Die Ausführungsvorschriften werden im Einvernehmen mit den beteiligten Reichsministern zu Artikel 1 dieses Gesetzes von dem Reichsminister der Justiz[1], für die Rechtsbesorgung in Devisensachen[2] und in Angelegenheiten der Verordnung über den Warenverkehr vom 4. September 1934 (Reichsgesetzblatt I S. 816) vom Reichswirtschaftsminister erlassen. Hierbei können ergänzende Bestimmungen getroffen, insbesondere Einschränkungen oder Erweiterungen der Erlaubnispflicht bestimmt werden.

(2) Die Ausführungsvorschriften zu Artikel 2 ergehen auf Grund der §§ 12 und 107a Absatz 5 der Reichsabgabenordnung[3].

1. S. die nachstehend S. 199 f., 202 abgedruckten Verordnungen.

2. Vgl. hierzu die unten S. 211 abgedruckte VO. vom 29. Juni 1936.

3. S. hierzu die unten S. 209 abgedruckte VO. vom 11. Januar 1936.

Artikel 6.

(1) Dieses Gesetz tritt mit dem Tage nach der Verkündung in Kraft[1].

(2) Personen, die die Besorgung fremder Rechtsangelegenheiten bereits vor diesem Zeitpunkt geschäftsmäßig betrieben haben, können ihre Tätigkeit nach Maßgabe der bisherigen Vorschriften bis zum 30. Juni 1936 fortsetzen. Dies gilt entsprechend für Personen, die vor dem Inkrafttreten dieses Gesetzes in Angelegenheiten der im Artikel 1 § 4 bezeichneten Art geschäftsmäßig Hilfe geleistet haben.

1. Die Verkündung im RGBl. I S. 1478 ist am 17. Dezember 1935 erfolgt.

b. (Erste) Verordnung zur Ausführung des Gesetzes zur Verhütung von Mißbräuchen auf dem Gebiete der Rechtsberatung

vom 13. Dezember 1935 (RGBl. I S. 1481).

Auf Grund des Artikels 5 Abs. 1 des Gesetzes zur Verhütung von Mißbräuchen auf dem Gebiete der Rechtsberatung vom 13. Dezember 1935 (Reichsgesetzbl. I S. 1478) wird folgendes verordnet:

§ 1.

(1) Die Erlaubnis nach Artikel 1 § 1 des Gesetzes wird grundsätzlich für einen bestimmten Ort erteilt. Sollen Zweignieder-

lassungen, auswärtige Sprechtage oder dergleichen unterhalten werden, so ist dazu eine besondere Erlaubnis einzuholen.

(2) Soweit die Betätigung im Schriftverkehr ausgeübt wird, unterliegt sie keinen örtlichen Begrenzungen.

§ 2.

(1) Die Erlaubnis ist, sofern der Nachsuchende es beantragt oder dies nach Lage der Verhältnisse sachgemäß erscheint, unter Beschränkung auf bestimmte Sachgebiete zu erteilen.

(2) Die Erlaubnis kann auch unter bestimmten Auflagen erteilt werden.

§ 3.

Bei juristischen Personen sowie bei offenen Handelsgesellschaften und ähnlichen Vereinigungen ermächtigt die Erlaubnis nur zur Berufsausübung durch die in der Erlaubnis namentlich bezeichneten Personen.

§ 4.

Die Erlaubnis soll Personen, die das 25. Lebensjahr noch nicht vollendet haben, in der Regel nicht erteilt werden.

§ 5.

Juden[1] wird die Erlaubnis nicht erteilt.

1. Vgl. hierzu § 5 der Ersten Verordnung zum Reichsbürgergesetz vom 14. November 1935 (RGBl. I S. 1333):

§ 5.

„(1) Jude ist, wer von mindestens drei der Rasse nach volljüdischen Großeltern abstammt. § 2 Abs. 2 Satz 2 findet Anwendung.

(2) Als Jude gilt auch der von zwei volljüdischen Großeltern abstammende staatsangehörige jüdische Mischling,

a) der bei Erlaß des Gesetzes der jüdischen Religionsgemeinschaft angehört hat oder danach in sie aufgenommen wird,
b) der beim Erlaß des Gesetzes mit einem Juden verheiratet war oder sich danach mit einem solchen verheiratet,
c) der aus einer Ehe mit einem Juden im Sinne des Absatzes 1 stammt, die nach dem Inkrafttreten des Gesetzes zum Schutze des deutschen Blutes und der deutschen Ehre vom 15. September 1935 (RGBl. I S. 1146) geschlossen ist,

d) der aus dem außerehelichen Verkehr mit einem Juden im Sinne des Absatzes 1 stammt und nach dem 31. Juli 1936 außerehelich geboren wird."

§ 2 Abs. 2 Satz 2 das. lautet:

„Als volljüdisch gilt ein Großelternteil ohne weiteres, wenn er der jüdischen Religionsgemeinschaft angehört hat."

§ 6.

Ob der Nachsuchende die erforderliche Zuverlässigkeit besitzt, ist unter Berücksichtigung seines Vorlebens, insbesondere etwaiger Strafverfahren, zu prüfen, und zwar gleichgültig, ob ein Strafverfahren mit Einstellung, Nichteröffnung oder Verurteilung geendet hat. Die Erlaubnis ist in der Regel zu versagen, wenn der Nachsuchende nach dem Strafregister wegen eines Verbrechens verurteilt ist oder wegen eines Vergehens, das einen Mangel an Zuverlässigkeit hat erkennen lassen; dazu gehören insbesondere Vergehen gegen Vermögensrechte. Die Erlaubnis ist ferner zu versagen, wenn mit Rücksicht auf die Verhältnisse des Nachsuchenden und die Art seiner Wirtschaftsführung die Belange der Rechtsuchenden gefährdet werden würden.

§ 7.

Personen, die infolge strafrechtlicher oder dienststrafrechtlicher Verurteilung aus dem Beamtenverhältnis oder infolge ehrengerichtlicher Verurteilung oder Zurücknahme der Zulassung aus der Rechtsanwaltschaft ausgeschieden sind, wird die Erlaubnis in der Regel nicht erteilt.

§ 8.

Der Nachsuchende hat seine Sachkunde und Eignung durch genaue Angaben über seinen Ausbildungsgang und seine bisherige berufliche Tätigkeit darzulegen und, soweit möglich, durch Lehr- und Prüfungszeugnisse, Zeugnisse seiner bisherigen Arbeitgeber und dgl. zu belegen.

§ 9.

(1) Die Frage des Bedürfnisses ist nach den Verhältnissen des Ortes, an dem der Nachsuchende seine Tätigkeit betreiben will, und des näheren Wirtschaftsgebiets, dem der Ort angehört, zu beurteilen. Es ist dabei einerseits auf Zahl, Art und Zusammensetzung der Bevölkerung und andererseits auf die bereits vor-

handenen Möglichkeiten zur Befriedigung des Bedürfnisses Rücksicht zu nehmen. Daß der Nachsuchende Aussicht hat, sich durch Beziehungen und dgl. für seine Person ein hinreichendes Tätigkeitsfeld zu beschaffen, genügt nicht, um das Bedürfnis zu bejahen.

(2) Personen, die die Tätigkeit bereits vor dem Inkrafttreten des Gesetzes ausgeübt haben, ist wegen Verneinung des Bedürfnisses die Erlaubnis nur dann zu versagen, wenn sich aus der Zahl der an dem Orte tätigen Rechtsberater erhebliche Mißstände ergeben haben.

§ 10.

(1) Juristischen Personen, insbesondere Gesellschaften mit beschränkter Haftung, soll die Erlaubnis nur erteilt werden, wenn besondere Umstände für diese Rechtsform der Betriebsführung sprechen; dies gilt nicht, wenn die im Artikel 1 § 1 des Gesetzes bezeichnete Tätigkeit bereits vor Inkrafttreten des Gesetzes in dieser Form ausgeübt worden ist.

(2) Bei juristischen Personen und Personenvereinigungen ist in dem Gesuch anzugeben, welche gesetzlichen Vertreter oder leitenden Angestellten die Rechtsbesorgung tatsächlich ausüben sollen.

§ 11.

(1) Über das Gesuch entscheidet der Präsident des Landgerichts, in dessen Bezirk die Rechtsbesorgung ausgeübt werden soll; gehört der Ort zu dem Bezirk eines Amtsgerichts, das einem Präsidenten unterstellt ist, so entscheidet der Amtsgerichtspräsident.

(2) Das Gesuch ist bei dem Amtsgericht einzureichen, in dessen Bezirk die Rechtsbesorgung ausgeübt werden soll. Außer den im § 8 bezeichneten Belegen sind dem Gesuch ein handschriftlicher Lebenslauf sowie Nachweisungen über die Staatsangehörigkeit und die Abstammung des Nachsuchenden beizufügen.

(3) Der Vorstand des Amtsgerichts holt eine Äußerung der Kreispolizeibehörde ein, stellt die erforderlichen weiteren Ermittlungen an und legt das Gesuch mit einer gutachtlichen Äußerung dem nach Abs. 1 zuständigen Präsidenten vor. Kreispolizeibehörde im Sinne dieser Vorschrift ist in Gemeinden mit staatlicher Polizeiverwaltung die staatliche Polizeibehörde, im übrigen in Stadtkreisen der Oberbürgermeister, in Landkreisen in Preußen der Landrat und in den anderen Ländern die entsprechende Behörde

§ 12.

Gegen die Versagung der Erlaubnis ist die Beschwerde im Aufsichtswege an den Präsidenten des Oberlandesgerichts zulässig. Dieser entscheidet endgültig.

§ 13.

Die Erlaubnis erlischt, wenn der Nachsuchende seine Tätigkeit nicht binnen dreier Monate seit Erteilung der Erlaubnis aufnimmt.

§ 14.

(1) Die Erlaubnis ist zu widerrufen, wenn Tatsachen eintreten oder nachträglich bekanntwerden, die eine Versagung der Erlaubnis rechtfertigen; wegen mangelnden Bedürfnisses darf jedoch die Erlaubnis nicht widerrufen werden.

(2) Die Erlaubnis ist ferner zu widerrufen, wenn die Tätigkeit ein Jahr tatsächlich nicht ausgeübt wird.

(3) Sie kann widerrufen werden, wenn gegen die für die Geschäftsführung der Rechtsberater ergehenden Vorschriften wiederholt verstoßen wird oder Auflagen (§ 2 Abs. 2) nicht erfüllt werden.

§ 15.

(1) Der Widerruf wird von dem für die Erteilung der Erlaubnis zuständigen Präsidenten ausgesprochen. Vor der Entscheidung ist der Rechtsberater zu hören und eine Äußerung der Kreispolizeibehörde (§ 11 Abs. 3) einzuholen.

(2) Es kann, wenn dies nach Lage des Falles angemessen erscheint, eine Frist zur Abwicklung der Tätigkeit gewährt werden. Anderenfalls wird der Widerruf mit der Zustellung der Verfügung wirksam.

(3) Die Anfechtung der Entscheidung bestimmt sich nach § 12. Die Beschwerde hat keine aufschiebende Wirkung.

§ 16.

(1) Einer auf berufsständischer oder ähnlicher Grundlage gebildeten Vereinigung oder Stelle ist die Rechtsbesorgung nach § 7 des Gesetzes zu untersagen,

a) wenn die Tätigkeit ganz oder überwiegend von Personen ausgeübt wird, denen die Erlaubnis nach §§ 4 bis 8 dieser Verordnung zu versagen wäre, und in dieser Hinsicht gerügte Mängel nicht in angemessener Zeit abgestellt werden;

b) wenn die Rechtsform der Vereinigung zur Umgehung des Erlaubniszwanges mißbraucht wird.

(2) Das Verbot wird von dem Landgerichts- (Amtsgerichts-) Präsidenten erlassen. § 15 gilt entsprechend.

(3) Im übrigen bleibt die Untersagung nach § 7 Satz 2 des Gesetzes dem Reichsminister der Justiz im Einvernehmen mit den beteiligten Reichsministern vorbehalten.

§ 17.

Die Erteilung und der Widerruf der Erlaubnis (§§ 11, 14) sowie die Untersagung der Rechtsbesorgung (§ 16) sind im Amtsblatt bekanntzumachen. Spricht der Reichsminister der Justiz die Untersagung aus, so kann er eine andere Art der Bekanntmachung anordnen.

c. Verordnung über die Gebühren für die Erlaubnis zur Besorgung fremder Rechtsangelegenheiten und für die Zulassung als Prozeßagent

vom 31. Januar 1936 (RGBl. I S. 57).

§ 1.

(1) Für die Erteilung der Erlaubnis zur Besorgung fremder Rechtsangelegenheiten nach Artikel 1 § 1 des Gesetzes vom 13. Dezember 1935 (RGBl. I S. 1478) wird eine Gebühr von 10 bis 20 Reichsmark erhoben. Die gleiche Gebühr wird für die Zulassung zum mündlichen Verhandeln vor Gericht (§ 157 Abs. 3 der Zivilprozeßordnung) erhoben; sie ist auch dann zu entrichten, wenn dem Gesuchsteller bereits die Erlaubnis zur Besorgung fremder Rechtsangelegenheiten erteilt war.

(2) Neben der Gebühr werden die durch die öffentliche Bekanntmachung der Erlaubniserteilung entstehenden baren Auslagen erhoben. Andere Auslagen sind nicht zu erstatten.

§ 2.

Für die Versagung und den Widerruf der Erlaubnis oder der Zulassung sowie für die Untersagung der Rechtsbesorgung gemäß Artikel 1 § 7 des Gesetzes werden keine Gebühren erhoben. Es sind jedoch die durch die öffentliche Bekanntmachung des Widerrufs oder der Untersagung entstehenden baren Auslagen zu erstatten.

§ 3.

Die Gebühren und ein zur Deckung der Bekanntmachungskosten ausreichender Vorschuß können bereits vor der Erlaubniserteilung oder der Zulassung gefordert werden. Nicht verbrauchte Beträge sind zu erstatten.

§ 4.

Die Gebühren und Auslagen werden nach den für die zwangsweise Einziehung der Gerichtskosten maßgebenden Vorschriften beigetrieben.

§ 5.

Die Verordnung findet auch auf die bei ihrem Inkrafttreten[1]) bereits anhängigen Gesuche Anwendung.

d. Zweite Verordnung zur Ausführung des Gesetzes zur Verhütung von Mißbräuchen auf dem Gebiete der Rechtsberatung

vom 3. April 1936 (RGBl. I S. 359).

Auf Grund des Artikels 5 Abs. 1 des Gesetzes zur Verhütung von Mißbräuchen auf dem Gebiete der Rechtsberatung vom 13. Dezember 1935 (RGBl. I S. 1478) wird folgendes verordnet:

§ 1.

(1) Die Erlaubnis zur geschäftsmäßigen Besorgung fremder Rechtsangelegenheiten verpflichtet zur redlichen, gewissenhaften und ordnungsmäßigen Führung der übernommenen Geschäfte. Das gleiche gilt von der Zulassung als Prozeßagent (§ 157 Abs. 3 der Zivilprozeßordnung).

(2) Unzulässig ist die Mitwirkung in Angelegenheiten, bei denen erkennbar unerlaubte oder unlautere Zwecke verfolgt werden. Unzulässig ist ferner eine Tätigkeit, nachdem eine solche bereits für einen anderen Beteiligten in einem entgegengesetzten Sinn ausgeübt war.

(3) Verboten ist, unaufgefordert Dritten in schriftlichen, mündlichen oder sonstigen Ankündigungen Dienste der im Artikel 1 § 1 des Gesetzes bezeichneten Art anzubieten[2]).

---

[1]) Das ist, da die Verkündung im RGBl. am 7. Februar erfolgt ist, nach dem Ges. vom 13. Oktober 1923 (RGBl. I S. 959) der 8. Februar 1936.

[2]) Wegen der Ausnahmen vom Werbeverbot für Inkassobüros s. die 3. AusfVO., unten S. 202.

§ 2.

(1) Zur ordnungsmäßigen Geschäftsführung gehört, daß die sich auf die einzelnen Angelegenheiten beziehenden Schriftstücke geordnet aufbewahrt werden und über die Angelegenheiten ein fortlaufendes Verzeichnis geführt wird, aus dem die Auftraggeber und ihre Anschriften ersichtlich sind; ferner daß über die erforderten und gezahlten Vergütungen sowie über die Einnahme und die Verwendung fremder Gelder Buch geführt wird. Falls erforderlich, können die mit der Aufsicht betrauten Stellen (§ 3) nähere Weisungen hinsichtlich der Art der Akten- und Buchführung geben.

(2) Schriftstücke, die an Behörden oder Dritte gerichtet werden, haben, auch wenn sie von dem Auftraggeber unterzeichnet sind, auf der ersten Seite Namen und Anschrift des Verfassers zu tragen.

§ 3.

(1) Personen und Personenvereinigungen, denen die Erlaubnis nach Artikel 1 § 1 des Gesetzes erteilt ist, sowie Prozeßagenten unterstehen der Aufsicht des Landgerichts-(Amtsgerichts-)präsidenten. Der Präsident kann mit der Ausübung der Aufsicht richterliche Beamte, insbesondere die Vorstände der Amtsgerichte, beauftragen. Zur Prüfung der Ordnungsmäßigkeit der Geschäftsführung können auch nichtrichterliche Beamte herangezogen werden. Mißbilligungen und Rügen zu erteilen oder den Widerruf der Erlaubnis oder der Zulassung anzudrohen, bleibt dem Präsidenten vorbehalten.

(2) Über Beschwerden entscheidet der Präsident des Oberlandesgerichts endgültig.

§ 4.

(1) Einzelpersonen, denen die unbeschränkte Erlaubnis nach Artikel 1 § 1 des Gesetzes erteilt ist, dürfen nur die Berufsbezeichnung „Rechtsbeistand" führen. Auch Prozeßagenten dürfen sich als „Rechtsbeistand" bezeichnen.

(2) Personen, denen die Erlaubnis auf Grund besonderer Sachkunde für bestimmte Gebiete erteilt ist, können hinsichtlich ihrer Berufsbezeichnung Weisungen gegeben werden; ihnen kann insbesondere die Führung von Bezeichnungen untersagt werden, die einen Irrtum über Art oder Umfang ihrer Tätigkeit hervorrufen können.

(3) Für juristische Personen sowie für Vereinigungen und Stellen, die nach Artikel 1 § 7 des Gesetzes der Erlaubnis nicht bedürfen, können ebenfalls Anordnungen der im Abs. 2 bezeichneten Art ergehen.

(4) Die Entscheidung trifft der Landgerichts- (Amtsgerichts-) präsident. Über Beschwerden entscheidet der Präsident des Oberlandesgerichts endgültig.

(5) Andere als die in den Absätzen 1 und 2 bezeichneten Personen dürfen die Bezeichnung „Rechtsbeistand" nicht führen.

§ 5.

Die Vorschrift des Artikels 1 des Gesetzes stehen dem nicht entgegen, daß Wirtschaftstreuhänder, die der Reichsfachgruppe Wirtschaftsrechtler des Bundes Nationalsozialistischer Deutscher Juristen angehören *[jetzt NSRB.]*, in Angelegenheiten, mit denen sie beruflich befaßt sind, auch die rechtliche Bearbeitung übernehmen, soweit diese mit ihren Berufsaufgaben in unmittelbarem Zusammenhange steht.

e. Dritte Verordnung zur Ausführung des Gesetzes zur Verhütung von Mißbräuchen auf dem Gebiete der Rechtsberatung

vom 25. Juni 1936 (RGBl. I S. 514).

Auf Grund des Artikels 5 Abs. 1 des Gesetzes zur Verhütung von Mißbräuchen auf dem Gebiete der Rechtsberatung vom 13. Dezember 1935 (RGBl. I S. 1478) wird folgendes verordnet:

Das im § 1 Abs. 3 der Zweiten Ausführungsverordnung vom 3. April 1936 (RGBl. I S. 359) bestimmte Werbeverbot gilt nicht für Personen und Unternehmen, denen die Erlaubnis nach Artikel 1 § 1 des Gesetzes für die außergerichtliche Einziehung von Forderungen erteilt ist (Inkassobüros). Eine unlautere oder unangemessene Werbetätigkeit kann im Einvernehmen mit dem Präsidenten des Werberats der Deutschen Wirtschaft von den Landgerichts- (Amtsgerichts-) Präsidenten in Ausübung ihrer Aufsicht (§ 3 der Zweiten Ausführungsverordnung) untersagt werden.

2. Rechtsbesorgung in Steuersachen

f. Aus der Reichsabgabenordnung*)

vom 22. Mai 1931 (RGBl. I S. 161; 1933 I S. 257; 1935 I 1478).

§ 107.

(1) Wer durch Abwesenheit oder sonst verhindert ist, Pflichten zu erfüllen, die ihm im Interesse der Besteuerung obliegen, oder Rechte wahrzunehmen, die ihm nach den Steuergesetzen zustehen, kann dies durch Bevollmächtigte tun.

(2) Bevollmächtigte, die aus der Erteilung von Rat und Hilfe in Steuersachen ein Geschäft machen oder denen die Fähigkeit zum geeigneten schriftlichen oder mündlichen Vortrag mangelt, können zurückgewiesen werden.

(3) Der Absatz 2 gilt nicht[1]:

1. für Rechtsanwälte oder Notare;
2. für Personen, die von einem Landesfinanzamt zugelassen sind; das Landesfinanzamt kann die Zulassung jederzeit zurücknehmen; weder die Verwaltungsgerichte (insbesondere die Finanzgerichte und der Reichsfinanzhof) noch die ordentlichen Gerichte sind zu einer Nachprüfung befugt, ob die Zurücknahme zulässig war.

(4) Die Finanzämter können auch sonst Bevollmächtigte zulassen. Es bleibt ihnen aber unbenommen, sich neben dem Bevollmächtigten an den Steuerpflichtigen selbst zu wenden.

---

*) Wegen der Rechtsbesorgung auf dem Gebiet der Landes-, Gemeinde-, Kirchensteuern usw. s. Art. 2 § 2 des Rechtsberatungsmißbrauchges., oben S. 192.

(5) Der Steuerpflichtige kann sich in jeder Lage des Verfahrens eines Beistandes bedienen. Auf den Beistand finden die Vorschriften der Absätze 2 und 3 Anwendung.

(6) Hat eine Steuerverwaltungsbehörde, ein Finanzgericht (der Vorsitzende eines Finanzgerichts) oder der Reichsfinanzhof (der Vorsitzende eines Senats) jemanden als Bevollmächtigten oder als Beistand zurückgewiesen, so ist das, was der Zurückgewiesene trotz der Zurückweisung schriftlich oder mündlich in Sachen eines anderen vorbringt, ohne steuerrechtliche Wirkung.

(7) Gegen eine Zurückweisung, die von einem Finanzamt oder Landesfinanzamt verfügt wird, ist lediglich die Beschwerde, gegen eine Zurückweisung, die von einem Finanzgericht (dem Vorsitzenden eines Finanzgerichts) oder von dem Reichsfinanzhof (dem Vorsitzenden eines Senats) oder von dem Reichsminister der Finanzen ausgesprochen wird, ist ein Rechtsmittel oder ein sonstiger Rechtsbehelf nicht gegeben. Die ordentlichen Gerichte sind nicht zur Nachprüfung befugt, ob eine Zurückweisung zulässig war; das gleiche gilt für die Finanzgerichte und den Reichsfinanzhof, soweit es sich nicht um Zurückweisungen handelt, die sie selbst ausgesprochen haben.

(8) Eine Vereinbarung, durch die als Entgelt für die Tätigkeit eines Vertreters oder Beistands ein Teil an der von ihm zu erzielenden Steuerermäßigung oder Steuerersparung ausbedungen wird, ist nichtig.

1. Vgl. jedoch hierzu das Gesetz über die Zulassung von

Steuerberatern vom 6. Mai 1933 (Reichsgesetzbl. I S. 257), Art. I, der folgendermaßen lautet:

Artikel I.

§ 1.

(1) Personen, die im Sinn des Gesetzes zur Wiederherstellung des Berufsbeamtentums vom 7. April 1933 (Reichsgesetzbl. I S. 175) nichtarischer Abstammung sind, dürfen als Steuerberater nicht allgemein zugelassen werden. Zulassungen, die solchen Personen bereits erteilt worden sind, sind zurückzunehmen.

(2) Rechtsanwälte oder Notare, auch wenn sie nichtarischer Abstammung sind, dürfen als Bevollmächtigte oder Beistände in Steuersachen von Fall zu Fall zugelassen werden. Andere Personen nichtarischer Abstammung dürfen grundsätzlich auch nicht von Fall zu Fall als Bevollmächtigte oder Beistände in Steuersachen zugelassen werden. Ausnahmen hiervon sind nur insoweit zulässig, als solche anderen Personen als Bevollmächtigte oder Beistände für Angehörige im Sinn des § 67 Absatzes 1 Ziffern 2 und 3 der Reichsabgabenordnung tätig werden.

§ 2.

Personen, die sich in kommunistischem Sinne betätigt haben, dürfen weder allgemein als Steuerberater noch von Fall zu Fall als Bevollmächtigte oder Beistände in Steuersachen zugelassen werden. Zulassungen, die solchen Personen bereits erteilt worden sind, sind zurückzunehmen.

§ 3.

Die Vorschriften der §§ 1 und 2 gelten nicht nur insoweit, als Steuerberater, Bevollmächtigte oder Beistände gegenüber Behörden der Reichsfinanzverwaltung tätig werden, sondern auch insoweit, als sich die Tätigkeit gegenüber Behörden der Länder, Gemeinden oder Gemeindeverbände oder gegenüber kirchlichen Stellen (gegenüber Stellen der christlichen Religionsgesellschaften des öffentlichen Rechts) abspielt.

S. ferner aus dem Steueranpassungsgesetz vom 16. Oktober 1934 (RGBl. I S. 925) den Abschnitt I, Unterabschn. 5:

Angehörige:

§ 10.

Angehörige im Sinne der Steuergesetze sind die folgenden Personen:

1. der Verlobte,
2. der Ehegatte, auch wenn die Ehe nicht mehr besteht,
3. Verwandte in gerader Linie und Verwandte zweiten und dritten Grades in der Seitenlinie,
4. Verschwägerte in gerader Linie und Verschwägerte zweiten Grades in der Seitenlinie,
5. durch Annahme an Kindes Statt in gerader Linie Verbundene,
6. Pflegeeltern und Pflegekinder.

§ 107a.

(1) Personen, die geschäftsmäßig Hilfe in Steuersachen leisten, insbesondere geschäftsmäßig Rat in Steuersachen erteilen, bedürfen dazu der vorherigen allgemeinen Erlaubnis des Finanzamts. Sie sind, wenn ihnen diese Erlaubnis erteilt ist, befugt, die Bezeichnung „Helfer in Steuersachen“ zu führen.

(2) Für die Erstattung wissenschaftlich begründeter Gutachten bedarf es der im Absatz 1 Satz 1 bezeichneten Erlaubnis nicht.

(3) Absatz 1 gilt nicht für

1. Behörden, Dienststellen der NSDAP und ihrer Gliederungen, Körperschaften des öffentlichen Rechts sowie die der NSDAP angeschlossenen Verbände, soweit sie im Rahmen ihrer Zuständigkeit Hilfe in Steuersachen leisten;
2. Rechtsanwälte, Notare, Verwaltungsrechtsräte, Patentanwälte, Prozeßagenten, allgemein zugelassene Steuerberater, öffentlich bestellte Wirtschaftsprüfer und vereidigte Bücherrevisoren;

3. Personen, die von einer Zollbehörde auf Zolltreue verpflichtet sind, soweit sie in Zollsachen oder in anderen Sachen, die von Zollbehörden verwaltet werden, Hilfe leisten;
4. Verwahrer und Verwalter fremden oder zu treuen Händen oder zu Sicherungszwecken übereigneten Vermögens, soweit sie hinsichtlich dieses Vermögens Hilfe in Steuersachen leisten;
5. Unternehmer, die ein Handelsgewerbe betreiben, soweit sie in unmittelbarem Zusammenhang mit einem Geschäft, das zu ihrem Handelsgewerbe gehört, ihren Kunden Hilfe in Steuersachen leisten;
6. genossenschaftliche Prüfungsverbände und deren Spitzenverbände, genossenschaftliche Treuhand- und ähnliche genossenschaftliche Stellen, soweit sie im Rahmen ihres Aufgabenbereichs ihren Mitgliedern Hilfe in Steuersachen leisten;
7. auf berufsständischer oder ähnlicher Grundlage gebildete Vereinigungen oder Stellen, soweit sie im Rahmen ihres Aufgabenbereichs ihren Mitgliedern Hilfe in Steuersachen leisten;
8. Angestellte, soweit sie Steuersachen ihres Dienstherrn erledigen;
9. Angestellte, soweit sie bei den in den Ziffern 1 bis 7 bezeichneten Personen oder Stellen mit der Bearbeitung von Steuersachen beschäftigt sind und ihre Tätigkeit in Steuersachen sich in den Grenzen hält, die für die steuerrechtliche Betätigung des Dienstherrn bestehen.

(4) Die im Absatz 3 Ziffern 4, 7, 8 und 9 bezeichneten Rechtsformen dürfen nicht zu einer Umgehung

des Erlaubniszwangs mißbraucht werden. Soweit ein solcher Mißbrauch vorliegt, kann das Finanzamt die Hilfeleistung in Steuersachen untersagen; im übrigen kann der Reichsminister der Finanzen im Einvernehmen mit den beteiligten Reichsministern den im Absatz 3 Ziffer 7 bezeichneten Vereinigungen und Stellen die Hilfeleistung in Steuersachen untersagen.

(5) Der Reichsminister der Finanzen kann durch Verordnung den Erlaubniszwang einschränken oder erweitern.

(6) Das Finanzamt kann die Erlaubnis (Absatz 1 Satz 1) jederzeit zurücknehmen, auch wenn dies bei Erteilung der Erlaubnis nicht vorbehalten ist. Durch die Zurücknahme erlischt die Befugnis, die Bezeichnung „Helfer in Steuersachen" zu führen.

(7) Die Erlaubnis nach Absatz 1 Satz 1 umfaßt nicht die Befugnis, als Bevollmächtigter oder Beistand vor Behörden aufzutreten. Die Vorschriften des § 107 Absätze 2, 4 bis 8 gelten auch für Personen, denen eine Erlaubnis nach Absatz 1 Satz 1 erteilt worden ist.

(8) Zuwiderhandlungen sind nach § 413 strafbar.

§ 199.

(1) Wer geschäftsmäßig oder gegen Entgelt anderen Rat oder Hilfe in Steuerangelegenheiten erteilt, hat dem Finanzamt auf Verlangen in die Geschäftspapiere, die diese Tätigkeit betreffen, Einsicht zu gewähren. Wird er wegen Steuerhinterziehung oder Teilnahme an einer solchen verurteilt, so kann ihm

das Landesfinanzamt nach der Rechtskraft des Urteils untersagen, seine Tätigkeit fortzusetzen. Gegen den Beschluß ist die Beschwerde an den Reichsfinanzhof zulässig. Dieser entscheidet im Beschlußverfahren. Nach Ablauf eines Jahres seit der Rechtskraft des Beschlusses kann das Landesfinanzamt den Beschluß aufheben.

(2) Der Absatz 1 Satz 1 gilt nicht für Rechtsanwälte und Notare, sofern sie nicht wegen Steuerhinterziehung oder Teilnahme an einer solchen verurteilt sind.

g. Verordnung zur Durchführung des § 107 a der Reichsabgabenordnung

vom 11. Januar 1936 (RGBl. I S. 11).

§ 1.

Der Begriff „Hilfeleistung in Steuersachen" (§ 107a der Reichsabgabenordnung) umfaßt auch die Hilfeleistung in Steuerstrafsachen und die Hilfeleistung bei der Erfüllung der Buchführungspflichten, die auf Grund von Steuergesetzen (zum Beispiel auf Grund der §§ 160 und 161 der Reichsabgabenordnung oder auf Grund der Verordnung über die Führung eines Wareneingangsbuchs) bestehen.

§ 2.

Die Erlaubnis nach § 107a Absatz 1 der Reichsabgabenordnung darf nur erteilt werden, wenn der Gesuchsteller die für den Beruf erforderliche Zuverlässigkeit und persönliche Eignung und genügende Sachkunde besitzt und das Bedürfnis nicht bereits durch eine hinreichende Zahl von Helfern in Steuersachen oder von Personen, die unter § 107a Absatz 3 Ziffer 2 der Reichsabgabenordnung fallen, gedeckt ist.

§§ 3, 4

(entsprechen den §§ 1, 3 der VO. vom 13. Dezember 1935, oben S. 183).

§ 5.

Die Erlaubnis wird Personen, die das fünfundzwanzigste Lebensjahr noch nicht vollendet haben, nicht erteilt.

§ 6.

(1) Juden[1]) wird die Erlaubnis nicht erteilt.

(2) Zur geschäftsmäßigen Hilfeleistung in Steuersachen, die Steuern betreffen, die von einer jüdischen Religionsgesellschaft oder für deren Rechnung erhoben werden, bedürfen Juden einer Erlaubnis nach § 107a Absatz 1 der Reichsabgabenordnung nicht.

§ 7

(entspricht dem § 8 der VO. vom 13. Dezember 1935, S. 184).

§ 8.

(1) ... *(entspricht dem § 9 Abs. 1 der VO. vom 13. Dezember 1935, oben S. 184).*

(2) Personen, die die Tätigkeit bereits vor dem 18. Dezember 1935 ausgeübt haben, ist wegen Verneinung des Bedürfnisses die Erlaubnis nur dann zu versagen, wenn sich aus der Zahl der an dem Ort tätigen Helfer in Steuersachen oder der an dem Ort tätigen Personen, die unter § 107a Absatz 3 Ziffer 2 der Reichsabgabenordnung fallen, erhebliche Mißstände ergeben haben.

§ 9

(entspricht dem § 10 der VO. vom 13. Dezember 1935, oben S. 185).

§ 10.

Über das Gesuch entscheidet das Finanzamt, in dessen Bezirk der Gesuchsteller seinen Wohnsitz hat.

§ 11.

Außer den im § 7 bezeichneten Belegen sind dem Gesuch ein handschriftlicher Lebenslauf sowie Nachweisungen über die Staatsangehörigkeit und die Abstammung des Gesuchstellers beizufügen.

§ 12.

(1) Für die Erteilung der Erlaubnis wird eine Gebühr von 10 bis 20 Reichsmark erhoben.

(2) Für einen Bescheid, durch den das Finanzamt die Erteilung der Erlaubnis ablehnt, wird keine Gebühr erhoben.

(3) Auslagen werden in keinem Fall erhoben.

(4) Beabsichtigt das Finanzamt, eine beantragte Erlaubnis zu

---

[1]) S. hierzu § 5 der VO. zum Reichsbürgerges., oben S. 195.

erteilen, so kann es die Gebühr bereits vor der Erlaubniserteilung festsetzen und fordern. In diesem Fall wird über die beantragte Erlaubnis in der Regel erst nach Entrichtung der Gebühr entschieden.

(5) Die Absätze 1 bis 4 finden auch auf die beim Inkrafttreten dieser Verordnung[1]) bereits anhängigen Gesuche Anwendung.

§ 13.

(1) Gegen Versagung der Erlaubnis ist ausschließlich die Beschwerde nach den Vorschriften der Reichsabgabenordnung[2]) gegeben.

(2) Über die Beschwerde entscheidet das Landesfinanzamt endgültig.

§ 14

(entspricht dem § 13 der VO. vom 13. Dezember 1935, oben S. 186).

3. Rechtsbesorgung in Devisensachen

h. Verordnung über die geschäftsmäßige Hilfeleistung in Devisensachen

vom 29. Juni 1936 (RGBl. I S. 524).

Auf Grund von Artikel 5 des Gesetzes zur Verhütung von Mißbräuchen auf dem Gebiete der Rechtsberatung vom 13. Dezember 1935 (RGBl. I S. 1478) wird verordnet:

§ 1.

(1) Personen, die in fremden Devisensachen geschäftsmäßig Hilfe leisten, bedürfen dazu der vorherigen Erlaubnis des Präsidenten des Landesfinanzamts (Devisenstelle); als Devisensachen im Sinne dieser Verordnung gelten auch Angelegenheiten der Verordnung über den Warenverkehr vom 4. September 1934 (RGBl. I S. 816).

(2) Die Erlaubnis gewährt die Befugnis, vorbehaltlich der auf Grund von § 5 etwa angeordneten Beschränkungen im gesamten Reichsgebiet in fremden Devisensachen einschließlich der Devisenstrafsachen geschäftsmäßig Rat zu erteilen und vor den

---

[1]) Das ist am 18. Januar 1936.

[2]) Vgl. hierzu die §§ 303 ff. RAbgO. (RGBl. 1931 I S. 161).

mit devisenwirtschaftliche Aufgaben betrauten Stellen als Bevollmächtigter oder Beistand aufzutreten.

(3) Personen, denen die Erlaubnis erteilt worden ist, dürfen Rechtsangelegenheiten und Steuersachen erledigen, die mit Devisensachen, mit denen sie befaßt sind, in unmittelbarem Zusammenhang stehen.

(4) Für die Erstattung wissenschaftlich begründeter Gutachten bedarf es der Erlaubnis nicht.

§ 2.

Einer Erlaubnis gemäß § 1 bedürfen nicht

1. Behörden, Dienststellen der NSDAP. und ihrer Gliederungen, Körperschaften des öffentlichen Rechts sowie die der NSDAP. angeschlossenen Verbände, soweit sie im Rahmen ihrer Zuständigkeit Hilfe in Devisensachen leisten;
2. Rechtsanwälte, Notare, Verwaltungsrechtsräte, Patentanwälte, allgemein zugelassene Steuerberater und öffentlich bestellte Wirtschaftsprüfer;
3. Genossenschaften, genossenschaftliche Prüfungsverbände und deren Spitzenverbände sowie genossenschaftliche Treuhand- und ähnliche genossenschaftliche Stellen, soweit sie im Rahmen ihres Aufgabenbereichs für ihre Mitglieder, die ihnen angehörenden genossenschaftlichen Einrichtungen oder die Mitglieder oder Einrichtungen der ihnen angehörenden Genossenschaften Hilfe in Devisensachen leisten;
4. auf berufsständischer oder ähnlicher Grundlage gebildete Vereinigungen oder Stellen, soweit sie im Rahmen ihres Aufgabenbereichs für ihre Mitglieder Hilfe in Devisensachen leisten.

§ 3.

(1) Die Vorschriften dieser Verordnung stehen dem nicht entgegen,

1. daß Verwahrer und Verwalter fremden oder zu treuen Händen oder zu Sicherungszwecken übereigneten Vermögens und für ähnliche Aufgaben behördlich eingesetzte Personen hinsichtlich des verwahrten oder verwalteten Vermögens Devisensachen besorgen;
2. daß Devisenbanken (§ 6 Abs. 8 des Gesetzes über die Devisenbewirtschaftung vom 4. Februar 1935 — RGBl. I S. 106) im Rahmen ihres Geschäftsbetriebs Devisensachen besorgen;

3. daß Handelsfirmen in unmittelbarem Zusammenhang mit einem Geschäft, das zu ihrem Handelsgewerbe gehört, Devisensachen für ihre Kunden besorgen;
4. daß Angestellte Devisensachen ihres Dienstherrn erledigen;
5. daß Angestellte, die bei Personen oder Stellen der in den §§ 1, 2, 3 Abs. 1 Ziffern 1 bis 3 bezeichneten Art beschäftigt sind, im Rahmen dieses Anstellungsverhältnisses Devisensachen erledigen.

(2) Die im Abs. 1 bezeichneten Befugnisse dürfen nicht zu einer Umgehung des Erlaubniszwanges mißbraucht werden.

§ 4.

(1) Die Erlaubnis wird von dem Präsidenten des Landesfinanzamts (Devisenstelle) erteilt, der für den Wohnsitz des Gesuchstellers zuständig ist.

(2) Gegen die Versagung der Erlaubnis ist die Beschwerde an den Reichswirtschaftsminister zulässig.

§ 5.

(1) Die Erlaubnis kann auf ein bestimmtes räumliches Gebiet oder auf die Tätigkeit bei bestimmten, mit devisenwirtschaftlichen Aufgaben betrauten Stellen oder auf bestimmte Sachgebiete beschränkt werden. Dies kann auch nachträglich geschehen.

(2) Soll die Erlaubnis auch die Befugnis zum Auftreten vor einer Überwachungsstelle gewähren, so hat sich der Präsident des Landesfinanzamts vor der Erteilung nach näherer Anweisung, die der Reichswirtschaftsminister im Einvernehmen mit dem Reichsminister für Ernährung und Landwirtschaft erläßt, mit dem betreffenden Reichsbeauftragten ins Einvernehmen zu setzen.

§ 6.

Die Erlaubnis darf nur erteilt werden, wenn der Gesuchsteller die für den Beruf erforderliche Zuverlässigkeit und persönliche Eignung sowie genügend Sachkunde besitzt und das Bedürfnis nicht bereits durch eine hinreichende Zahl von Devisenberatern oder von Personen, die unter § 2 Abs. 1 Ziff. 2 fallen, gedeckt ist.

§ 7.

Die Erlaubnis wird Personen, die das 25. Lebensjahr noch icht vollendet haben, nicht erteilt.

§ 8.

(1) Juden wird die Erlaubnis nicht erteilt.

(2) Der Reichswirtschaftsminister kann auf Antrag Juden und

jüdischen Vereinigungen, die zur Förderung der Auswanderung von Juden tätig werden, die Erlaubnis zur Hilfeleistung in Devisensachen jüdischer Auswanderer erteilen.

§ 9

(entspricht dem § 10 der VO. vom 13. Dezember 1935. oben S. 197).

§ 10.

(1) Der Gesuchsteller hat seine Sachkunde und Eignung durch genaue Angaben über seinen Ausbildungsgang und seine bisherige berufliche Tätigkeit darzulegen und, soweit möglich, durch Lehr- und Prüfungszeugnisse, Zeugnisse seiner bisherigen Arbeitgeber und dergleichen zu belegen.

(2) Außer den in Abs. 1 bezeichneten Belegen sind dem Gesuch ein handschriftlicher Lebenslauf sowie Nachweisungen über die Staatsangehörigkeit und die Abstammung des Gesuchstellers beizufügen.

(3) In dem Gesuch ist anzugeben, ob der Antragsteller seine Tätigkeit auf bestimmte Aufgaben zu beschränken und auch vor einer oder mehreren Überwachungsstellen aufzutreten beabsichtigt.

(4) Bei juristischen Personen und Personenvereinigungen ist in dem Gesuch anzugeben, welche gesetzlichen Vertreter oder leitenden Angestellten die Hilfeleistung in Devisensachen tatsächlich ausüben sollen.

§ 11.

Die Frage des Bedürfnisses ist unter Berücksichtigung der Verhältnisse des Ortes, in dem der Gesuchsteller seinen Wohnsitz hat, und des näheren Wirtschaftsgebietes, dem der Ort angehört, zu beurteilen. Es ist dabei einerseits auf Zahl, Art und Zusammensetzung der Bevölkerung und andererseits auf die bereits vorhandenen Möglichkeiten zur Befriedigung des Bedürfnisses Rücksicht zu nehmen. Daß der Gesuchsteller Aussicht hat, sich durch Beziehungen und dergleichen für seine Person ein hinreichendes Tätigkeitsfeld zu beschaffen, genügt nicht, um das Bedürfnis zu bejahen.

§ 12.

Für die Erteilung der Erlaubnis wird eine Gebühr nicht erhoben.

§ 13.

(1) Personen, denen die Erlaubnis gemäß § 1 erteilt worden ist,

sind befugt, die Bezeichnung „Devisenberater" zu führen; die Führung von anderen Bezeichnungen ist nicht statthaft.

(2) Personen, denen die Erlaubnis nach § 5 beschränkt erteilt wird, können für eine Beschränkung der Berufsbezeichnung Weisungen gegeben werden.

§ 14.

Die Erlaubnis erlischt, wenn der Gesuchsteller seine Tätigkeit nicht binnen drei Monaten seit Erteilung der Erlaubnis aufnimmt.

§ 15.

(1) Die Erlaubnis zur Hilfeleistung in Devisensachen verpflichtet zur redlichen, gewissenhaften und ordnungsmäßigen Führung der übernommenen Geschäfte und zur Geheimhaltung der Tatsachen, die dem Devisenberater bei berufsmäßiger Ausübung seiner Tätigkeit anvertraut oder zugänglich werden.

(2) Unzulässig ist die Mitwirkung in Angelegenheiten, bei denen erkennbar unerlaubte oder unlautere Zwecke verfolgt werden. Unzulässig ist ferner eine Tätigkeit, nachdem eine solche bereits für einen anderen Beteiligten in einem entgegengesetzten Sinne ausgeübt war.

(3) Verboten ist, unaufgefordert Dritten in schriftlichen, mündlichen oder sonstigen Ankündigungen Dienste der im § 1 Abs. 2 bezeichneten Art anzubieten.

§ 16.

(1) Zur ordnungsmäßigen Geschäftsführung gehört, daß die sich auf die einzelnen Angelegenheiten beziehenden Schriftstücke geordnet aufbewahrt werden und über die Angelegenheiten ein fortlaufendes Verzeichnis geführt wird, aus dem die Auftraggeber und ihre Anschriften ersichtlich sind, ferner, daß über die geforderten und bezahlten Vergütungen sowie über die Einnahme und die Verwendung fremder Gelder Buch geführt wird.

(2) Schriftstücke, die an Behörden oder Dritte gerichtet werden, haben auch, wenn sie von dem Auftraggeber unterzeichnet sind, auf der ersten Seite Namen und Anschrift des Verfassers zu tragen.

(3) Der Reichswirtschaftsminister kann weitere Richtlinien für die Geschäftsführung geben.

§ 17.

Der Präsident des Landesfinanzamts (Devisenstelle) ist zur

Prüfung der Ordnungsmäßigkeit der Geschäftsführung durch seine Beamten oder durch von ihm beauftragte Personen befugt.

§ 18.

(1) Der Präsident des Landesfinanzamts (Devisenstelle) kann die Erlaubnis widerrufen,

1. wenn Tatsachen eintreten oder nachträglich bekannt werden, die eine Versagung der Erlaubnis rechtfertigen; wegen mangelnden Bedürfnisses darf jedoch die Erlaubnis nicht widerrufen werden;
2. wenn die Tätigkeit tatsächlich ein Jahr nicht ausgeübt wird;
3. wenn die auf Grund des § 5 angeordneten Einschränkungen der Erlaubnis nicht beachtet werden;
4. wenn den Vorschriften über die Führung der Berufsbezeichnung der Devisenberater zuwidergehandelt wird;
5. wenn den Vorschriften des § 15 zuwidergehandelt wird.

(2) Vor der Entscheidung ist der Devisenberater zu hören. Der Widerruf wird, wenn der Präsident des Landesfinanzamts (Devisenstelle) eine Frist zur Abwicklung der Tätigkeit nicht gewährt, mit der Zustellung der Verfügung wirksam.

(3) Gegen die Entscheidung ist die Beschwerde an den Reichswirtschaftsminister zulässig. Die Beschwerde hat keine aufschiebende Wirkung.

§ 19.

(1) Der Präsident des Landesfinanzamts (Devisenstelle) kann den im § 3 Abs. 1 genannten Personen und Firmen die Besorgung von Devisensachen untersagen, wenn die im § 3 Abs. 1 bezeichneten Befugnisse zu einer Umgehung des Erlaubniszwanges mißbraucht werden. § 18 Abs. 2 und 3 gelten entsprechend.

(2) Der Reichswirtschaftsminister kann im Einvernehmen mit den beteiligten Reichsministern den im § 2 Ziffern 3 und 4 bezeichneten Vereinigungen und Stellen die Hilfeleistung in Devisensachen untersagen. § 18 Abs. 2 gilt entsprechend.

§ 20.

Wer, ohne im Besitz der nach § 1 erforderlichen Erlaubnis zu sein, in fremden Devisensachen geschäftsmäßig Hilfe leistet, wird mit Geldstrafe bestraft.

§ 21.

(1) Ein Devisenberater, der unbefugt ein fremdes Geheimnis offenbart, das ihm bei berufsmäßiger Ausübung seiner Tätigkeit anvertraut worden oder zugänglich geworden ist, wird mit Gefängnis bis zu einem Jahr und mit Geldstrafe oder mit einer dieser Strafen bestraft.

(2) Dem Devisenberater stehen seine berufsmäßigen Gehilfen gleich. Ebenso wird bestraft, wer nach dem Tode des zur Wahrung des fremden Geheimnisses nach Abs. 1 Verpflichteten das von dem Verstorbenen oder aus dessen Nachlaß erlangte Geheimnis unbefugt veröffentlicht.

(3) Der Täter ist straffrei, wenn er ein solches Geheimnis zur Erfüllung einer Rechtspflicht oder sittlichen Pflicht oder sonst zu einem nach gesundem Volksempfinden berechtigten Zweck offenbart und wenn das bedrohte Rechtsgut überwiegt.

(4) Die Tat wird nur auf Antrag des Verletzten verfolgt.

§ 22.

(1) Diese Verordnung tritt am Tage nach ihrer Verkündung[1]) in Kraft.

(2) Personen, die bereits vor diesem Zeitpunkt geschäftsmäßig in fremden Devisensachen Hilfe geleistet haben, können ihre Tätigkeit nach Maßgabe der bisherigen Vorschriften bis zur Entscheidung über ihre Zulassung fortsetzen, wenn sie die Erlaubnis innerhalb eines Monats nach Inkrafttreten dieser Verordnung nachsuchen.

---

[1]) Die Verkündung ist in Nr. 62 des RGBl. am 30. Juni 1936 erfolgt.

Nachweis

der neben der Reichs-Rechtsanwaltsordnung ganz oder auszugsweise im Wortlaut abgedruckten Bestimmungen aus sonstigen Gesetzen, Verordnungen und Erlassen, in zeitlicher Reihenfolge geordnet.

Anhang

1. Allgemeine Richtlinien für die NS.-Rechtsbetreuung

vom 25. November 1935 (abgedruckt JW. 1936 S. 243).

1. Träger der NS.-Rechtsbetreuung.

Die NS.-Rechtsbetreuung wird ehrenamtlich von allen im Bund Nationalsozialistischer Deutscher Juristen e. V. zusammengeschlossenen Rechtsanwälten ausgeübt unter der Oberaufsicht des Reichsrechtsamts der NSDAP.

2. Aufgaben der NS.-Rechtsbetreuung.

Die NS.-Rechtsbetreuung umfaßt die Erteilung von Rechtsauskünften, die mündliche und schriftliche Rechtsberatung, die Anfertigung von Schriftsätzen, Eingaben, Anträgen und Schriftstücken aller Art sowie die ehrenamtliche Durchführung von Rechtsstreitigkeiten vor Gericht und anderen Spruchstellen.

Das Auftreten vor Gericht als Verteidiger gehört grundsätzlich nicht zu den Aufgaben der NS.-Rechtsbetreuung. Auch die mündliche Beratung, die Ausarbeitung von Schriftsätzen, Eingaben, Anträgen und anderen Schriftstücken kann in Straf- und Privatklagesachen abgelehnt werden, wenn sich der ratsuchende Volksgenosse durch die begangene strafbare Handlung offenbar der Betreuung als unwürdig erweist.

Stellt sich im Laufe einer Rechtsberatung heraus, daß es unmöglich ist, die Angelegenheit alsbald zu erledigen, daß vielmehr eine längere und wiederholte Bearbeitung erforderlich oder ein Rechtsstreit unvermeidlich ist, so hat der diensttuende Rechtsanwalt den vorgetragenen Tatbestand kurz aufzunehmen mit der Erklärung, daß er die Abgabe der Sache an eine Rechtsanwaltskanzlei für notwendig erachte. Der Ratsuchende wird alsdann an die Kanzlei desjenigen Rechtsanwalts verwiesen, welcher auf Grund einer vom Gaurechtsamt aufgestellten Liste (Ziffer 7 der Allgemeinen Richtlinien) an der Reihe ist. In diesem

Fall erhält der Ratsuchende eine vorgedruckte Karte, welche die Bezeichnung der Partei (Vor- und Zuname, Wohnort, Straße), der Rechtsangelegenheit sowie desjenigen Rechtsanwalts enthalten muß, welchem die Bearbeitung der Angelegenheit zugewiesen worden ist. Diese Karte dient dem Ratsuchenden als Ausweis und ist dem zugewiesenen Rechtsanwalt auszuhändigen, der sie mit einem Vermerk über die Erledigung samt den angefallenen Akten an die Rechtsbetreuungsstelle zurückzuleiten hat. Eine Zweitschrift dieser Karte ist auf der NS.-Rechtsbetreuungsstelle zu verwahren.

Soweit ein Rechtsstreit unvermeidlich ist und die gesetzlichen Voraussetzungen für die Bewilligung des Armenrechts gegeben sind, ist das Armenrechtsgesuch von demjenigen Rechtsanwalt, der auf Grund der aufgestellten Liste als Betreuer an der Reihe ist, auszuarbeiten und nach Genehmigung des Leiters der NS.-Rechtsbetreuungsstelle von diesem an das zuständige Gericht mit dem Antrag einzureichen, den die Angelegenheit bearbeitenden Rechtsanwalt als Armenanwalt zu bestellen. Über die Erledigung dieser Rechtsstreitigkeiten ist an den Leiter der NS.-Rechtsbetreuungsstelle zu berichten.

Diejenigen Rechtsbetreuungsangelegenheiten, in denen eine besondere Spezialkenntnis auf einem bestimmten Rechtsgebiet erforderlich ist, sind unter Berücksichtigung der vorstehenden Grundsätze von dem Leiter der NS.-Rechtsbetreuungsstelle einem besonders geeigneten und vorgebildeten, der Reichsfachgruppe Rechtsanwälte angehörigen Anwalt zur ehrenamtlichen Bearbeitung in dessen Kanzlei unter entsprechender Überwachung zuzuweisen.

3. Voraussetzungen für die Inanspruchnahme der NS.-Rechtsbetreuung.

Alle deutschen Volksgenossen, welche zur Aufbringung der gesetzlichen Rechtsanwaltsgebühren und Auslagen außerstande sind, haben Anspruch auf ehrenamtliche NS.-Rechtsbetreuung. Diese Voraussetzung ist grundsätzlich in allen Fällen anzuerkennen, in welchen die gesetzlichen Voraussetzungen für die Bewilligung des Armenrechts gegeben sind, insbesondere bei Arbeitslosen-, Krisen- und Wohlfahrtsunterstützungsempfängern sowie bei Schwerkriegsbeschädigten. Soweit diese Voraussetzungen nicht glaubhaft gemacht werden können, hat der diensttuende Rechtsanwalt die Bedürftigkeit zu prüfen. Stellt sich hierbei oder später heraus, daß die Voraussetzungen der Bedürftigkeit unter Berücksichtigung aller in Betracht kommenden Umstände nicht gegeben sind, hat der diensttuende Rechtsanwalt die unentgeltliche Rechtsbetreuung abzulehnen. Über die Beschwerde, daß das Vorliegen der Bedürftigkeit zu Unrecht verneint worden sei, entscheidet der Rechtsbetreuungsstellenleiter endgültig.

Im übrigen darf die ehrenamtliche NS.-Rechtsbetreuung von dem NS.-Rechtsbetreuungsstellenleiter nur abgelehnt werden, wenn ein offenbarer Mißbrauch vorliegt, insbesondere, wenn gewohnheitsmäßige Querulanten und Geistesgestörte als Rechtsuchende erscheinen.

Soweit ein Rechtsuchender nachträglich zu Vermögen gelangt oder über seine wirtschaftliche Lage zwecks unentgeltlicher Rechtsbetreuung unrichtige Angaben gemacht hat, ist er nachträglich zur Bezahlung der gesetzlichen Anwaltsgebühren verpflichtet, die an die Kasse der Rechtsbetreuungsstelle abzuführen sind.

4. Einrichtung der NS.-Rechtsbetreuungsstellen.

Die NS.-Rechtsbetreuungsstellen sind am Sitz jedes Amtsgerichts einzurichten, bei welchem mindestens drei der Reichsfachgruppe Rechtsanwälte des BNSDJ. angehörende Rechtsanwälte zugelassen sind.

Sind bei einem Amtsgericht weniger als drei der Reichsfachgruppe Rechtsanwälte angehörende Rechtsanwälte zugelassen, so sind diese — gegebenenfalls abwechselnd — verpflichtet, die NS.-Rechtsbetreuung unter Beachtung der für die Arbeit der Rechtsbetreuungsstellen vorgeschriebenen Grundsätze mindestens einmal wöchentlich zu festgelegter und öffentlich bekanntgegebener Zeit in ihrer Kanzlei durchzuführen.

Im Bedarfsfall kann auf entsprechenden Antrag des Gaurechtsamts auch für solche Amtsgerichte bzw. Einzelorte, in welchen weniger als drei der Reichsfachgruppe Rechtsanwälte angehörende Anwälte ansässig sind, ein von dem Leiter des Gaurechtsamts als geeignet empfohlener Anwalt zum NS.-Rechtsbetreuungsstellenleiter ernannt und demgemäß mit dem Recht zur Ausfertigung vollstreckbarer Urkunden[1]) über die vor der

[1]) Vgl. die Ermächtigung hierzu in der AV. des RJM. vom 26. Mai 1934, Dt. Just. S. 690.

NS.-Rechtsbetreuungsstelle als Gütestelle abgeschlossenen Vergleiche ausgestattet werden.

5. Aufbau und Gliederung der NS.-Rechtsbetreuung.

Die organisatorische, dienstaufsichtliche und sachliche Überwachung des Betriebes der NS.-Rechtsbetreuungsstellen obliegt dem Reichsrechtsamt der NSDAP., Amt für Rechtsbetreuung des Deutschen Volkes.

In den einzelnen Gauen obliegt diese Überwachung dem Leiter des Gaurechtsamts und dem Abteilungsleiter der NS.-Rechtsbetreuung.

Die einzelnen NS.-Rechtsbetreuungsstellen stehen unter der Leitung des NS.-Rechtsbetreuungsstellenleiters, der Mitglied des BNSDJ. sein muß.

Gliederung: Reichsrechtsamt der NSDAP.
Amt für Rechtsbetreuung des Deutschen Volkes

Gaurechtsamt
Abteilung 3: NS.-Rechtsbetreuung

NS.-Rechtsbetreuungsstelle .... | NS.-Rechtsbetreuungsstelle ....

NS.-Rechtsbetreuungsstelle
....

6. Leiter der NS.-Rechtsbetreuung.

Der Leiter des Amts für Rechtsbetreuung des Deutschen Volkes im Reichsrechtsamt der NSDAP. und die Leiter der Abteilung 3 NS.-Rechtsbetreuung der Gaurechtsämter sind Politische Leiter des jeweiligen Hoheitsgebiets. Die NS.-Rechtsbetreuungsstellenleiter sind keine Politischen Leiter und bekleiden daher kein Parteiamt. Sie werden von dem Leiter des Reichsrechtsamt der NSDAP. auf Vorschlag der Gaurechtsamtsleiter ernannt. Zu diesen Vorschlägen ist das Einverständnis des zuständigen politischen Hoheitsträgers (Kreisleiters oder Ortsgruppenleiters) einzuholen. Die Gauführer des BNSDJ. sind berechtigt, befristete Vorschläge für die einzelnen NS.-Rechtsbetreuungsstellenleiter einzureichen. Das Reichsrechtsamt der NSDAP. ist an die Vorschläge nicht gebunden.

7. Pflicht für alle Mitglieder der Reichsfachgruppe Rechtsanwälte zur Teilnahme an der ehrenamtlichen NS.-Rechtsbetreuung.

Die ehrenamtliche Beteiligung an der NS.-Rechtsbetreuung ist nationalsozialistische und berufsständische Pflicht jedes der Reichsfachgruppe Rechtsanwälte des BNSDJ. angehörenden Rechtsanwalts. Mindestens eine Woche vor Ablauf eines jeden Monats oder eines jeden Vierteljahres hat das Gaurechtsamt eine vollständige Liste aller im nächstfolgenden Monat oder Vierteljahr für den Dienst bei den einzelnen NS.-Rechtsbetreuungsstellen innerhalb des Gaugebiets in einer bestimmten Reihenfolge in Betracht kommenden Rechtsanwälte aufzustellen und allen beteiligten Rechtsanwälten unter Hinweis auf die für sie festgesetzte Dienstzeit zu übersenden.

Die Leiter der NS.-Rechtsbetreuungsstellen können auf Antrag einen Austausch zwischen den Dienststunden der beteiligten Rechtsanwälte genehmigen. Im übrigen ist eine Vertretung im Rechtsbetreuungsdienst nur durch einen anderen der Reichsfachgruppe Rechtsanwälte des BNSDJ. angehörenden Rechtsanwalt (also nicht durch Assessoren oder Referendare [2])) und nur mit Genehmigung des NS.-Rechtsbetreuungsstellenleiters zulässig.

Erscheint ein zum Dienst bei einer NS.-Rechtsbetreuungsstelle bestimmter Anwalt nicht innerhalb 10 Minuten nach dem festgesetzten Dienstbeginn, so verwirkt er eine Buße von 20 RM., die je zur Hälfte an den Fonds der NS.-Rechtsbetreuung und an denjenigen Anwalt auszukehren ist, der außer der Reihe für den säumigen Anwalt als Ersatzmann berufen wird.

Die Verletzung der Verpflichtung zur Teilnahme an der NS.-Rechtsbetreuung wird ehrengerichtlich geahndet.

Zur Ausschließung von der Mitwirkung bei der NS.-Rechtsbetreuung ist nur das Reichsrechtsamt der NSDAP., Amt für Rechtsbetreuung des Deutschen Volkes, befugt. In dringenden Fällen sind die Gaurechtsamtsleiter berechtigt, ein für ungeeignet

---

[2]) Wegen der Beteiligung von Referendaren und Assessoren an der NS.-Rechtsbetreuung s. jetzt die Bek. vom 25. Januar 1936, JW. S. 499.

gehaltenes Bundesmitglied von der Teilnahme an der NS.-Rechtsbetreuung vorläufig zu beurlauben unter gleichzeitiger Berichterstattung an das Amt für Rechtsbetreuung des Deutschen Volkes.

8. Sprechstunden der NS.-Rechtsbetreuungsstellen.

Die Sprechstunden der NS.-Rechtsbetreuungsstellen sind öffentlich bekanntzugeben und in der Regel täglich, und zwar im allgemeinen vormittags, nach Bedarf — jedoch mindestens einmal in der Woche — auch während der späteren Nachmittagsstunden abzuhalten. Zur Mitarbeit bei den einzelnen NS.-Rechtsbetreuungsstellen sind gemäß der nach Ziffer 7 aufgestellten Liste der Reihe nach für jeden einzelnen Sprechtag so viel Rechtsanwälte heranzuziehen, daß kein rechtsuchender Volksgenosse die NS.-Rechtsbetreuungsstelle unverrichteter Sache verläßt.

9. Deckung der baren Auslagen.

Zur teilweisen Deckung der durch die ehrenamtliche NS.-Rechtsbetreuung entstehenden baren Auslagen an Bürounkosten (Porto, Ferngespräche, Schreibmaterial), Schreibkräften usw. sowie zur Verhinderung leichtfertiger Inanspruchnahme der NS.-Rechtsbetreuung ist von jedem Rechtsuchenden ein Unkostenbeitrag von 0.20 RM. zu erheben, der bei besonders umfangreichen und langwierigen Beratungen mit Einverständnis des Rechtsuchenden auf 0.50 RM. für jede Rechtsbetreuung erhöht werden kann. Andererseits kann auch der Unkostenbeitrag von 0.20 RM. in Fällen besonderer Not und völliger Mittellosigkeit von dem diensttuenden Rechtsanwalt gänzlich erlassen werden.

10. Statistik und Kartei.

Jede Rechtsbetreuungsstelle hat über alle von ihr bearbeiteten Angelegenheiten ein genaues Verzeichnis zu führen (Journal), in welchem — in zeitlicher Reihenfolge der Inanspruchnahme der NS.-Rechtsbetreuung — Name, Stand und Wohnung des Rechtsuchenden, kurze Bezeichnung der Angelegenheit und ein von dem Rechtsuchenden persönlich zu unterschreibender Vermerk über die Ausschließung jeder Haftung der an der NS.-Rechtsbetreuung mitwirkenden Rechtsanwälte aufzunehmen ist.

Außerdem ist für jeden NS.-Rechtsbetreuungsfall nach besonderem Muster eine Karteikarte anzulegen, die von dem mit der Beratung betrauten Rechtsanwalt auszufüllen ist. Diese Karteikarten sind in einer Kartei zu sammeln und zu statistischen und Kontrollzwecken, außerdem bei wiederholten Besuchen der Rechtsuchenden zu benutzen. (Vgl. Musteranlagen 1 und 2 der Dienstanweisung für die NS.-Rechtsbetreuungsstellen vom 2. 9. 1934.)

11. Mitwirkung der Reichsfachschaft für das Sachverständigenwesen in der Deutschen Rechtsfront an der NS.-Rechtsbetreuung.

Die Mitglieder der Reichsfachschaft für das Sachverständigenwesen in der Deutschen Rechtsfront stellen auf Ersuchen der zuständigen NS.-Rechtsbetreuungsstellenleiter in allen Bedarfsfällen ihre sachverständige Mitwirkung in der Rechtsbetreuungsarbeit den NS.-Rechtsbetreuungsstellen unentgeltlich ehrenamtlich zur Verfügung.

12. Rechtsbetreuung der deutschen Volksgenossen im Ausland.

Die NS.-Rechtsbetreuungsstellen stehen den Auslandsdeutschen ohne Rücksicht auf ihre Mitgliedschaft zur NSDAP. und auf ihre Staatsangehörigkeit unter den gleichen Voraussetzungen zur Verfügung wie den im Inland wohnenden Volksgenossen, falls der Rechtsuchende blutsmäßig zum deutschen Volke gehört.

Das Rechtsamt der Auslandsorganisation der NSDAP., Berlin W 35, Tiergartenstraße 4, und der Verband reichsdeutscher Vereine im Ausland e. V., Berlin, unterstützen die NS.-Rechtsbetreuungsstellen durch Einziehung von Auskünften sowie gegebenenfalls durch den Nachweis geeigneter Prozeßvertreter im Ausland.

Die rechtsuchenden auslandsdeutschen Volksgenossen wenden sich mit ihren Anträgen über den zuständigen Politischen Leiter der NSDAP. an das Rechtsamt der Auslandsorganisation, welches die Anträge dem Reichsrechtsamt, Amt für Rechtsbetreuung des Deutschen Volkes, übermittelt, das seinerseits die Anträge an die örtlich zuständigen NS.-Rechtsbetreuungsstellenleiter weiterleitet. Die Bedürftigkeitsbescheinigung des einzelnen Rechtsuchenden wird von dem zuständigen Politischen Leiter der NSDAP. oder von dem deutschen Konsulat ausgestellt. Mitgliedern deutscher Vereine, die dem Verband reichsdeutscher Vereine im Ausland e. V., Berlin, angeschlossen sind, kann die Bescheinigung auch von dem Vorstand des deutschen Vereins erteilt werden. Die Bescheinigung ist gebührenfrei.

13. Eingliederung aller früher bestandenen Rechtsberatungsstellen in die NS.-Rechtsbetreuung. — Besondere Rechtsberatungsstellen von Dienststellen der NSDAP., ihrer angeschlossenen Verbände, sowie von anderen Organisationen.

Die früher bestehenden Rechtsauskunfts- und Beratungsstellen usw. von Anwaltsvereinigungen, Kommunal- und sonstigen Stellen sind durch den zuständigen Gaurechtsamtsleiter in die Organisation der NS.-Rechtsbetreuung einzugliedern bzw. in die NS.-Rechtsbetreuungsstellen umzugestalten. Dasselbe gilt auch von etwa bestehenden „Beratungsämtern" der Gewerbekammern, Detaillistenkammern und ähnlicher Institute.

Neben den parteiamtlichen NS.-Rechtsbetreuungsstellen bestehen gemäß sogenannter Abgrenzungsvereinbarungen mit dem Reichsrechtsamt der NSDAP. bei einzelnen Gliederungen der NSDAP. und ihr angeschlossenen Verbänden sowie bei einigen Organisationen besondere Rechtsberatungsstellen, deren Tätigkeit auf bestimmte Personenkreise und auf besondere Rechtsgebiete beschränkt ist. Bei der DAF. für ihre Mitglieder auf dem Gebiet des Arbeits- und Sozialversicherungsrechts (Vereinbarung vom 25. 4. 1934); bei dem Hauptamt für NS.-Volkswohlfahrt auf dem Gebiete des Wohlfahrts- und Fürsorgerechts (Vereinbarung vom 30. 5. 1934); bei dem Reichsnährstand auf dem Gebiet des Bauern- und Landwirtschaftsrechts (Anordnung des Reichsbauernführers vom 12. 6. 1935); bei den Handwerkerschaften und Innungen für ihre Mitglieder in rein handwerklichen Rechtsfragen (Anordnung des Reichsstandes des Deutschen Handwerks vom 5. 6. 1932); bei den Mieter- und Vermieterorganisationen für ihre Mitglieder auf dem Gebiet der Wohnwirtschaft einschließlich des Realkredits (Vereinbarung mit dem Bund Deutscher Mietervereine vom 4. 5. 1934 und mit dem Zentralverband Deutscher Haus- und Grundbesitzervereine e. V. vom 23. 4. 1934); bei dem Reichsbund Deutscher Kleingärtner und Kleinsiedler Deutschlands e. V. für seine Mitglieder auf dem Gebiet des Kleingarten- und Siedlungswesens (Vereinbarung vom 18. 3. 1935); bei dem Reichsverband der Deutschen Kaufleute des Kolonialwaren-, Feinkost- und Lebensmittelhandels (Rekofei) für seine Mitglieder in Branchenfragen und in den einschlägigen Steuerangelegenheiten (vom 22. 3. 1935).

14. Die Allgemeinen Richtlinien vom 7. 4. 1934 sind durch diese Bestimmungen hinfällig.

2. Während der Drucklegung erlassene Vorschriften

a. Verordnung über das Auftreten von Rechtsanwälten vor Behörden der Länder.

Vom 30. Oktober 1936 (RGBl. I S. 936).

Auf Grund des Artikels 5 des Ersten Gesetzes zur Überleitung der Rechtspflege auf das Reich vom 16. Februar 1934 (RGBl. I S. 91) wird folgendes verordnet:

Soweit Vorschriften des Landesrechts das Auftreten vor Gerichten oder sonstigen Behörden eines Landes Rechtsanwälten gestatten, die bei den Gerichten dieses Landes zugelassen sind, können auch bei anderen deutschen Gerichten zugelassene Rechtsanwälte auftreten.

b. Ausstellung von Arbeitsbüchern für Assessoren im anwaltlichen Probe- und Anwärterdienst und für berufsgebundene Rechtsanwälte.

AV. d. RJM. v. 28. Oktober 1936 — Ia 25117.
(Deutsche Justiz S. 1638).

Der Herr Präsident der Reichsanstalt für Arbeitsvermittlung und Arbeitslosenversicherung hat mit Billigung des Herrn Reichs- und Preußischen Arbeitsministers den Landesarbeitsämtern und den Arbeitsämtern Grundsätze für die Auslegung des § 1 der 1. DfVO. zum Gesetz über die Einführung eines Arbeitsbuches vom 16. 5. 1935 (RGBl. I S. 602) hinsichtlich der in der Überschrift bezeichneten Fragen bekanntgegeben, die sich dahin zusammenfassen lassen:

1. Die Beschäftigung von Assessoren im anwaltlichen Probe- und Anwärterdienst ist nicht arbeitsbuchpflichtig.

2. Die Ausübung der Anwaltstätigkeit ist gleichfalls grundsätzlich nicht arbeitsbuchpflichtig, auch wenn der Rechtsanwalt sich hierzu Dritten gegenüber durch Dauervertrag verpflichtet hat.

3. Rechtsanwälte, die neben ihrem Anwaltsberuf berufsfremde arbeitsbuchpflichtige Tätigkeit ausüben, bedürfen für diese Nebentätigkeit des Arbeitsbuches.

Hiervon setze ich die Justizbehörden in Kenntnis.

Sachverzeichnis

(Die Zahlen bezeichnen die Seiten)

T.

U.

Kolibri 360 GmbH
Ferdinand-Jühlke-Straße 7
99095 Erfurt, Deutschland
produktsicherheit@kolibri360.de